Pleticha
Deutsche Geschichte

Deutsche Geschichte

Band 3

Die staufische Zeit
1152–1254

Herausgegeben von
Heinrich Pleticha

BERTELSMANN
LEXIKON VERLAG

Die Autoren dieses Bandes:
Werner Dettelbacher, Manfred Firnkes, Johannes Glanz, Siegfried Grißhammer,
Dr. Horst Hübel, Dr. Günter Merwald, Dr. Werner Meyer,
Dr. Hanswernfried Muth, Prof. Dr. Heinrich Pleticha, Margarete Schwind,
Winfried Stadtmüller, Dr. Roland Vocke

Zeichnungen und Karten:
Hermann Schäfer

Redaktion: Erhard Bethke und Margarete Schwind
Schlußredaktion: Birgit Willmann
Graphische Gestaltung: Hans Roßdeutscher

Druck und Verarbeitung: Elsnerdruck – Ein Mohndruck-Betrieb
Printed in Germany. ISBN 3-570-03757-6

Inhalt

HORST HÜBEL

Technik und Verkehr im hohen Mittelalter · 181

WINFRIED STADTMÜLLER

Die deutsche Ostsiedlung · 191

ROLAND VOCKE

VON KAISER HEINRICH VI. BIS ZUM TRAGISCHEN ENDE DER STAUFISCHEN HERRSCHAFT · 211

Ein Wort zu diesem Band

Als 1977 in Stuttgart eine große Ausstellung über die Staufer und ihre Zeit abgehalten wurde, erlebte sie zur Überraschung der Fachleute wahre Besucherrekorde. Man sprach von einem wiedererwachten Interesse für Geschichte, wies aber zu Recht auch darauf hin, daß keine Epoche mittelalterlicher deutscher Geschichte so im Bewußtsein breiter Bevölkerungskreise verhaftet ist wie die sogenannte Stauferzeit, jene hundert Jahre von der Mitte des 12. bis zur Mitte des 13. Jahrhunderts, die vor allem von zwei Herrschern mit langer Regierungszeit geprägt sind, nämlich von Friedrich I. Barbarossa und seinem Enkel Friedrich II. Beide zählen sie, wie auch der nur wenige Jahre zwischen ihnen regierende Heinrich VI., gewiß nicht zu den machtvollsten und glücklichsten Herrschern der deutschen Vergangenheit, wohl aber schon bei den Zeitgenossen zu den eindrucksvollsten Persönlichkeiten. Friedrich Barbarossa wurde zur Symbolfigur des abendländischen Rittertums, Friedrich II., der lieber in Sizilien regierte als im Kernland seines Imperiums, blieb zwar den Deutschen ein Fremder, aber man bewunderte ihn, der für die Wissenschaften, Künste und neuen Erkenntnisse aufgeschlossen war, und nannte ihn »Wandler« oder »Staunen der Welt«. So erscheint es nur sinnvoll, die drei Stauferkönige in den Mittelpunkt der beiden Hauptkapitel dieses dritten Bandes der »Deutschen Geschichte« zu stellen. Den speziellen Problemen der staufischen Kaisermacht ist im Anschluß an das zweite Hauptkapitel ein kleiner Beitrag gewidmet, der diese Probleme noch einmal im Überblick vertiefend behandelt. Die Anfänge des staufischen Herrschergeschlechts lernten wir schon im zweiten Band kennen – mit seinem raschen, ruhmlosen Ende, symbolisiert in der Hinrichtung des letzten Staufers Konradin, schließt der vorliegende.

Auch dieser dritte Band unserer Geschichtsreihe setzt sich wieder aus

Mittelalter

Die zeitliche Abgrenzung ist sehr problematisch; ganz grob gilt die Abgrenzung von 500 bis 1500. Besonders umstritten ist der Beginn des Mittelalters. Das Ende wird im allgemeinen mit der Entdeckung Amerikas 1492 angegeben.
Innerhalb dieser 1000 Jahre ergibt sich folgende Periodisierung:

Frühmittelalter:	*6.–9. Jahrhundert. Kennzeichen: Grundherrschaft und Christianisierung.*
Hochmittelalter:	*10.–13. Jahrhundert. Kennzeichen: Rittertum und Lehnswesen.*
Spätmittelalter:	*13.–15. Jahrhundert. Kennzeichen: Emanzipation des Bürgertums und Aufstieg der Städte, Entstehen der Geldwirtschaft.*

den genannten politischen Übersichtskapiteln und einer Reihe von weiteren, zugeordneten Sonderkapiteln zu kulturellen, mehr künstlerischen und soziologischen Themen zusammen, die typisch für die Zeit sind. Einige dieser Kapitel greifen auch über ihre Zeit hinaus und geben grundlegende Entwicklungsüberblicke zu den Themen mittelalterlichen Lebens, Technik und Verkehr, Ostsiedlung.
Da die staufische Zeit auch die Blütezeit des deutschen Rittertums ist, beschäftigt sich das zweite Kapitel des Buches mit den Anfängen und den kulturgeschichtlichen Fakten ritterlichen Lebens. Ihm zugeordnet sind drei weitere, von denen eines das Werden der Burgen in Deutschland behandelt, das nächste einen Überblick über die ritterliche Dichtung, über Heldenepik und Minnesang, gibt und das dritte auf die Kunst der staufischen Epoche näher eingeht.
Dichtung und ritterliche Kunst sind schönster Ausdruck ritterlicher Lebensform, die im staufischen Jahrhundert aber schon ihren Zenit erreicht hat und in den fehdereichen Jahrzehnten des sogenannten Interregnums (d.h. der kaiserlosen Zeit von 1250 bis 1273) sehr rasch abzuklingen beginnt, um von einer Kultur abgelöst zu werden, die man schon als frühbürgerlich bezeichnen kann. Aber wir sollten auch nicht vergessen, daß die Kultur dieser ritterlichen Welt letztlich doch nur für einen verschwindend kleinen Teil der mittelalterlichen Gesellschaft kennzeichnend ist; denn neunzig Prozent der Bevölkerung sind Bauern. Ihrem Alltag, von dem wir leider nicht so viel wissen wie von der ritterlichen Welt, für den sich nur wenige Dichter interessieren und der zunächst nur vereinzelt in Texten der Zeit beschrieben wird, ist das sechste Kapitel des Buches gewidmet, während das siebte einen Über-

blick über die technische Entwicklung, ihren raschen Wandel und die verkehrstechnischen Probleme der Zeit gibt.
Zwei ›Randgebiete‹ des Heiligen Römischen Reiches verdienen ebenfalls besondere Aufmerksamkeit. Das ist einmal der Osten und die hier einsetzende große kolonisatorische Welle. Seine Behandlung im achten Kapitel greift zugleich hinüber in das 14. Jahrhundert, das im vierten Band der Reihe dann noch einmal aufgenommen wird. Zum andern ist es der äußerste Süden, Unteritalien und Sizilien, das Lieblingsland Friedrichs II., das auch für die deutsche Entwicklung schicksalhafte Bedeutung gewonnen hat.
Unter Friedrich Barbarossa wurde die bisherige Markgrafschaft Österreich zum selbständigen Herzogtum erhoben. Damit aber begann eine Entwicklung, die bedeutsam genug erscheint, um ihr zusammenfassend ein eigenes Kapitel zu widmen. Das letzte schließlich will noch einen abrundenden Überblick über die vielfache Spiegelung der staufischen Epoche in der zeitgenössischen und späteren Literatur geben.
Auch die Illustration dieses Bandes bemüht sich, wie in der ganzen Reihe, möglichst authentisches Material aus der angesprochenen Zeit oder aus eng benachbarten Jahrzehnten zu bringen, um so einen echten Eindruck der Epoche zu vermitteln. Entsprechend dominieren Zeugnisse ritterlichen Lebens und höfischer Kunst. Hier wollten wir auch nicht auf Beispiele der Manessischen (oder Heidelberger) Liederhandschrift verzichten, die so eindrucksvoll ritterliches Leben und Ideal demonstrieren, obwohl sie ja erst im 14. Jahrhundert entstanden und von dem ästhetisierenden Stil dieser Zeit mitgeprägt sind. Mögen die Karten, Zeichnungen und Übersichten zusätzlich helfen, diese Zeit zu erschließen.
Allen Kapiteln wurden Informationskästchen beigegeben, die für die jeweilige Zeit wichtige Begriffe und Vorgänge hervorheben und erläutern. Ebenso findet der Leser am Ende eines jeden Kapitels spezielle Literaturhinweise und am Ende des Buches eine Übersicht über allgemeine und weiterführende Literatur.

Sigel:
W. D. = Werner Dettelbacher
J. G. = Johannes Glanz
G. M. = Dr. Günter Merwald
H. P. = Prof. Dr. Heinrich Pleticha
R. V. = Dr. Roland Vocke

K: verweist auf Informationskästchen mit Erläuterungen wichtiger Begriffe oder Vorgänge.

Kaiserliche Majestät. *Vergoldete Bronzebüste Friedrichs I. 1160 entstanden, ein Geschenk für den Taufpaten Otto von Cappenberg. Cappenberg, Katholische Pfarrgemeinde.*

JOHANNES GLANZ

FRIEDRICH I. BARBAROSSA – STAUFISCHE POLITIK IN DEUTSCHLAND UND ITALIEN

Politische Situation und Wahlmotive – Regierungsziele – Beilegung des Welfenkonflikts – Italienzug 1154/55 – »Privilegium minus«: Die baierischen Besitzverhältnisse werden geklärt – Ausschluß Burgunds – Staufische Ostpolitik – Konflikt mit der Kurie – Regalienpolitik – Oberitalienische Städtebünde – Schisma und allmähliche Überwindung – Außenpolitik und Bündnisse – Königslandpolitik und Ausbau der staufischen Hausmacht – Ende der Welfenherrlichkeit und Festigung des Reichsfürstenstandes – Barbarossas letzte Kreuzfahrt – Probleme der Bewertung und Urteilsfindung – Das Rittertum: Waffen und Rüstung – Ministeriale und Adel – Ritterliche Tugenden – Frauendienst und Minne – Das Turnier – Burgen im Hochmittelalter – Burgtypen und -anlagen – Die Dichtung – Minnesang – Spruchdichtung – Satire und Parodie – Der höfische Roman – Baukunst und Plastik – Alltagsleben im Hochmittelalter – Bevölkerung, Ernährung und Handel – Technik und Verkehr – Deutsche Ostsiedlung: Terrain im Osten.

Wohl kein Kaiser des Mittelalters ist so bekannt, so volkstümlich wie Friedrich I. Barbarossa, der in Italien wegen seines rotblonden Bartes Barbarossa, »Rotbart«, genannt wurde und unter diesem Namen in die Legende einging. Der Besuch der Stauferausstellung 1977 in Stuttgart galt häufig ihm allein, wie die ständige Umlagerung des »Cappenberger Barbarossa-Kopfes« bewies.
Wer war dieser Kaiser wirklich?
Kaum drei Wochen nach dem Tod des Staufers Konrad III. wurde am 4. März 1152 dessen Neffe, Herzog Friedrich von Schwaben, als Friedrich I. in Frankfurt zum neuen König gewählt. Schon sein Vater hatte 1125 gehofft, in den Besitz der Krone zu gelangen, doch hatten vor allem die geistlichen Fürsten damals wegen der engen Verbindung des schwäbischen und sächsischen Hauses eine Fortsetzung der salischen Kirchenpolitik und damit weitere Spannungen mit Rom gefürchtet und sich deshalb für den Sachsenherzog Lothar entschieden. Ein Vierteljahrhundert war nun vergangen, immer neuer politischer Zündstoff hatte sich angehäuft, bürgerkriegsähnliche Zustände herrschten in Teilen des Reiches: Diese schwere politische Krise, ausgelöst durch erbitterte Machtkämpfe zwischen Welfen und Staufern, galt es zu lösen. So hatte nun der Sohn mehr Glück bei den Reichsfürsten: sie stellten für den Augenblick ihre eigenen Interessen zurück, opponierten nicht gegen das Geblütsrecht (siehe Band 1 und 2) und erhoben den auf den Thron, der ihnen die beste Gewähr bot, mit den Problemen fertig zu werden.

Friede, Recht und Unabhängigkeit
Regierungsziele Friedrichs I.

Friedrich I. zog zunächst von Frankfurt nach Aachen und ließ sich fünf Tage nach seiner Wahl in der alten, seit Karl dem Großen hoch verehrten Kaiserstadt krönen. Hier ließ er die Prinzipien erkennen, die seine Politik kennzeichnen sollten. Er informierte den Papst über seine Wahl, bat jedoch nicht wie seine Vorgänger um eine Bestätigung, sondern erklärte, daß er die Rechte der Kirche wahren werde, zugleich aber auch die Erhabenheit des Römischen Reiches zu seiner alten Kraft reformieren werde. Den Wunsch der geistlichen Fürsten, er möge bald nach Rom ziehen, erfüllte er zunächst nicht, galt es doch vor allem, den Frieden im Reich wieder herzustellen. Basis für die Bekämpfung der Bürgerkriegszustände war der Erlaß eines Landfriedensgesetzes, das härtere Strafen als bisher gegen Verstöße in Aussicht stellte.

Auf dem ersten Reichstag, Pfingsten 1152 in Merseburg, errang Friedrich I. auch seinen ersten außenpolitischen Erfolg: es gelang ihm nicht nur, den dänischen Thronstreit zu schlichten – der von Friedrich eingesetzte König nahm auch sein Land von ihm zu Lehen.
Viel schwieriger war es, das innenpolitische Problem, den Streit zwischen den Welfen und Staufern zu schlichten. Um den ganzen Umfang der Problematik zu erfassen, muß man vor allem die Rolle der Welfen im 11. Jahrhundert kennen: Dieses angesehene, in Oberschwaben beheimatete Geschlecht konnte auf eine bedeutende Vergangenheit verweisen. Es rühmte sich selbst, seine Ahnherrn hätten mit Odoaker gegen den letzten römischen Kaiser gekämpft, Welfen seien schon unter Karl dem Großen Grafen im Gebiet von Ravensburg gewesen und eine Welfin, die schöne Judith, habe an der Seite Ludwigs des Frommen als Kaiserin geherrscht. Mit Welf III., Herzog von Kärnten, war zwar 1055 der Mannesstamm der älteren Welfen ausgestorben, doch aus der Ehe seiner Schwester mit dem Markgrafen von Este (einem aus der gleichnamigen Stadt südlich von Padua stammenden Geschlecht deutschen Ursprungs, das schon in ottonischer und salischer Zeit kaiserliche Pfalzgrafen stellte) ging die neue, jüngere Welfenlinie hervor, deren erster Vertreter Welf IV. 1070 Herzog Welf I. von Baiern wurde. Er war es, der König Heinrich IV. jahrelang die Alpenpässe sperrte (siehe Band 2) und so an der Rückkehr nach Deutschland hinderte. Und Welf I. war es auch, der, unterstützt durch den Papst, seinen siebzehnjährigen Sohn mit der dreiundvierzigjährigen Gräfin Mathilde von Tuscien verheiratete und damit dem Traum eines welfischen Machtbereichs von der Donau über die Alpen bis in die Toscana näherzukommen schien. Doch nicht genug; als der sächsische Herzogsstuhl nach dem Aussterben des Geschlechts der Billunger 1106 verwaiste, faßten die Welfen als Erben in Sachsen-Lüneburg Fuß und wurden schließlich, als Kaiser Lothar III., der sein einziges Kind Gertrud dem welfischen Baiernherzog vermählt hatte, starb, Herren des ganzen Herzogtums. Es ist verständlich, daß sich die Welfen zum Kaisertum berufen fühlten und deshalb mit den rivalisierenden Staufern in Streit geraten mußten, zumal ihnen der staufische Kaiser Konrad III. das Herzogtum Baiern genommen hatte.

Ende des Bürgerkriegs

Friedrich I. nutzte alle Möglichkeiten der Diplomatie, die sich ihm boten, um den andauernden Streit beizulegen: Auf dem Würzburger Reichstag im Oktober 1152 gelang es ihm, einen Erbstreit zwischen

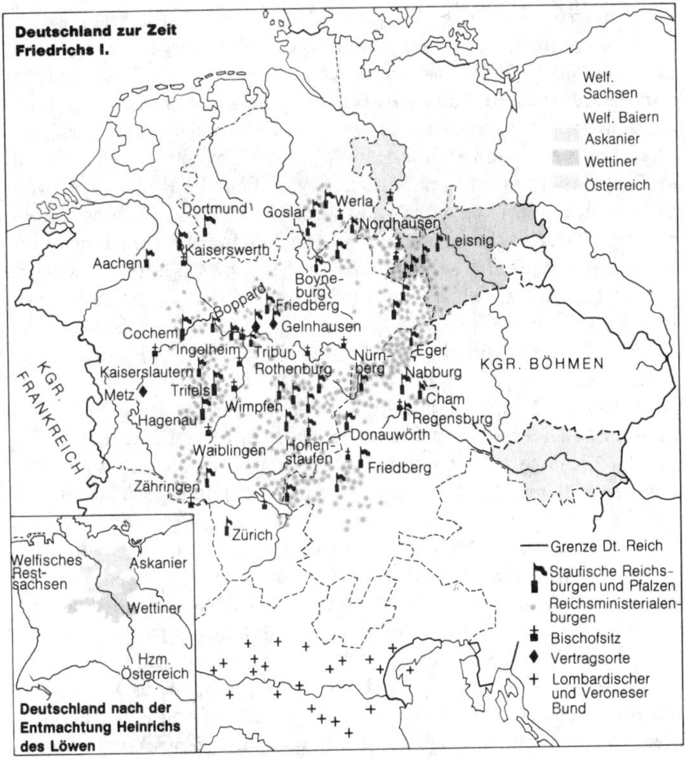

Welfen und Askaniern in Sachsen zu schlichten. Die verwandtschaftlichen Beziehungen erleichterten ihm die Verständigungspolitik, die er bereits als Herzog von Schwaben gepflegt hatte. So fühlte er sich nicht zuletzt durch die Abstammung seiner Mutter Judith in seinem Handeln bestärkt: sie war die Schwester des Baiernherzogs Heinrichs des Stolzen und Welfs VI., des Herrn der welfischen Hausgüter in Oberschwaben, also eine Welfin.

Auch auf dem Kreuzzug Konrads III. hatte Friedrich schon die Möglichkeiten genutzt, die Spannungen zwischen den Familien zu mildern, was ihm sichtbar gelang, wie z. B. vor Konstantinopel, wo Herzog Friedrich und sein welfischer Onkel Welf VI. ihre Feldlager demonstrativ dicht nebeneinander, deutlich abgegrenzt vom Lager des Heeres aufgeschlagen hatten. Nach dem Regierungsantritt drängte es ihn, sich mit seinem welfischen Vetter Heinrich – später »Heinrich der

Selbstbewußtes Welfenhaus. *Stammbaum aller Vorfahren Heinrichs des Löwen – Zeugnis für die lange Tradition seiner Familie. Fulda, Landesbibliothek.*

Löwe« genannt – zu versöhnen, der die Nachfolge Heinrichs des Stolzen in Sachsen angetreten hatte. Als freundliche Geste überließ er ihm zunächst die Reichsvogtei Goslar als Lehen. Das ursprünglich geplante Vorhaben, Heinrich das Herzogtum Baiern zurückzugeben, das Kaiser Konrad III. den in die Reichsacht verfallenen Welfen entzogen und den Babenbergern übergeben hatte (siehe Band 2), konnte Friedrich I. auf dem Würzburger Reichstag nicht durchführen, da der Babenberger Heinrich Jasomirgott den Akt durch sein Fernbleiben sabotierte. Immerhin signalisierte Friedrich I. seine Bereitschaft, das Pro-

Deutsche und europäische Geschichte in Daten

	Deutschland	Europa
1138–1254	Die staufischen Könige	
1138–1152	Konrad III., König	
1139		Portugal Königreich
1146–1149		Zweiter Kreuzzug
1147	Wendenkreuzzug	
1152–1190	Friedrich I. Barbarossa, König und Kaiser	
1153	Vertrag von Konstanz, zwischen Papst und König	
1154–1399		Haus Anjou-Plantagenet in England
1156	Österreich wird Herzogtum	Papst belehnt Wilhelm I. mit Königreich Sizilien, Apulien, Capua, Neapel, Salerno und Amalfi
1157–1182		Waldemar der Große, König von Dänemark; Beginn der dänischen Großmachtpolitik
1157	Reichstag von Besançon	
1158	Reichstag von Roncaglia	
1159–1177		Papstschisma
1162	Zerstörung Mailands	
1163		Schlesien (bisher Polen)

blem auf jeden Fall anzugehen, und erreichte damit eine gewisse Beruhigung im Reichsinnern, die sich weiter festigte, als Friedrich I. im gleichen ersten Jahr seiner Regierung dem mächtigsten Mann im Südwesten des Reiches, Herzog Berthold von Zähringen, die Ausübung der Herrschaftsrechte in Burgund und in der Provence überließ.

Verständigung mit dem Papst Welfen auf dem baierischen Herzogsstuhl

Auf dem Reichstag in Würzburg wurde auch die Romfahrt beschlossen. Friedrich I. bereitete dieses Unternehmen gründlich vor. Neu war, daß noch vor einer Begegnung Papst – König die Klärung und Abgrenzung der vielfältigen Fragen und sich überschneidenden Interes-

	Deutschland	Europa
		wird unter Piastenherzögen selbständig
1166		Konstitutionen von Clarendon
1170		Ermordung von Thomas Becket
1176	Niederlage bei Legnano	
1177	Friede von Venedig zwischen Papst und Kaiser	
1179/80	Ächtung und Absetzung Heinrichs des Löwen, Teilung Sachsens	
1180	Otto von Wittelsbach erhält Baiern	
1180–1223		Philipp II. August, König von Frankreich
1183	Friede von Konstanz zwischen Friedrich I. und den oberitalienischen Städten	
1186	Vermählung Heinrichs VI. mit Konstanze von Sizilien	
1189–1192		Dritter Kreuzzug
1189–1199		Richard I. Löwenherz, König von England
1190	Tod Friedrichs I.	

sen in einem beide Teile bindenden Vertrag erfolgte. Eine nüchterne Überlegung erleichterte dieses juristische Geschäft: Gemeinsame Gegner sowohl des Königs als auch des Papstes waren die Normannen in Sizilien und Unteritalien sowie die ›bürgerlichen‹ Revolutionäre in Rom. Friedrich I. fiel es daher nicht schwer, dem Papst zuzusichern, keinen Separatfrieden zu schließen. Auch unterstrich er die traditionelle Verpflichtung, den Papst gegen jeden Angreifer zu verteidigen, und gab überdies die Zusicherung, Byzanz, d.h. »dem König der Griechen keine Zugeständnisse territorialer Art in Italien zu machen«, was der Papst auch ihm gegenüber versprach. Dafür erhielt Friedrich I. die Zusage der Kaiserkrönung und das Wort des Papstes Eugens III., alle die mit Kirchenstrafen zu belegen, die es wagen sollten, die »Ehre des Reiches« zu verletzen. Dieser 1153 in Konstanz ausgehandelte Vertrag beeinflußte auch die päpstliche Politik gegenüber der deutschen Kir-

che: Rom kam in der Frage der Um- und Neubesetzung von Bischofsstühlen den Wünschen des Königs weitgehend entgegen. Der bilaterale Charakter des Vertrags zeigte deutlich, daß es Friedrich I. vor allem darauf ankam, den die Italienpolitik belastenden Streit zwischen Papst und Kaiser zu entschärfen und Konfliktsituationen von vornherein durch partnerschaftliches Verhandeln zu begegnen.
Bevor Friedrich 1154 nach Italien aufbrach, führte er die baierische Herrschaftsfrage zu einer Lösung. Da der Babenberger Heinrich Jasomirgott, Inhaber des baierischen Herzogstuhls, mehrmaliger königlicher Vorladung nicht Folge leistete, entzog ihm das Gremium der Reichsfürsten durch Spruch das Herzogtum und sprach es Heinrich dem Löwen zu. Damit war de iure entschieden und der Welfe in seine alten Rechte eingesetzt. De facto blieb der Fall allerdings noch offen, da sich der Babenberger taub stellte und zu keinem Rückzug bequemte. Friedrich hatte so jedoch die Weichen für eine Aussöhnung mit den Welfen gestellt.

›Neuer Wein in alten Schläuchen‹
Durch Oberitalien nach Rom

Im Oktober 1154 zog der deutsche König mit einem kleinen Ritterheer, in das sich auch Heinrich der Löwe eingereiht hatte, über den Brenner. Er wußte, was ihn in Oberitalien erwartete: Schon in Konstanz hatten kaisertreue Städte über das ›arrogante‹ Verhalten Mailands Klage geführt. Friedrich I. hatte auch erfahren, wie gering das königliche Ansehen in dieser reichsten und mächtigsten Stadt der Lombardei veranschlagt wurde, daß nämlich seine schriftliche Weisung wohl verlesen, aber dann »zu Boden geworfen und mit Füßen getreten worden sei, wobei das Siegel zerbrochen sei«. Hier wurde deutlich, daß es seit den Tagen Kaiser Heinrichs IV. zunehmend schwieriger wurde, den aufstrebenden norditalienischen Städten die deutsche Königsherrschaft aufzuzwingen.
Seit Jahrzehnten hatten die deutschen Könige ihre Hoheitsrechte in Italien nicht ausreichend wahrnehmen und die politische Entwicklung nicht mehr steuern können. Die oberitalienischen Städte hatten u. a. an den Kreuzzügen gut verdient und einen großartigen wirtschaftlichen Aufschwung genommen, der zu einer Steigerung des politischen Selbstbewußtseins geführt hatte. Zug um Zug emanzipierte sich der Stadtadel von kaiserlicher Herrschaft: er erkämpfte autonome kommunale, d. h. städtische Verfassungen, und löste damit die alten Stadtherrschaften der Bischöfe ab, die als Vertreter des Reichskirchensy-

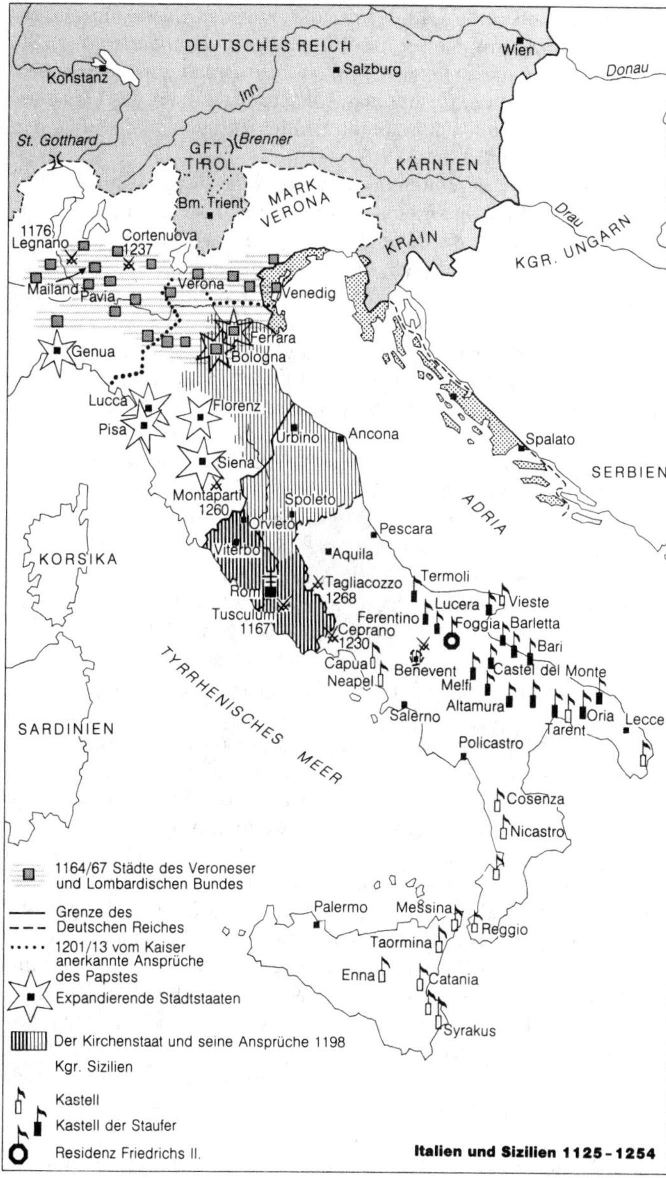
DEUTSCHES REICH
Wien
Salzburg
Donau
Konstanz
Inn
St. Gotthard
GFT. TIROL
Brenner
KÄRNTEN
Bm. Trient
MARK VERONA
Drau
KRAIN
KGR. UNGARN
1176 Legnano
Cortenuova 1237
Mailand
Pavia
Verona
Venedig
Genua
Ferrara
Bologna
Lucca
Pisa
Florenz
Urbino
Ancona
Spalato
Siena
SERBIEN
Montaperti 1260
Spoleto
ADRIA
Orvieto
Pescara
KORSIKA
Viterbo
Aquila
Termoli
Rom
Tagliacozzo 1268
Lucera
Vieste
Tusculum 1167
Ferentino
Foggia
Barletta
Ceprano 1230
Bari
Capua
Benevent
Castel del Monte
Neapel
Melfi
TYRRHENISCHES MEER
Altamura
Oria
Salerno
Lecce
Tarent
SARDINIEN
Policastro
Cosenza
Nicastro
Palermo
Messina
Reggio
Taormina
Enna
Catania
Syrakus
1164/67 Städte des Veroneser und Lombardischen Bundes
Grenze des Deutschen Reiches
1201/13 vom Kaiser anerkannte Ansprüche des Papstes
Expandierende Stadtstaaten
Der Kirchenstaat und seine Ansprüche 1198
Kgr. Sizilien
Kastell
Kastell der Staufer
Residenz Friedrichs II.
Italien und Sizilien 1125-1254

stems (siehe Band 1) die Städte regierten. Ohne den eigentlichen Oberherrn, den König und Kaiser, um Billigung der veränderten Verhältnisse anzugehen, geschweige denn, um die Bestätigung der neuen Rechtslage zu erbitten, pochte man stillschweigend auf das Gewohnheitsrecht und schloß sich zu Städtebünden zusammen, die einander erbittert bekämpften.

An eine endgültige Bereinigung der verworrenen Lage konnte Friedrich I. im Augenblick nicht denken, denn einmal war er militärisch zu schwach, zum andern wollte er zunächst sein Ansehen durch den Erwerb der Kaiserkrone stärken, um dann von einer weit überlegenen Position aus die rebellischen Städte zur Raison bringen zu können. Allerdings hielt er auf den Ronkalischen Feldern südlich von Piacenza nach altem Brauch eine Reichsversammlung ab, um die Huldigung der Städte entgegenzunehmen. Hier führten Lodi, Como und Pavia Klage gegen Mailand, dessen Reaktion darin bestand, dem König ›vorzuschlagen‹, er möge ihm gegen eine Summe Geld die Herrschaft über Como und Lodi übertragen. Friedrich I. wies das Angebot zurück. Als der Konflikt sich zuspitzte, ließ der König durch Fürstenspruch den Mailändern alle Hoheitsrechte, z. B. auch das Münz- und Zollrecht, entziehen. Zusätzlich verhängte er über die Stadt die Reichsacht, d. h. er entzog ihr nominell die kaiserlichen Hoheitsrechte, die Mailand längst nach freiem Belieben handhabte. Deshalb erntete er mit dieser Maßnahme allenfalls Spott, denn die Acht zu vollziehen, war er zu schwach. Um dennoch, wie er meinte, ein Exempel zu statuieren, zerstörte er das mit Mailand verbündete kleine Tortona bis auf den Grund.

Bevor Friedrich I. seinen Zug nach Süden fortsetzte, ließ er sich in der nahe dem Ticino gelegenen Basilika S. Michele zu Pavia mit der Eisernen Krone der Langobarden krönen. Mit diesem Akt wurde der 1117 begonnene Neubau der alten Krönungskirche geweiht, so wie er sich heute noch dem Besucher darbietet.

Erst im Juni 1155, mehr als ein halbes Jahr später, erschien Friedrich vor Rom. Hier erwartete ihn ungeduldig der Nachfolger seines päpstlichen Vertragspartners von Konstanz, der einzige Engländer in der Reihe der Päpste, Nikolaus Breakspeare, jetzt Hadrian IV., denn die rebellischen Römer verwehrten dem Stadtherrn das Betreten der Stadt. Die ohnehin explosive Lage verschärfte sich durch das Auftreten des umstrittenen Kirchenreformers Arnold von Brescia, der sich in seinen Predigten gegen die Verweltlichung der Kirche wandte. Nicht genug, zu gleicher Zeit rüstete der Normannenkönig Wilhelm I. von Sizilien zu einem Angriff auf den Kirchenstaat.

Beim Zusammentreffen Friedrichs I. mit Papst Hadrian IV. kam es zu

FRIEDRICH I.

Wenn der Besucher vom Mailänder Domplatz in die Via Torrino einbiegt, erreicht er am Ende des alten Stadtkerns die Porta Romana, über deren Torbogen ein Relief angebracht war, das heute in den Städtischen Museen zu sehen ist: der Kaiser, thronend im Ornat, ohne Krone, aber mit Zepter, die Beine verschränkt, unter ihm ein Ungeheuer. In dem rätselhaften Bild sehen italienische Kunsthistoriker eine Karikatur, deutsche dagegen eine Darstellung des Siegers und Triumphators: widersprüchliche Deutungen, wie sie bei der Beurteilung dieser Persönlichkeit immer wieder auftreten. Verehrung oder Haß prägten das Bild; dennoch erbringt eine Analyse der üblichen Klischees vom guten oder bösen Kaiser einige Züge, die den Kaiser und seinen Interpreten gleichermaßen charakterisieren. Er schien die Verkörperung des christlichen Ritters zu sein, von der Erscheinung, der adeligen Laienbildung, der kämpferischen Haltung her. Als König setzte er die salische Politik fort, als Kaiser fühlte er sich Karl I. und Otto I. verpflichtet. Veränderte gesellschaftliche und politische Konstellationen forderten von ihm aber radikales Umdenken. Die innere Beweglichkeit, die ihn befähigte, sich mit dem Möglichen zu begnügen und unter gewissen Umständen noch das Beste herauszuholen, verschaffte ihm bei Freund und Feind Anerkennung. Auch in der tiefsten Erniedrigung wurde er ernst genommen. In seinem Vorgehen konnte er konsequent bis zur Starrheit sein und nicht vor Brutalität zurückschrecken. Sein Chronist Otto von Freising suchte die unmenschlichen, schroffen Züge mit der Bürde der kaiserlichen Amtspflicht zu entschuldigen, die Gegenseite stellte ihn als Tyrannen hin, der unter dem Deckmantel der »staufischen Reichserneuerung« die Weltherrschaft anstrebe. Seine größten Erfolge errang er durch schlaues, zähes Verhandeln. Er war nicht »rückständig« und »reaktionär«, sondern – wie man heute sagen würde – Realpolitiker und Pragmatiker. Seine relativ lange Lebensdauer (1122–1190) erlaubte bei aller Wechselhaftigkeit doch die Durchsetzung einer kontinuierlichen Politik, die für die Zukunft Weichen stellte. *(J.G.)*

ARNOLD VON BRESCIA

Er wurde um 1100 in der oberitalienischen Stadt Brescia geboren. Über Herkunft und Jugend wissen wir nichts. Zu den dürftigen schriftlichen Quellen über sein Leben gehört die negativ gefärbte »Gesta Friderici« Ottos von Freising.
Arnold studierte in seiner Vaterstadt Rechtswissenschaften, trat dann in den Orden der Augustinerchorherren ein und ging nach Paris, um Philosophie zu studieren. In die Heimat zurückgekehrt, suchte er die sozial- und kirchenreformerischen Forderungen der Pataria (siehe Band 2) zu erneuern. Als Prediger der Kirchenreform, Verfechter von Armut und sittlicher Reinheit, verstand er es, seine Zuhörer ungemein zu fesseln und wohl auch zu handfestem Vorgehen zu mobilisieren.
Mit ziemlicher Sicherheit nahm Arnold von Brescia 1139 an einem Aufstand gegen den allzu stark an ›weltlichen‹ Dingen interessierten Bischof von Brescia teil und wurde deswegen von Papst Innozenz II. – selbst ein machtpolitisch orientierter Kirchenmann – seines kirchlichen Amtes entsetzt und exiliert. Er ging erneut nach Paris, wo er sich Bernhard von Clairvaux zum Gegner machte, der dafür sorgte, daß er auch aus Zürich und dem Bodenseegebiet vertrieben wurde, weil man damit rechnete, daß er größere Menschenansammlungen zu Handlungen anstacheln würde, die der Obrigkeit wenig willkommen schienen.
Schließlich kehrte Arnold 1145 nach Rom zurück und entfaltete hier eine rege agitatorische Tätigkeit. Er predigte gegen den Papst und forderte völlige Unabhängigkeit des römischen Senats, also der Vertreter der Bürgerschaft. Als Hadrian IV. ihn deshalb aus Rom verwies, trotzten die Bürger diesem Gebot, aber der energische Papst verhängte den Kirchenbann über die ganze Stadt. Jetzt erst baten die Römer um Vergebung und trennten sich von Arnold, der daraufhin flüchtete. Barbarossa befürchtete durch ihn Unruhen, erzwang seine Auslieferung und übergab ihn dem Stadtpräfekten, der ihn hängen ließ. Nach einer anderen Version führte erst der Aufstand am Krönungstag Friedrichs I. – sicher eine Folge der republikanischenIdeen Arnolds – zu seiner Hinrichtung. *(H.P.)*

einem Zwischenfall, der deutlich machte, daß das im Investiturstreit (siehe Band 2) erwachte Selbstbewußtsein des Papsttums ungebrochen war. »Hadrian« – so der Historiker Johannes Haller – »erwartete, daß der König ihm beim Absteigen vom Pferd den Steigbügel halte, Friedrich aber verweigerte diesen Marschalldienst als unverträglich mit der Königswürde. Man mußte wieder auseinandergehen, und 24 Stunden verstrichen, bis der König [. . .] überzeugt war, daß die Forderung des Papstes dem Herkommen entsprach. Dem fügte er sich. Was blieb ihm auch anderes übrig, wenn er auf die Kaiserkrönung nicht verzichten wollte?« Auch die päpstliche Seite versicherte, daß es sich um einen »reinen Ehrendienst« handele, und Hadrian IV. wollte als Beweis das Gemälde im Lateranspalast entfernen lassen, das Kaiser Lothar III. von Supplinburg als Vasall des Papstes zeigte.

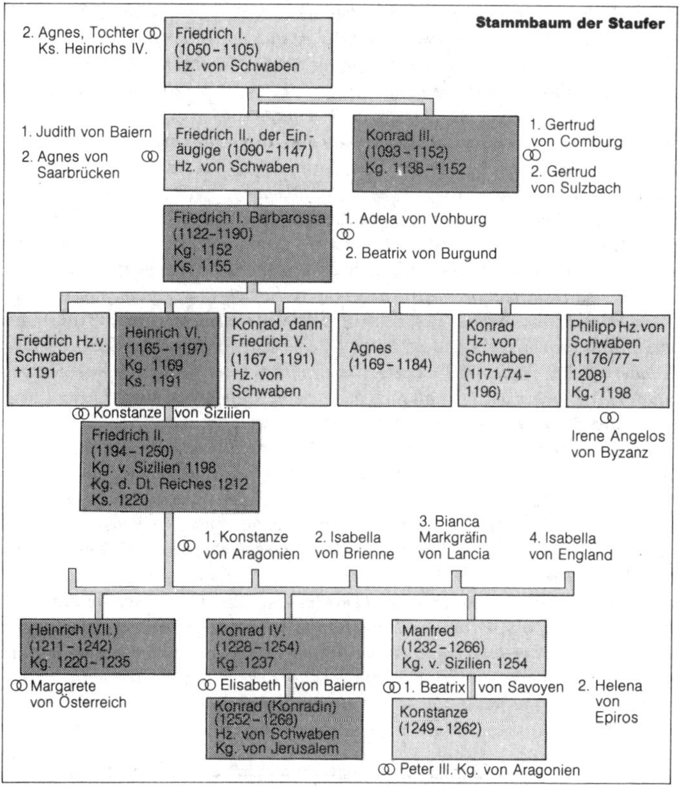

Der Kampf um den Engpaß bei Verona 1155
In einer Schilderung des Otto von Freising

Nach alter Gewohnheit und unter Berufung auf einen angeblichen kaiserlichen Freibrief fordern die Bürger von Verona, daß die deutschen Könige bei ihrem Zug nach Rom und bei der Rückkehr eine Schiffsbrücke über die Etsch benutzen, damit die Stadt selbst keinen Plünderungen ausgesetzt wird. Die Veroneser hatten auch diesmal die Brücke hergerichtet, hielten sie aber nur mit so schwachen Bändern zusammen, daß man eher von einer Mausefalle als von einer Brücke sprechen konnte. Außerdem häuften sie flußaufwärts mächtige Holzstöße auf und wollten diese gegen die Brücke treiben lassen, sobald ein Teil des Heeres sie überschritten haben würde. Die restlichen Truppen sollten dann am rechten Ufer vernichtet werden. Aber mit Gottes Hilfe kam das ganze Heer unbehindert über die Brücke, und die Holzstöße zerstörten sie erst, als die Feinde selbst sie überqueren wollten.
In der Nähe gab es einen Engpaß [die Veroneser Klause], und eine mächtige Felsenburg hütete unmittelbar am Rande des Absturzes den unzugänglichen Weg. Dort mußte das Heer vorbeiziehen. Auf der einen Seite strömt die reißende, unpassierbare Etsch, auf der anderen verengen Felsabstürze den Weg und lassen kaum einen schmalen Pfad. Auf dieser Burg hatten sich auf Anstiften des Alberich, eines vornehmen Ritters aus Verona, zahlreiche Straßenräuber verschanzt, um Beute zu machen. Als nun das Heer herankam, ließen die Räuber hinterlistig einen Teil weiterziehen. Als dann aber am folgenden Tage die übrigen kamen, sperrten die Räuber von ihrem Felsen aus den Weg. Nun befanden sich im Gefolge des Kaisers zwei vornehme Ritter aus Verona, die sandte er zu den Räubern, um sie von ihrem bösen Vorhaben abzubringen. Jene aber warfen wieder mit Steinen und erklärten, der Kaiser dürfe nie vorbeiziehen, wenn ihnen nicht jeder Panzer und Pferd überlasse und er selbst nicht eine bedeutende Summe zahle. Als das Barbarossa hörte, sagte er: »Das ist eine harte Bedingung, daß ein Fürst Räubern Tribut zahlen soll.« Der Kaiser wußte keinen Rat. Sollte er gegen die Stadt ziehen? Aber auch flußabwärts bildeten die Felsen noch einen Engpaß, den die Posten der Veroneser bewachten. So gab er schließlich Befehl, das Gepäck abzulegen und zum Schein ein Lager zu errichten, doch befahl er allen, sich zu rüsten. Dann befragte er noch einmal die beiden Veroneser Ritter, die ihn begleiteten. Diese aber erklärten ihm: »Siehst du den Fels über der Burg? Er ist erschrekkend hoch und mit seinen steilen Zacken scheinbar unbezwingbar. Wenn dort keine Wache aufgestellt ist und es dir gelingt, ihn zu nehmen, bist du am Ziel deiner Wünsche!«
Sogleich wurden zweihundert junge bewaffnete Krieger unter Führung des Bannerträgers Otto [von Wittelsbach] ausgesandt. Auf abgelegenen Wegen gelangten jene durch Wälder und Berge, durch Schluchten und über Alpenfelsen irrend, schließlich zu dem erwähnten Felsen. Da er aber wie mit einem Schwert glatt abgeschnitten war und keine Möglichkeit des Erklimmens darbot, bückte sich der erste, um einen Kameraden auf seinen Rücken steigen zu lassen, der wiederum

suchte den Gefährten auf der Schulter emporzuheben, dann machten sie aus den Lanzen eine Leiter, und so gelangten alle auf die Höhe des Felsens. Nun entrollte Otto des Kaisers Banner. Da dieses Zeichen den Sieg kündete, erhob sich Geschrei und Gesang, und die Truppen, die im Tal zurückgeblieben waren, eilten zum Sturm. Die Straßenräuber, die geglaubt hatten, nur Vögel könnten jenen Felsen erreichen, waren völlig überrascht, als sie von unten und oben gleichzeitig angegriffen wurden. Verzweifelt sannen sie auf Flucht, fanden aber keinen Ausweg mehr; denn wer sich durch kühnen Sprung zu retten suchte, schlug bald hier, bald dort auf die Felsen, wurde zerrissen und hatte seine Seele schon ausgehaucht, bevor er noch den Erdboden erreichte. Mit Ausnahme eines einzigen, der, wie man sagt, sich in einer Höhle verbergen konnte und so dem Tode entging, wurden die übrigen niedergehauen, zwölf aber zusammen mit Alberich gefangengenommen und für die Hinrichtung am Leben gelassen. Fast alle diese Gefangenen waren Ritter. Als die Männer dem Kaiser vorgeführt und zum Tode verurteilt worden waren, erklärte einer, er sei kein Lombarde, sondern ein Franzose, ein armer Ritter und durch falsche Versprechungen verleitet. Ihn allein beschloß der ruhmreiche Kaiser zu begnadigen, doch mußte er zur Strafe seinen Kameraden den Strick um den Hals legen und sie aufhängen. Alle anderen, die an den Abhängen des Gebirges tot herumlagen, wurden gesammelt und am Wegrand aufgetürmt, damit sie den Vorüberziehenden als warnendes Denkmal ihrer Verwegenheit dienen sollten.

Aus: Ottonis Gesta Friderici (Die Taten Friedrichs von Otto von Freising, dem Onkel Barbarossas, * um 1114, † 1158, seit 1138 Bischof von Freising), II, 19 ff. Nach der Übersetzung von H. Kohl, gekürzt und bearbeitet

Ein zweiter Zwischenfall offenbarte die ganze Verworrenheit der Lage: Eine Gesandtschaft der Stadt kam, bot Friedrich I. die Kaiserkrone an, wenn er der Stadt Privilegien gewähre und bestimmte Summen zahle. Als er das Angebot abwies, blieben ihm die Tore der Stadt ebenso verschlossen wie dem Papst, und er mußte sich den Zugang erkämpfen.

»Das Füllhorn des Segens« – Aufruhr beim Krönungsmahl

Die Krönung fand nun in St. Peter unter militärischer Abschirmung statt. »Vor der silbernen Pforte der Kirche hielt der Bischof von Albano das erste Gebet, mitten in der Kirche der Bischof von Porto das zweite: ›Gott, du geheimnisvoller Schöpfer der Welt – schütte auf die Fürbitte aller Heiligen über diesen König das Füllhorn deines Segens aus und festige den Thron seines Reiches [. . .]‹.« Es folgten die Salbung durch den Erzbischof von Ostia und ein Gebet. Dann war der Augenblick gekommen, wo der Papst dem Knienden das Diadem aufsetzte mit den Worten: »Empfange das Ruhmeszeichen im Namen des Vaters, des Sohnes und des Heiligen Geistes, damit du unter Verachtung

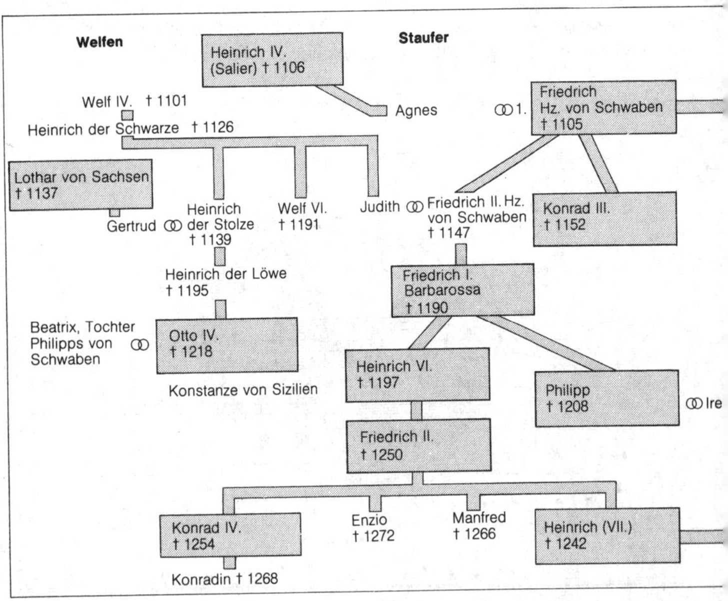

des alten Feindes und aller Sündenberührung Recht und Gerechtigkeit liebest und dich in diesem Leben so erbarmungsvoll zeigest, daß dir unser Herr Jesus Christus in der Gemeinschaft der Heiligen die Krone des ewigen Reiches verleihe.«

Nach der Krönung brach der Aufruhr republikanisch gesinnter Römer los. Der Kaiser wurde von der Revolte während des Festmahls überrascht und mußte sich mit der Waffe in der Hand wehren. Vor allem dem Eingreifen Heinrichs des Löwen war es zu danken, daß der Aufstand niedergeschlagen wurde: ein blutiger Beginn der »kaiserlichen Schirmherrschaft«! Bei den Kämpfen fiel Arnold von Brescia in die Hände des Kaisers, der ihn dem Papst auslieferte, der wiederum die Exekution dem Stadtpräfekten übertrug: Der Rebell und Ketzer wurde gehängt, die Leiche verbrannt, die Asche in den Tiber gestreut.

Obwohl der Kaiser nach dem Konstanzer Vertrag verpflichtet gewesen wäre, den Papst nun auch vor den Normannen zu schützen, zog er auf Drängen der deutschen Fürsten nach Deutschland zurück.

Noch einmal drohte höchste Gefahr: Als die Bürger von Verona den Etschübergang an der Veroneser Klause sperrten, rettete der baierische Pfalzgraf Otto von Wittelsbach das kaiserliche Heer, indem er nach Umgehung des Feindes den Weg freikämpfte.

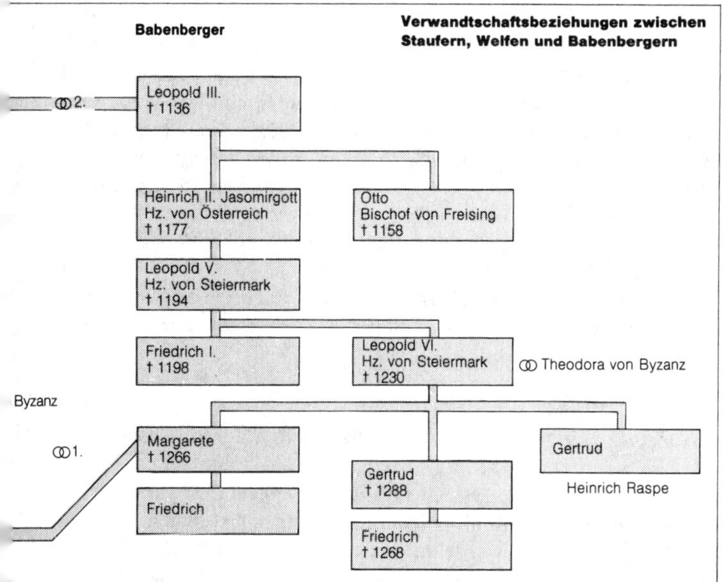

Die Lösung der baierischen Frage: Österreich wird Herzogtum

Dem Zurückgekehrten blieb keine Zeit, über den fragwürdigen Erfolg des Italienzuges nachzudenken, denn der zäh auf seinem vermeintlichen Recht bestehende Babenberger mußte möglichst bald zur Aufgabe seiner herzoglichen Rechte in Baiern veranlaßt werden, wollte man einen neuen Bruderkampf zwischen Staufern und Welfen vermeiden. Es erforderte diplomatisches Geschick und Standfestigkeit, Heinrich Jasomirgott zum Verzicht zu bewegen. Erst nach langen, schwierigen Verhandlungen wurde die Lösung gefunden und von den Partnern angenommen: Baiern fiel an die Welfen zurück, zugleich aber wurde die Markgrafschaft Österreich aus dem Landesverband Baiern gelöst und als eigenständiges Herzogtum den Babenbergern übergeben. Der Reichstag zu Regensburg im September 1156 brachte den eindrucksvollen und symbolträchtigen Abschluß: Heinrich Jasomirgott übergab dem Kaiser sieben Fahnen, Symbol für die Herrschaft in Baiern, die dieser dem Welfen Heinrich dem Löwen überreichte; dieser gab wiederum zwei dem Kaiser zurück, der diese Symbole nun dem Babenberger anvertraute. Der politische Aspekt dieser bedeutungsvollen Handlung gewinnt Farbe durch den persönlichen Hintergrund: der Stauferkaiser war Vetter des Welfen und Halbbruder des Babenbergers!
Interessanter ist jedoch die Fülle der Rechte, mit denen der frischgebackene Herzog von Österreich ausgestattet wurde; sie wirkten geradezu revolutionär: Ihm wurde die weibliche Erbfolge zugesichert, bei Kinderlosigkeit konnte dem König sogar ein Nachfolger vorgeschlagen werden; der Herzog war oberster Gerichtsherr, brauchte lediglich die königlichen Hoftage besuchen, die im nahen Baiern stattfanden, und war nur verpflichtet, in angrenzenden Gebieten an Kriegszügen teilzunehmen. Mit diesem *»Privilegium minus«* *(K. Seite 33)* setzte Friedrich ein Signal für die Organisation künftiger Landes-(d.h. Territorial-)herrschaften im Reichsgebiet.
Nach vier Jahren Königsherrschaft schien Friedrich I. den inneren Frieden gesichert und die Grundlage für eine erfolgreiche Innenpolitik geschaffen zu haben.

Burgund, Mitgift zur Arrondierung des Reiches im Südwesten

Nach dem Abschluß des Konstanzer Vertrags 1153 war man am päpstlichen Hof dem Kaiser wiederholt entgegengekommen. Auch ein persönliches Problem wurde mit Hilfe der Kurie gelöst: Der Konstanzer Bischof erklärte die Ehe Friedrichs I. mit Adela (auch Adelheid)

»Privilegium minus« 1156

Das sogenannte »Privilegium minus« ist die entscheidende Urkunde für die eigenständige Entwicklung Österreichs. Ihre wichtigsten – auch verfassungsrechtlich bedeutsamen – Bestimmungen:

1. *auch die Herzogin wird belehnt;*
2. *das Herzogtum Österreich ist in männlicher und weiblicher Linie erblich;*
3. *Heinrich Jasomirgott und Theodora dürfen bei Kinderlosigkeit ihre Nachfolger im Herzogtum selbst bestimmen;*
4. *das Gerichtsrecht liegt allein beim Herzog;*
5. *lediglich Verpflichtung zur Hoffahrt nach Baiern; Heerfolge nur bei Feldzügen gegen benachbarte Länder.*

Die Urkunde, von Friedrich I. Barbarossa unterzeichnet und auf Herzog Heinrich und seine Frau Theodora ausgestellt, schrieb bestehende Rechte fest und gestand Privilegien in bisher unbekanntem Ausmaß zu.

Markstein bei der Bildung von geschlossenen Herrschaftsgebieten (»Territorialisierung«) und der Entstehung des Reichsfürstenstandes.

Mitte des 14. Jahrhunderts tauchte eine andere Urkunde auf, die für die politische Verfassung Österreichs grundsätzlich sein sollte, das sogenannte »Privilegium maius«. Sie war so abgefaßt, als habe Friedrich I. Barbarossa den Babenbergern folgende Zugeständnisse gemacht:

1. *Gleich-/Höherstellung mit den Landesfürsten;*
2. *Entbindung von fast allen Pflichten gegenüber dem Reich.*

Bis Mitte des 19. Jahrhunderts galt diese Urkunde als echt. Erst die verfeinerten Methoden der Quellenkritik und ihre Anwendung durch Wilhelm Wattenbach erlaubten die Aufdeckung der Fälschung.

von Vohburg für ungültig, da die Königin Ehebruch begangen habe. Jetzt, drei Jahre später, heiratete der Kaiser die etwa 14jährige Beatrix von Burgund, die Erbin der Freigrafschaft Burgund mit der Residenzstadt Besançon. Sie war die reichste Frau im Lande mit sehr großem Grundbesitz und einer Gefolgschaft von fünftausend Rittern. Im Juni 1156 wurde in Würzburg die Hochzeit gefeiert. An dieses glänzende Fest erinnern heute noch jeden Besucher der Würzburger Residenz die barocken Fresken des Venezianers Giovanni Battista Tiepolo im Kaisersaal: die Brautfahrt der Gräfin Beatrix im Sonnenwagen des Apoll und die Trauung mit dem Kaiser des Abendlandes. Der – wie man sagt – glücklichen Ehe entstammen fünf Söhne. Man berichtet auch, daß Beatrix Friedrichs I. Vertrauen besessen und treu zu ihm gestanden habe. Sie habe an allen Kämpfen teilgenommen, den Kaiser in Staatsgeschäften vertreten und ihn in Gefahr mit der Waffe verteidigt.

Mit dem Erbe der Frei- und Pfalzgrafschaft bezieht Friedrich I. auch Hochburgund und die Provence, die sich seit Heinrich III. immer mehr einer festen Bindung entzogen hatten, in den Reichsverband ein und nimmt damit strategisch wichtige Alpenstraßen unter Kontrolle. Herzog Berthold von Zähringen, dem Friedrich I. 1152 das Rektorat (Oberhoheit) über Burgund übertragen hatte, wird aus dieser Funktion entlassen und zieht sich gekränkt zurück. Auch die Verleihung anderer Herrschaftsrechte kann die Entfremdung von den Staufern nicht aufhalten.

Staufische Ostpolitik
Druck und Zwang, um deutsche Ansprüche durchzusetzen

Ausgangspunkt aller politischen Überlegungen des Kaisers war die Wiederherstellung des Friedens im gesamten Reich. Solange aber die italienischen Kommunen sich der kaiserlichen Autorität nicht unterordneten, waren nach Meinung Friedrichs I. die Voraussetzungen für eine Friedensherrschaft nicht gegeben, zumal das Ausscheren Mailands ja auch bedeutete, daß erhebliche Abgaben nicht gezahlt wurden. Und der Stauferkaiser brauchte dringend Geld.
Die in Italien gesammelten Erfahrungen erforderten die gründliche Planung und Organisation eines zweiten Feldzuges, der zu einer befriedigenden Lösung der lombardischen Frage führen sollte. Gleichzeitig wollte der Kaiser die Reichsgrenzen im Rücken gesichert wissen und ausreichende militärische Kräfte zur Verfügung haben.
Zunächst klärte er deshalb das Verhältnis zu Polen. Herzog Boleslaw IV. lag mit seinem Bruder in Streit und weigerte sich auch, die von seinem Vorgänger dem Deutschen Reich zugebilligte Lehnshoheit anzuerkennen und den entsprechenden Tribut zu zahlen. Friedrich I. ›regelte den Fall‹ gemeinsam mit Heinrich dem Löwen militärisch. Als das deutsche Heer bis an die Oder vorgestoßen war, unterwarf sich der polnische Herzog, huldigte dem Kaiser als seinem Lehnsherrn und erstattete die geforderte Geldbuße. Für das italienische Unternehmen versprach er 300 Ritter zu stellen. Später, 1163, greift der Kaiser noch einmal in die polnische Politik ein und beendet aus eigener Machtvollkommenheit den innenpolitischen Machtkampf: Schlesien, das zwar weiterhin zu Polen gehört, sich aber allmählich mehr an das Reich orientiert, wird in die Herzogtümer Breslau und Ratibor aufgeteilt, mit deren Führung die beiden Neffen des Herzogs betraut werden.
Eingeschüchtert durch Friedrichs I. energisches Auftreten in Polen muß auch Ungarn die Lehnshoheit des Reiches anerkennen und mili-

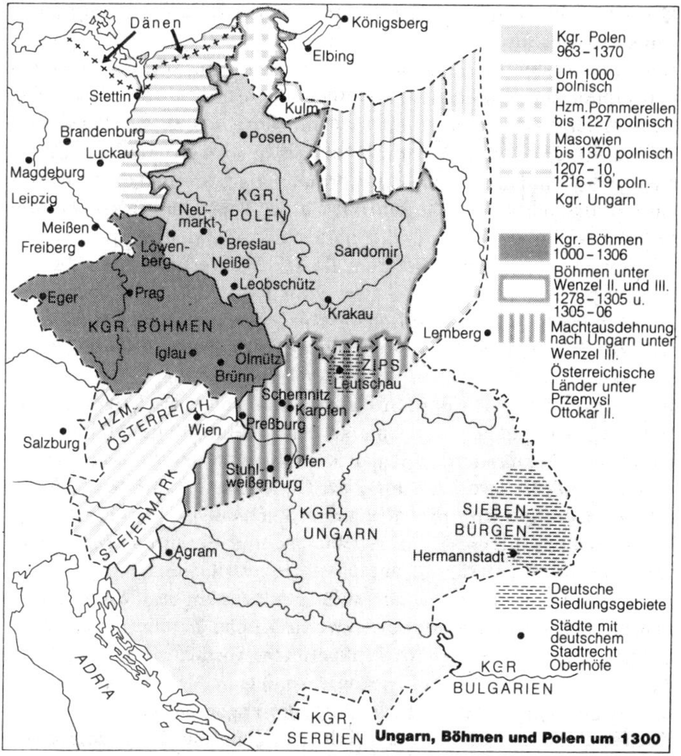

Ungarn, Böhmen und Polen um 1300

tärische Hilfe für den Italienfeldzug zusagen. Böhmen wird für seine Treue zum Reich belohnt: Wladislav erhält die Königswürde.
Trotz Friedrichs I. Eingreifen im dänischen Thronstreit 1153 war es auch dort zu neuen heftigen Auseinandersetzungen zwischen den Rivalen gekommen, nach deren Beendigung der neue König, Waldemar I. der Große, Anschluß an das Reich suchte.

Streit auf dem Reichstag zu Besançon

Im Herbst 1157 berief der Kaiser einen Reichstag nach Besançon ein, um die Huldigung der Lehnsträger ganz Burgunds entgegenzunehmen und die Verhältnisse im Lande neu zu ordnen. Ein Zwischenfall machte deutlich, wie sehr sich der politische Standort der päpstlichen

Kurie verändert und wieviel Zündstoff sich inzwischen angehäuft hatte.
Nach dem vorzeitigen Rückzug Friedrichs I. aus Italien hatte der Papst seine Residenz im süditalienischen Benevent aufgeschlagen. Um sich der Normannen zu erwehren, arrangierte er sich mit diesen und belehnte ihren Fürsten Wilhelm I. von Sizilien gegen Tributzahlungen mit Apulien und Capua. Da die Normannen inzwischen die Griechen aus Süditalien vertrieben hatten, war für den Papst der Rücken frei von Bedrohung durch Byzanz, und er hatte eine völlig neue Ausgangsbasis für sein Auftreten gegenüber dem Kaiser. Vor versammelten Reichsfürsten protestierten deshalb zwei vom Papst entsandte Kardinäle scharf dagegen, daß der dänische Erzbischof von Lund auf der Heimreise von Rom auf Reichsgebiet gefangengenommen worden sei: »[...] eine schändliche Untat von viehischer Wildheit«.
Der Kanzler Friedrich Barbarossas, Rainald von Dassel, dem die Gelegenheit willkommen war, eine schärfere Gangart gegenüber Rom vorzulegen, übersetzte das päpstliche Schreiben und brach dabei bewußt einen Eklat vom Zaun, als er die Kernstelle der kurialen Strafpredigt zitierte: »Die römische Kirche hat Dich auf jede Art erhöht und ausgezeichnet, Dir die Fülle der Würden und Ehren übertragen und Dir das hehre ›beneficium‹ der Kaiserkrone verliehen. Und es reut uns auch nicht im mindesten, in allem Deinen Wunsch und Willen erfüllt zu haben, ja, bei dem Gedanken, was die Kirche Gottes und wir selbst durch Dich an Vorteilen gewinnen könnten, würden wir uns mit Recht freuen, wenn es möglich gewesen wäre, daß Deine Herrlichkeit aus unserer Hand noch größere ›beneficia‹ empfangen hätte.«
Hätte Rainald »beneficium« wörtlich mit dem unverbindlicheren Begriff »Wohltat« übersetzt, wären seine Ausführungen ohne politische Folgen gewesen. Der Kanzler verwendete aber gezielt die Wortbedeutung »Lehen« und provozierte damit einen Skandal: die Fürsten sind empört, daß ihr Kaiser als päpstlicher Lehnsmann apostrophiert wird, worauf einer der päpstlichen Legaten kalt erwidert: »Von wem hat denn der Kaiser sein Kaisertum, wenn nicht vom Herrn Papst!«
Der hitzige Pfalzgraf von Baiern wollte mit dem Schwert zuschlagen, doch der Kaiser schützte die Gesandten vor dem Angriff. In einem Schreiben an die Reichsfürsten betonte er aber: »Ich selbst werde ohne Wanken eher in den Tod gehen, als unter unserer Regierung solch einen schmachvollen Umsturz dulden.« Die Kaiserkrone sei einzig und allein Gottes »beneficium«. Eher werde er die Krone niederlegen, als sich und das Reich so demütigen zu lassen. Hadrian IV. wich vor der heftigen Reaktion zurück und beschwichtigte in einem persönlichen Schreiben den Kaiser mit der offiziellen Erklärung, er habe den

***Rainald von Dassel.** Karrierist in kaiserlichen Diensten und kompromißloser Anhänger einer Politik der Stärke. Relief am Dreikönigsschrein, Köln, Dom.*

Begriff »beneficium« nie anders als im Sinne von »Wohltat« gebraucht.

Das Ergebnis der Auseinandersetzung zeigte aller Welt, daß sich diesmal die staufische Staatstheorie (siehe Seite 297 ff.) von der Gleichberechtigung der geistlichen und weltlichen Gewalt, die ihren Ausdruck in friedlicher, partnerschaftlicher Zusammenarbeit findet, gegen den Führungsanspruch der Kurie durchgesetzt hatte.

OTTO VON WITTELSBACH

Es gibt kein zeitgenössisches Bildnis von Otto von Wittelsbach, aber Chronisten beschreiben ihn sehr lebendig als einen hochgewachsenen, kräftigen Mann mit frischer, rötlicher Gesichtsfarbe und schwarzem Haar. Geboren wurde er um 1120. Seine Familie trug ursprünglich den Namen der Grafen von Scheyern, aber wenige Jahre vor seiner Geburt hatte der Vater bei Aichach, nordöstlich von Augsburg, die Burg Wittelsbach gebaut, nach der sich die Familie fortan nannte. Der Vater war Pfalzgraf, also königlicher Ritter und Verwalter des Königsgutes im Herzogtum Baiern. Seine Söhne scheinen durchweg rauhe Gesellen gewesen zu sein.

Für Otto erwies sich das Draufgängertum nur als Vorteil. Als Kaiser Friedrich Barbarossa 1155 bei der Rückkehr aus Rom an der Veroneser Klause den Weg verlegt bekam, erklomm Otto mit seinen Leuten die steilen Felsen am Ufer der Etsch und warf den Gegner. Im selben Jahr folgte er dem Vater im Amt des baierischen Pfalzgrafen. Von da an begegnen wir ihm immer wieder im Gefolge des Kaisers. Am Reichstag von Besançon zog er aufbrausend gegen den päpstlichen Legaten das Schwert, und nur das geistesgegenwärtige Dazwischentreten Friedrichs I. verhinderte den Totschlag. Der Kaiser vergalt auch die uneingeschränkte Treue Ottos. Als er Heinrich dem Löwen das Herzogtum Baiern aberkannt hatte, übergab er es am 16. September 1180 dem damals etwa sechzigjährigen Otto zum Lehen. Er zog ihn dabei der mächtigeren Familie der Grafen von Andechs-Meranien vor. Otto, der von seinen Untertanen geschätzt und geliebt wurde, hatte nicht mehr viel Zeit, das neue Herzogtum auszubauen. Er starb schon drei Jahre später am 11. Juli 1183 auf der kaiserlichen Burg Pfullendorf bei Konstanz.

»Zu seiner Zeit genoß Baiern Frieden und ungestörten Wohlstand«, sagt ein zeitgenössischer Chronist von diesem ersten wittelsbachischen Herzog, dessen Geschlecht siebeneinhalb Jahrhunderte bis 1918 in Bayern regierte. (H.P.)

Niederwerfung Mailands und Ronkalische Gesetze

Im Juni 1158 konnte Friedrich I. endlich den zweiten Feldzug gegen die ›widerspenstigen‹ oberitalienischen Städte führen. In vier Abteilungen überschritt das mächtige kaiserliche Aufgebot die Alpen: über den Großen St. Bernhard, über den Septimer, über den Brenner und durch Friaul. Herzog Heinrich der Löwe stellte diesmal vierzehnhundert Ritter, und unter den Truppen fielen besonders sechshundert ausgesuchte Bogenschützen aus Ungarn auf. Ende Juli begann die Belagerung Mailands, Anfang September ergab sich die Stadt. Sie mußte in aller Form auf die angemaßten königlichen Hoheitsrechte (Regalien) verzichten, dreihundert Geiseln stellen und eine hohe Geldbuße zahlen. Sie verpflichtete sich außerdem, die kaisertreuen Städte Lodi und Como, die sie dem Erdboden gleichgemacht hatte, wieder aufzubauen und ihre kaiserlich garantierte städtische Freiheit unangetastet zu lassen. Alle männlichen Bürger von 14 bis 70 Jahren beeideten die Einhaltung der Auflagen. Damit war das Kriegsziel erreicht, und der größte Teil des Heeres konnte entlassen werden.
Im November berief der Kaiser einen Reichstag – wiederum auf den Ronkalischen Feldern – ein, zu dem auch die Ratsherren der lombardischen Städte geladen waren. Achtundzwanzig von ihnen sollten zunächst mit vier juristischen Experten – Professoren der Universität Bologna – feststellen, wer überhaupt königliche Hoheitsrechte ausüben durfte. Konnte eine Verleihung dieser Rechte nicht urkundlich belegt werden, mußten die »Regalien« dem Kaiser zurückgegeben werden: öffentliche Ämter, das Münz- und Zollrecht, Gebühren für die Benutzung von Brücken, Wasserwegen und Straßen, Steuer- und Zinseinnahmen. Diesen Akt der Rechtsfindung erkannten die Städte an, doch breitete sich Enttäuschung, ja Erbitterung aus, als der Kaiser die Regalien nicht neu verteilte, wie es nach dem Lehnsrecht üblich war, sondern Beamte einsetzte, die diese Rechte für ihn wahrnehmen sollten. Deutsche Reichsministerialen – unmittelbar dem Kaiser verpflichtete Dienstmannen – entmachteten als »Podestà« die von den Bürgern gewählten Konsuln und verwalteten das »Reichsgut«. Dabei ging Friedrich I. allerdings nicht konsequent vor: Städten, die bisher ihre Kaisertreue bewiesen hatten oder die er aus taktischen Gründen auf seine Seite ziehen wollte, überließ er auch in Zukunft königliche Rechte gegen Zahlung einer stattlichen Summe. Der politisch-wirtschaftlichen Neuordnung des Königreichs Italien wurden drei weitere Statuten hinzugefügt, die der Stärkung der kaiserlichen Position dienen sollten; sie betrafen die Gerichts- und Verwaltungshoheit des Herrschers, sein Recht auf Pfalzbau und die Festlegung von Abgaben.

Die Ronkalischen Gesetze brachten dem Kaiser einen unerhörten Machtzuwachs und enorme fiskalische Gewinne; die Einnahmen aus Italien überstiegen bald das Vierfache der Abgaben aller deutschen Städte. Im Augenblick mußten sich die italienischen Kommunen beugen; aber der Kaiser konnte nicht darauf vertrauen, daß er städtische Führungsschichten, die sich ihrer Rechte und Freiheiten bewußt waren, mit unbeugsamer Strenge in Untertanen zurückverwandeln würde. Wie sollten sie sich Gesetzen unterwerfen, die sie als Diktat empfinden mußten? Grimmig nahmen sie zur Kenntnis, daß der Kaiser sich vorbehielt, alle Vertreter der öffentlichen Macht zu ernennen. Sie empfanden es als unzulässigen Eingriff in ihre durch wirtschaftliche Überlegenheit und politische Geschicklichkeit erworbene Position, daß Handel und Wandel in der Stadt nun von kaiserlicher Zustimmung abhängen sollte.

Zwei gegensätzliche Auffassungen von Ausübung politischer Macht prallten damals aufeinander: Im streng zentralistisch ausgerichteten monarchischen System bedeutet Herrschaft in erster Linie die unumschränkte Autorität des Königs, der nur so gerechtes und friedliches Zusammenleben seiner Untertanen garantieren kann; in einer kommunalen Ordnung dagegen wird Justiz und Verwaltung in der Stadt von – allerdings immer sehr reichen – städtischen Gruppen selbständig ausgeübt. Daß es in der Auseinandersetzung zwischen dem Kaiser und den reichen Städten hauptsächlich um Geld ging (denn Wahrnehmung von Rechten bedeutete im Mittelalter zugleich Gewinn) und nicht um ›nationale‹ Fragen zwischen Deutschland und Italien, liegt auf der Hand. Und daß der deutsche Adel auch aus Klassenbewußtsein keinerlei Verständnis für die sozialen Veränderungen in Italien hatte, zeigt Otto von Freising, der Onkel des Kaisers und Verfasser der »Taten Kaiser Friedrichs« nur allzu deutlich. Er äußerte sich abfällig über die Selbstverwaltung der italienischen Städte, die dahin führe, daß sogar »junge Leute aus niederem Stand oder Arbeiter verächtlicher, auch mechanischer Gewerbe, die andere Völker von den edleren und freieren Beschäftigungen wie die Pest fernhielten, den Gürtel der Ritterschaft erhielten«. Der Sproß eines mittelitalienischen Adelsgeschlechts, Boncompagno von Siena, wiederum vermerkt rückblickend, »der Haß der Italiener gegen die Deutschen habe wesentlich zur Ausbildung eines italienischen Freiheitsbewußtseins beigetragen«. Er spricht auch davon, daß »die deutschen Eindringlinge ihre Gewalttaten stets als gesetzmäßiges Handeln zu beschönigen suchten, in Wirklichkeit aber weder willens noch fähig gewesen seien, den berechtigten Belangen ihrer Schutzbefohlenen Rechnung zu tragen«.

Das nicht nur undiplomatische, sondern oft starre und brutale Vorgehen der in den Städten vom Kaiser eingesetzten Podestà trug wesentlich zur weiteren Verhärtung bei. Während ein Teil der Städte sich zunächst fügte, weigerten sich Genua, Crema und Mailand, den Ronkalischen Beschlüssen Folge zu leisten. Die Seestadt Genua behandelte der Kaiser vorsichtig, weil er auf ihre Hilfe im Kampf gegen die Normannen angewiesen war, doch Crema wurde nach halbjähriger Belagerung im Januar 1160 dem Erdboden gleichgemacht. Um Mailand in die Knie zu zwingen, benötigte er neue Truppen.

Zwei Päpste – zwei Parteiungen

Als Friedrich I. die Ronkalischen Beschlüsse auch auf die Toscana und den Kirchenstaat anwandte – Gebiete, die seit Karl dem Großen nominell zum »Königreich Italien« gehörten und damit nicht vom Deutschen Reich abhingen – und durch seine Bevollmächtigten Steuern einziehen ließ, reagierte Papst Hadrian IV. mit drei Forderungen: der Kaiser solle »das Eigentum des heiligen Petrus«, zu dem auch die Mathildischen Güter in der Toscana gehörten, herausgeben, dürfe von den Bischöfen in Italien keinen Lehnseid verlangen und schließlich im Kirchenstaat keine Steuern erheben, da dieser Hoheitsgebiet des Papstes sei. Friedrich I. erwiderte scharf, er verzichte auf den Eid der Bischöfe, wenn diese die Ausübung königlicher Rechte unterließen, und fuhr fort: »Nach Gottes Ordnung heiße und bin ich römischer Kaiser. Zum Schatten eines Herrschers würde ich werden und nur einen leeren Titel führen, wenn die Gewalt über die Stadt Rom mir aus der Hand geschlagen würde.« Damit war von neuem der Kirchenkampf eröffnet. Friedrich I. nahm Fühlung zur römischen Papstopposition auf, Hadrian IV. verbündete sich mit Sizilien und Mailand und drohte dem Kaiser mit dem Kirchenbann. Doch bevor er ihn vollziehen konnte, starb Hadrian.

Bei der nun folgenden Papstwahl kam es zu Tumulten. Eine Minderheit, die der Bürgerbewegung in Rom nahestand, entschied sich für Kardinal Oktavian Monticelli aus kaiserfreundlichem Stadtadel, die Mehrheit des Kollegiums aber wählte den bisherigen Kanzler der Kirche, Kardinal Roland von Siena, einen der beiden päpstlichen Legaten, die beim Reichstag zu Besançon das umstrittene Schreiben überbracht hatten – ein scharfsinniger Theologe und Jurist. Obwohl seine Sympathie Oktavian galt, fühlte sich Friedrich I. zur Schlichtung verpflichtet und berief ein allgemeines Konzil nach Pavia ein, das die Sachlage klären sollte. Roland, der von seinen Anhängern als Alexander III. geweiht worden war, erkannte das Konzil nicht an und er-

schien nicht. Die Mehrheit der versammelten Bischöfe aus Deutschland und Oberitalien – Franzosen und Engländer hielten sich fern – bestätigte nun die Wahl Oktavians, der sich als Papst Victor IV. nannte. Über Alexander III. wurde der Bann verhängt, und Alexander verhängte im Gegenzug den Bannfluch über Victor IV. und den Kaiser.
Wieder einmal war die abendländische Kirche in zwei Parteien gespalten: hinter Alexander III. standen die meisten Kardinäle, die Kirche in Frankreich und England, die Salzburger Kirchenprovinz, außerdem Sizilien, die Städte Oberitaliens, Ungarn, Spanien, Norwegen, Irland und Byzanz, das von sich aus Verbindungen mit der Lombardei aufgenommen hatte und deshalb als Bündnispartner zumindest in Frage kam. Anhänger Victors IV. waren die Reichsländer, Dänemark, Böhmen und Polen. Friedrich I. war es nicht gelungen, die Kirchenspaltung zu verhindern, die achtzehn Jahre lang das Abendland erschüttern sollte.

Erneute Rache an Mailand

Es wäre außenpolitisch sehr ungeschickt gewesen, eindeutig für einen der Päpste Partei zu ergreifen. Deshalb verhielt sich Friedrich I. zunächst neutral, war dabei aber bemüht, Frankreich und England auf seine Seite zu ziehen. Häufige Reibereien zwischen den beiden Königen gaben einen Ansatzpunkt, um ab und zu einen der Herrscher zu gewinnen.
Zuvor entlud sich aber sein ganzer Zorn über Mailand, das im März 1162 bedingungslos kapitulieren mußte und ein brutales Strafgericht erfuhr: die Stadt wurde völlig zerstört, ihre Bürger in vier Dörfer in der Umgebung umgesiedelt und einem kaiserlichen Podestà unterstellt. Die kostbaren Reliquien der Stadt verteilte der Kaiser an ihm ergebene Bischöfe, die Gebeine der Heiligen Drei Könige erhielt der Kanzler Rainald von Dassel, der sie – inzwischen zum Erzbischof von Köln ernannt – in seine Domstadt bringen ließ. Stolz hieß es in einem kaiserlichen Manifest, das wie alle Urkunden »nach der Zerstörung Mailands« datiert war: »Gott selbst hat den Hochmut der Stadt gerichtet; wir zerstörten sie, damit sie künftig nicht sündigen könne, und wenden unsere siegreichen Adler zu neuen Zielen, zur völligen Wiederherstellung des Kaisertums.«

PAPST ALEXANDER III.

In der Sala Regia des Vatikans hat der Renaissancemaler Vasari die große Szene vom Friedensschluß in Venedig 1177 in einem Fresko festgehalten: Kaiser Friedrich I. kniet vor dem Papst und erhält den Friedenskuß. Die Darstellung sollte den Triumph der Kirche zum Ausdruck bringen, doch Alexander III. ging es nicht um Demütigung des Gegners, sondern um Versöhnung.

Nach allgemeinem Urteil war er ein friedliebender und hochgebildeter Mann, der sich zu mäßigen wußte, aber energisch seine päpstliche Autorität einsetzte, wenn es um die Freiheit der Kirche ging. Alexander III., ursprünglich Roland Bandinelli, lehrte zunächst an der Universität Bologna Kirchenrecht und war als Wissenschaftler und Redner sehr geachtet. Er hatte Verbindung zur geistigen Welt Frankreichs mit ihrer modernen scholastischen Theologie. Als Kardinal und Kanzler der römischen Kirche zeigte er Profil und behauptete sich ab 1159 als Papst der kaiserfeindlichen europäischen Mehrheit gegen vier Gegenpäpste. Den größten Teil seines Pontifikats verbrachte er im Exil, lange Zeit residierte er im gastlichen Frankreich. Obwohl der englische König Heinrich II. ihn stützte, forderte er von ihm harte Buße, als dieser Thomas Becket, den gegen die königlichen Eingriffe in das Kirchenrecht opponierenden Primas von England, ermorden ließ. 1179 berief er das dritte allgemeine Laterankonzil ein, das vor allem eine neue Papstwahlordnung beschloß, die den mit Zweidrittelmehrheit gewählten Kandidaten zum rechtmäßigen Papst erklärt und heute noch gültig ist. Als kirchenrechtlicher Experte versuchte er, das germanischen Grundsätzen entsprechende Eigenkirchenrecht zu beseitigen und so den Einfluß der Laien entscheidend zurückzudrängen.

Nach wechselvollen Kämpfen starb er 1181 als einer der bedeutendsten Päpste des Mittelalters in Civita Castellana. *(J.G.)*

Die Zerstörung Mailands 1162
Dargestellt in der Königschronik von Köln

Als wegen des Winters die Straßen unzugänglich waren und die Mailänder sich schon stark einschränken mußten, suchten sie die Fürsten mit schlauen Vorschlägen zu gewinnen und in Sicherheit zu wiegen und selbst unterdessen aus Brescia oder Piacenza mit vereinten Kräften Nachschub zu holen. Sie richteten jedoch nichts aus und wurden daher immer schwächer und mutloser. Nach mehreren Vorladungen und vielem Ränkespiel machten sie endlich, als ihnen die letzte Frist für den Aschermittwoch gesetzt war, zwei Vorschläge: sie wollten sich bedingungslos unterwerfen oder durch einen Vertrag die Gunst des Kaisers gewinnen.
Als darüber beratschlagt wurde, stimmte ein Teil der Fürsten mit dem Kölner Erzbischof an der Spitze gegen eine Annahme dieser Vorschläge, weil nur dann der Sieg vollständig sei und der Kaiser nach Gutdünken Rache oder Milde üben könne. Die Mehrzahl dagegen war für Annahme des Vertrags, weil bei Nichteinhaltung der Kaiser sie würde hart bestrafen müssen. Endlich stimmten alle, wenn auch widerwillig, einem Vertrag zu [. . .], doch nach einigen Tagen ergaben sich die Mailänder auf Gnade und Ungnade.
Am 1. März erschienen die Konsuln der Mailänder zusammen mit etwa zwanzig Edelleuten, warfen sich, blanke Schwerter auf dem Nacken, vor dem ganzen Hofe nieder und ergaben sich ohne jede Hinterlist, mit der sie bei den ersten Unterwerfungen den Kaiser getäuscht hatten.
Am folgenden Sonntag, an dem bezeichnenderweise in der Messe gesungen wurde »Gedenke deiner Milde, o Herr!« [das Reminescere], kamen mehr als dreihundert der erlesensten Ritter Mailands zusammen mit den erwähnten Konsuln, fielen vor dem Kaiser nieder, der auf seinem Thron saß, flehten in wohlgesetzter Rede um Erbarmen, übergaben die Schlüssel der Stadt und die Hauptfahnen von allen Toren, am Dienstag kamen das Volk und die übrigen Ritter mit dem Carrocio [dem Fahnenwagen, Symbol der Stadt Mailand] und überbrachten mehr als hundert Fahnen der Stadtviertel. In geordneten Reihen zogen sie nach Neu-Lodi, die Bewohner aus drei Stadtvierteln vor dem Fahnenwagen, die anderen danach bis vor den Palast des Kaisers. Sobald sie diesen hoch auf seinem Thron erblickten, stießen die Trompeter auf dem Wagen noch einmal laut in ihre Posaunen, und als deren Klang verhallt war, wurden sie dem Kaiser überreicht. Danach traten die Vorsteher der Stadtviertel einzeln heran, bekannten sich schuldig und übergaben die Fahnen. [. . .] Jetzt stand nur noch der Wagen in seiner alten Stärke, mit Eichenbohlen eingefaßt, mit Eisen beschlagen und zum Kampf trefflich ausgerüstet. In seiner Mitte ragte ein schlanker Mastbaum empor, der mit Eisen, Riemen und Tauen fest umwunden war und von dessen Spitze ein Kruzifix grüßte. Es zeigte auf seiner Vorderseite das Bild des heiligen Ambrosius, der den Segen zu spenden schien, wohin immer auch der Wagen sich wandte. Nach der Übergabe aller Ehrenzeichen kam auch dieser Wagen heran, um sein Haupt zu neigen. Sein Lenker senkte kunstvoll das ganze Gerüst mit dem Mastbaum bis zur Erde, so daß wir, die wir neben dem Thron des Kaisers standen, erschraken,

da wir fürchteten, das ganze Gerüst könne zusammenbrechen. Doch der Mastbaum fiel nicht und erhob sich erst, als der Kaiser die Fransen der Standarte ergriff und das Zeichen zum Wiederaufrichten gab.
Da fielen die Krieger und das Volk auf ihr Antlitz, wehklagten und flehten um Erbarmen. Nachdem einer der Konsuln eine Bittrede gehalten hatte, warf sich die Menge abermals nieder und flehte um Gnade. Alle Anwesenden wurden zu Tränen gerührt, und nur des Kaisers Antlitz blieb unbewegt. Nun verlas der Erzbischof von Köln eine Unterwerfungsformel, die sie mit einem unzweideutigen Schuldbekenntnis beantworteten. Der Kaiser erwiderte auf ihr Flehen in geziemender Weise und versprach nach reiflicher Überlegung, zu einem geeigneten Zeitpunkt Gnade üben zu wollen. Dann entließ er alle und befahl ihnen, am nächsten Tag wieder zu erscheinen. Sie aber warfen in der Hoffnung auf Erbarmen die Holzkreuzchen, die sie in den Händen hielten, durch die Fenstergitter in die Kemenate der Kaiserin, da sie zu ihr keinen Zutritt hatten. Als sie nun am nächsten Tag wieder vorgeführt wurden, erklärte ihnen der Kaiser, daß er gleichzeitig mit der Gnade und dem Gericht beginnen wolle. Denn ginge es nach dem Recht, so hätten sie alle ihr Leben verwirkt. Nun aber sei es an der Zeit, auch Milde walten zu lassen. Die Mailänder gaben zu, nach dem Gesetz den Tod verdient zu haben.
Der Kaiser befahl nun, daß alle amtierenden und ehemaligen Konsuln sowie die Hauptleute, Ritter, Rechtskundigen und Richter als Geiseln festgehalten werden sollten, das einfache Volk aber als weniger schuldig nach Ablegung eines Eides entlassen und in die Stadt zurückgeschickt werde. Dann sandte er seine Bevollmächtigten nach Mailand und befahl, daß auch dort alle, die älter waren als zwölf, einen Huldigungseid leisten müßten, was auch geschah. Er befahl ferner, die einzelnen Stadttore einzureißen sowie die Mauern und den Graben bei den Toren einzuebnen, damit die Heereshaufen in breiter, ausgerichteter Front einziehen könnten. Auch das wurde ausgeführt. Von ihren mehr als zweitausend Burgen waren den Mailändern nur vier übriggeblieben. Auch diese mußten sie nach kaiserlichem Richterspruch übergeben. Nachdem der Kaiser so Mailand bezwungen hatte, siegte bei ihm selbst das Erbarmen und er löste die Mailänder vom kaiserlichen Bann. Darauf wurden die Stadtmauern, Gräben und Türme allmählich zerstört und so die ganze Stadt von Tag zu Tag immer stärker dem Verfall preisgegeben. Die Bürger erhielten den Befehl, auf die Dörfer und zu ihren Landhäusern zu ziehen und sich dort mit dem Ackerbau zu beschäftigen. In der Stadt aber durfte niemand mehr wohnen.
An Ostern hielt der Kaiser in Pavia [. . .] einen Reichstag, an dem alle Fürsten, Markgrafen, Grafen, Barone, Hauptleute und die Konsuln der Lombardei teilnahmen. Sie alle ließ er in seiner Umgebung reichlich bewirten. Am zweiten Ostertag schwuren die Pisaner dem Kaiser Treue, am dritten leisteten die Bürger von Brescia einen ähnlichen Eid. [. . .] So beugte sich die ganze Lombardei, Tuscien und die Romagna vor dem Kaiser.

Aus: Chronica regia Coloniensis (Königschronik von Köln).
Bearbeitet nach der Übersetzung von Carl Platner

Italienpolitik
Die Deutschen machen sich unbeliebt

Die Zerstörung Mailands war mit großer Wahrscheinlichkeit als abschreckendes Beispiel gedacht – und der Erfolg schien im nachhinein die Mittel zu rechtfertigen: die antistaufischen Städte ergaben sich alle. Daraufhin plante Friedrich I. mit Unteritalien und Sizilien ›aufzuräumen‹, den Gebieten, die sich dem Zugriff der deutschen Krone immer zu entziehen gewußt hatten. Doch das gut geplante Unternehmen verlief im Sande, da die wichtigsten kaiserlichen Verbündeten, die Seemächte Pisa und Genua, sich aufgrund ihrer schon als traditionell zu bezeichnenden wirtschaftlichen Rivalität und Konkurrenz während des Feldzugs in neue Händel verstrickten.
Ein weiterer Mißerfolg machte die Isolation deutlich, in die Kaiser und Reich geraten waren. Friedrich I. lud den französischen König Ludwig VII. zu einer Zusammenkunft ein, die dazu dienen sollte, eine Lösung des Schismas zu finden.
Doch der an Ausgleich interessierte Kaiser wartete an der Brücke bei St. Jean de Losne, die zwischen Dôle und Dijon über die Saône führte und die Reichsgrenze bildete, vergebens auf Ludwig VII. Dieser war ursprünglich bereit gewesen, Alexander III., der in Frankreich ein Asyl gefunden hatte, zu bewegen, sich einem Schiedsgericht zu stellen, das die Rechtmäßigkeit seiner Wahl überprüfen sollte. Er wich aber vor dem Druck des alexanderfreundlichen französischen Klerus und den Drohungen seines eigenen Lehnsmannes, König Heinrich II. von England, den Alexander III. ganz für sich gewonnen hatte, zurück. Die Furcht der westlichen Nachbarn, der Kaiser werde seine Machtstellung ausnützen, um alle Völker Europas zu unterwerfen, führte bei den adeligen Führungsgruppen dieser Länder zu einer ›deutschfeindlichen‹ Stimmung.
Johann von Salisbury, Sekretär des Erzbischofs von Canterbury, sprach aus, was viele dachten: »Wer hat die Deutschen zu Richtern über die Völker gesetzt? Wer hat diesen rohen und brutalen Leuten das Recht gegeben, nach ihrem Belieben einen Fürsten über die Häupter der Menschenkinder zu setzen?« Diese oft zitierten, überaus pointierten Sätze sind verständlich, wenn man bedenkt, daß der Kanzler Rainald von Dassel ausländische Fürsten im Vergleich zum Kaiser als Zwergkönige oder kleine Provinzkönige bezeichnete und Friedrich I. selbstverständlich seine Aufgabe als Universalherrscher in der Verpflichtung sah, als Schutzherr der gesamten Christenheit aufzutreten und deren Geschicke nach seinen eigenen Interessen zu bestimmen (siehe auch Seite 217 ff.).

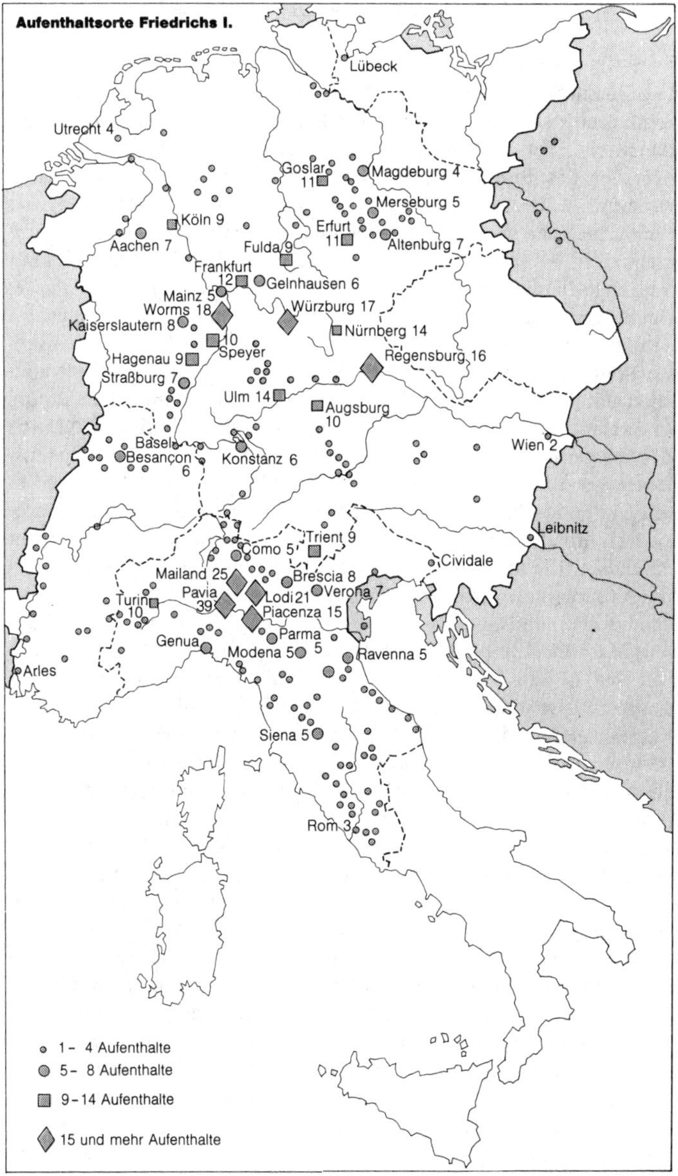
Aufenthaltsorte Friedrichs I.
Lübeck
Utrecht 4
Goslar
11
Magdeburg 4
Merseburg 5
Köln 9
Erfurt
11
Aachen 7
Fulda 9
Altenburg 7
Frankfurt
12
Gelnhausen 6
Mainz 5
Worms 18
Würzburg 17
Kaiserslautern 8
Nürnberg 14
10
Speyer
Hagenau 9
Regensburg 16
Straßburg 7
Ulm 14
Augsburg
10
Basel
Besançon
6
Konstanz 6
Wien 2
Leibnitz
Trient 9
Como 5
Cividale
Mailand 25
Brescia 8
Pavia
39
Lodi 21
Verona 7
Turin
10
Piacenza 15
Genua
Parma
5
Modena 5
Ravenna 5
Arles
Siena 5
Rom 3
1- 4 Aufenthalte
5- 8 Aufenthalte
9-14 Aufenthalte
15 und mehr Aufenthalte

Heinrich der Löwe, ›ungekrönter König‹ im Norden des Reiches

Auch in Deutschland erwarteten den Kaiser Schwierigkeiten. Die Lage in Sachsen war explosiv. Heinrich der Löwe hatte in seinem Herzogtum eine so expansive Politik getrieben mit dem Ziel, sich ein geschlossenes Territorium zu schaffen, daß sich sächsische Fürsten wie Albrecht der Bär, Pfalzgraf Adalbert von Sommerschenburg und Landgraf Ludwig von Thüringen gegen ihn zusammenschlossen und ein Bürgerkrieg drohte. Nur der Kaiser konnte einen offenen Kampf verhindern. Friedrich I. wußte, daß er auf die Hilfe Heinrichs des Löwen angewiesen war, wenn er seine Ziele in Italien erreichen wollte. Heinrich der Löwe war ein treuer Kampfgenosse seines Königs, oft hatte sein Eingreifen den Kampf entschieden, und sogar eine Schwenkung der kaiserlichen Politik machte er anstandslos mit: nach dem erfolglosen Treffen an der Saône trat Friedrich I. für eine Annäherung an England ein. Die Lage lud dazu ein, denn Englands König Heinrich II. hatte gerade einen Kirchenstreit provoziert, als er die alten Hoheitsrechte der Krone gegenüber der Geistlichkeit in den Konstitutionen von Clarendon 1160 wiederherstellen wollte. Dies trieb ihn fast automatisch in Papst Alexanders III. Gegenlager. Zwar kam es zu keinem offiziellen Bündnis zwischen England und dem Reich, aber die Anerkennung des kaiserlichen Papstes wurde am englischen Hof in Aussicht gestellt, und eine Doppelverlobung deutete auf engere Beziehungen: Mathilde, die ältere Tochter des englischen Königs, war für Heinrich den Löwen bestimmt, die jüngere Tochter, Eleonore, für den knapp einjährigen ältesten Sohn Kaiser Friedrichs I. – ein politischer Akt, der die Position des Welfenherzogs innerhalb des Reichsfürstenstandes deutlich markierte, innerhalb der Hochadeligenschicht also, die direkt vom König belehnt und Machtfaktor Nummer eins war.
Heinrich der Löwe hatte seit der großen Versöhnung zwischen Staufern und Welfen seine Position planmäßig ausgebaut. Im Herzogtum Baiern war seine herzogliche Gewalt unbestritten; im Besitz der meisten Grafschaften begab er sich nur in Abständen dorthin, um seine Hoheitsrechte wahrzunehmen und die damit verbundenen Gelder einzutreiben. Dabei schreckte er vor gewalttätigem Vorgehen nicht zurück. So zerstörte er die Isarbrücke bei Föhring, nahm damit dem Bischof von Freising Markt- und Zollrechte, die er nun an einem neuen Platz stromaufwärts – Munichen – für sich selbst beanspruchte, wo eine neue Brücke gebaut wurde und ein neuer Markt entstand: das heutige München. So war der Salzhandel auf der Fernstraße von Reichenhall nach Augsburg unter seiner Kontrolle, ohne daß der Kaiser Einspruch erhoben hätte.

In Sachsen waren die Verhältnisse anders. Schon seit Otto dem Großen hatten sich die Adeligen mit kleinerem Grundbesitz immer mehr von der herzoglichen Gewalt gelöst und sich unter den unmittelbaren Schutz der königlichen Krone gestellt. Seit allerdings Herzog Lothar von Supplinburg 1125 deutscher König geworden war, verbesserten sich die Chancen für herzogliche Machtpolitik. Zielstrebig vergrößerte Heinrich der Löwe nun seinen Hausbesitz, zog Lehen ein, ohne auf Ansprüche der Verwandten zu achten, beschlagnahmte Güter, deren Eigentümer ihm nicht zu Willen waren, behielt Grafschaftsrechte, wenn ihre Inhaber gestorben waren, und verlieh sie nicht weiter, wozu er nach Reichsrecht eigentlich verpflichtet gewesen wäre, sondern übertrug sie auf von ihm ernannte Vikare. Alle Großen seines Herzogtums zwang er, ihm persönlich zu huldigen, brachte seine Günstlinge auf die Bischofsstühle und legte zur Sicherung seiner Macht Burgen an, in denen Garnisonen stationiert waren. Er unterwarf zusammen mit dem dänischen König die Slawenfürsten von Mecklenburg und Pommern und zwang sie zur Taufe und Aufnahme deutscher Siedler. Der Geschichtsschreiber Helmold kommentiert: »Dabei war aber durchaus nicht vom Christentum, sondern immer nur vom Geld die Rede.«

Die Investitur der neugegründeten Bistümer riß er an sich, und als der Bischof von Oldenburg – später Lübeck – zögerte, sie von ihm anzunehmen, riet man ihm: »Tut unserm Herrn den Willen [. . .] weder der Kaiser noch der Erzbischof kann Euch helfen, weil Gott ihm dieses ganze Land gegeben hat.« Der gleiche Respekt spricht aus der Erwiderung des unterworfenen Abodritenfürsten Niklot auf das Drängen Heinrichs des Löwen, den Christenglauben endlich anzunehmen: »Mag der Gott, der im Himmel ist, Dein Gott sein – Du sollst unser Gott sein, wir sind es zufrieden.« Herzog Heinrich »zwackte und preßte« die slawischen Untertanen »bis zur Erschöpfung« und das Land war »durch die unaufhörlichen Kriege völlig in eine Einöde verwandelt«, doch angeworbene Siedler aus Holland, Westfalen und innersächsischen Gebieten behoben die Schäden bald und brachten es zu beachtlichem Wohlstand.

Welfisches Erfolgsrezept: Diplomatie, Skrupellosigkeit und kaufmännisches Gespür

Wirtschaftliche Konkurrenz schaltete Heinrich der Löwe gewaltsam aus. Als sich Graf Adolf II. von Schauenburg und Holstein, ein treuer Gefolgsmann des Herzogs, weigerte, ihm die Hälfte der Salzquellen von Oldesloe abzutreten, ließ er diese kurzerhand verschütten, damit der Salzhandel seiner Stadt Lüneburg nicht geschädigt würde. Der Schauenburger wies auch die Forderung zurück, die Hälfte aus den Einkünften seiner jungen aufblühenden Stadt Lübeck abzuliefern. Darauf entzog Heinrich der Löwe ihr das Marktrecht, um Handelseinbußen des älteren welfischen Bardowick vorzubeugen.

Als Lübeck 1157/58 durch einen Brand zerstört wurde, wandten sich die Bürger an Herzog Heinrich. Dieser wies ihnen einen Platz zu, auf dem sie eine neue Stadt, die ›Löwenstadt‹, errichten sollten, doch die Lage erwies sich als ungünstig für einen Hafen. Um weiterem Ärger vorzubeugen, trat Graf Adolf Lübeck an den Herzog ab. Dieser legte nun mit dem Wiederaufbau den Grundstein zu ihrer künftigen Bedeutung als Handelshafen. Die Kaufleute aus Schweden, aus Wisby auf Gotland und aus Nowgorod lockte er dadurch an, daß er ihnen Zollfreiheit zusicherte.

Er vertrat aber auch Reichsinteressen, beispielsweise indem er Kaiser Lothars III. Privileg über Verkehrs- und Rechtsverhältnisse der Goten in seinem Regnum bestätigte und den Deutschen auf Gotland eine feste Rechtsordnung gab. Seinen Gegenspieler im Ostseeraum, den Dänenkönig Waldemar I., hielt er bei allen Unternehmungen in Schach, bisweilen koalierte er aber auch mit ihm. Echt ›europäisches‹ Prestige verschaffte ihm seine Heirat mit der 12jährigen Mathilde von England 1168 – nun war er tatsächlich Schwiegersohn des mächtigsten Fürsten Europas.

Heinrich der Löwe, Herzog von Sachsen und Baiern, residierte in seiner Pfalz Dankwarderode, im Zentrum des heutigen Braunschweig; sie stand in ihren Ausmaßen nicht hinter königlichen Bauten zurück und erinnerte in ihrer Anlage an die Aachener Kaiserpfalz Karls des Großen. Wie ein ungekrönter König wurde er auf einer Pilgerfahrt ins Heilige Land geehrt und wie ein Herrscher vom Kaiser in Byzanz empfangen.

Die Opposition im eigenen Land warnte der »Braunschweiger Löwe«, vergoldet, mit Blick nach Osten, die älteste freistehende Denkmalsplastik in Deutschland (siehe Abbildung auf Seite 53): »Mächtig unter den Tieren und kehrt nicht um vor jemand«, heißt es über dieses Symboltier in den Sprüchen Salomons.

Trotzdem werden einige Adelige in seinem altsächsischen Kernland durch Heinrichs extrem expansionistische Politik, die ja nicht nur nach Osten, sondern auch in die Gebiete anderer sächsischer Adeliger reichte, so provoziert, daß sie sich zusammentun: Albrecht der Bär, Pfalzgraf Adalbert von Sommerschenburg, Landgraf Ludwig von Thüringen. Ein Krieg droht, und Friedrich I. muß eingreifen.

HEINRICH DER LÖWE

Arroganz und Gewalttätigkeit, daneben eine gehörige Portion Skrupellosigkeit beim Umgang mit der Macht lassen den Welfen leicht zu einem negativen Gegenbild des idealisierten Barbarossa werden. Dazu kommt der Vorwurf, habgierig und selbstsüchtig den Kaiser in höchster Not im Stich gelassen und die Sache des Reiches verraten zu haben. Bei dieser Bewertung wird vergessen, daß Heinrich sich in der Tendenz nicht anders verhielt als die anderen Reichsfürsten; nur war er erfolgreicher. Außerdem hatte er zwanzig Jahre lang treu zu seinem Vetter gestanden und dessen Politik den nötigen Rückhalt gegeben.
Um 1129 geboren, verlebte er eine unruhige Jugend, als Kaiser Konrad III. mit den Welfen Krieg um die Macht führte, wurde zwischen Baiern, Schwaben und Sachsen herumgeworfen und mußte früh lernen, sich gegen Gewalt durchzusetzen. Der italienische Chronist Morena schildert sein Aussehen: mittelgroß, sehr kräftig, schöner Wuchs, mit schwarzem Haar und dunklen Augen, vielleicht ein Erbe seiner Vorfahren aus dem italienischen Haus Este – auch hier ein Gegenbild des offensichtlich in der Literatur idealisierten rotblonden, blauäugigen Barbarossa.
Daß Heinrich der Löwe im Volk nicht unbeliebt war, deutet ein alter Spruch an: »Hinrich de Leuw und Albrecht de Bar / darto Frederik mit dem roden Har, / dat wassen dre Herren, / de kunnen de Werlt verkehren.«
Seine Pfalz Dankwarderode war, wie andere Pfalzen auch, der Literatur nicht abgeneigt. Praktisch wie er war, gab Heinrich ein Wörterbuch in deutscher Sprache in Auftrag und ordnete an, daß es zu besserer Verständlichkeit in Prosa abzufassen sei. So entstand der »Lucidarius« (lat.: Leuchter), das erste Prosawerk dieser Gattung in deutscher Sprache.
Überlebensgroß ist Herzog Heinrich mit seiner Gemahlin auf der Grabplatte im Braunschweiger Dom dargestellt – Idealbild und Zeichen der Verehrung für den 1195 Verstorbenen.
(J. G.)

Aus dem »Welfenschatz«. *Anläßlich der Vermählung Heinrichs des Löwen mit Mathilde von England wurde 1168 ein Hochzeitspfennig geprägt (oben links). – Die Vorderseite eines Reitersiegels von 1161 zeigt Heinrich als Herzog von Baiern und Sachsen (1142/56–1180) (oben rechts). – Fünf Jahre vor seiner Entmachtung entstand das kostbare Reliquiar in der Form einer kuppelüberwölbten Kirche (unten).*

Der Löwe – mächtigstes Tier unter den Tieren. *Sinnbild für den Mächtigsten unter den Fürsten, 1166 von Herzog Heinrich dem Löwen in Braunschweig errichtete Bronzeplastik, ursprünglich vergoldet.*

ALBRECHT DER BÄR

Als der Askanier Albrecht von Ballenstedt 1134 von König Lothar III. mit der damaligen Nordmark (etwa heutige Altmark) belehnt wurde, war er rund fünfunddreißig Jahre alt. Er hatte sich im Dienst des Königs bei den Grenzkämpfen im Osten und in Italien bewährt. Ein vorübergehendes Zerwürfnis mit Lothar III. von Supplinburg war ohne weitere Folgen geblieben; denn dieser schätzte den ungemein energischen Mann und übertrug ihm deshalb auch die Markgrafenwürde. Albrecht aber begnügte sich keineswegs mit der verhältnismäßig unbedeutenden Nordmark, sondern suchte seinen neuen Besitz gleichermaßen nach Westen wie nach Osten zu erweitern. Im Streit zwischen Staufern und Welfen stellte er sich gegen letztere, obgleich er mit ihnen verwandt war, und wurde dafür von König Konrad III. 1138 mit Sachsen belehnt. Aber der Versuch, dort wirklich zu herrschen, endete nach mehrjährigen harten Kämpfen 1142 mit einer schweren Niederlage und sogar mit dem Verlust der Nordmark. Albrechts Gegnerschaft zu Heinrich dem Löwen dauerte auch die folgenden dreißig Jahre an. In betontem Gegensatz zu ihm mag er auch von seinen Zeitgenossen den Beinamen »der Bär« erhalten haben. Nach 1142 wandte sich Albrecht nun ausschließlich dem Osten zu und suchte jenseits der Elbe ein neues Wirkungsfeld für seine ehrgeizigen Pläne. Ein Erbvertrag mit dem kinderlosen Hevellerfürsten Pribislaw sicherte ihm die Anwartschaft auf dessen Besitz im Havelland, und Albrecht nannte sich fortan Markgraf von Brandenburg. Nach Pribislaws Tod mußte er ab 1150 erst einmal um das Erbe kämpfen, das 1157 durch einen Slawenaufstand verlorenging und schließlich zurückerobert wurde. Von da an begann Albrecht mit der planmäßigen und betont friedlichen Kolonisation des Landes. Er berief flämische, holländische und vor allem niederdeutsche Siedler, mit deren Hilfe er die Besiedlung vorantrieb. Als er 1170 starb, hatte er dank seiner Energie und seiner unermüdlichen Tätigkeit den Grundstein für den späteren brandenburgischen Staat gelegt.

(H.P.)

Friedrichs I. Katastrophe in Rom

Nach seiner erfolgreichen Intervention in Sachsen mußte der Kaiser in Mainz politisch eingreifen, wo die Bürger den Erzbischof ermordet hatten. Friedrich I. sprach der Stadt alle bisher verliehenen Privilegien ab und ließ ihre Mauern niederreißen. Seine Hoffnungen, der neue Bischof Konrad von Wittelsbach werde zu ihm halten, gingen nicht in Erfüllung. Konrad schlug sich auf die Seite Papst Alexanders III., der auch in Deutschland immer mehr Anhang gewann, deshalb die diplomatische Offensive übernahm und 1163 sogar Gesandte auf den Reichstag nach Nürnberg schickte. Der Kaiser lehnte Verhandlungen ab, was zur Folge hatte, daß Kaiser Manuel I. von Byzanz die Zeit gekommen sah, näher an die Kurie zu rücken und zu versuchen, Frankreich in eine Allianz gegen Friedrich I. zu locken.
Friedrich I. wollte im Frühjahr 1164 gegen die Normannen zu Felde ziehen, und zwar nur mit Truppen, die er in Italien aushob. Da starb ›sein‹ Papst Victor IV. Die Kirchenspaltung schien beendet zu sein, doch Reichskanzler Rainald von Dassel ließ auf eigene Faust sofort einen Nachfolger wählen, der allerdings nur wenige Anhänger für sich mobilisieren konnte. Friedrich I. billigte das Vorgehen Rainalds, um das Gesicht zu wahren, mußte nun aber mit einer Verschärfung der Lage rechnen. Offen verbanden sich Verona, Vicenza und Padua mit Venedig zum Veroneser Städtebund. Andere Städte konnte Friedrich I. nur durch größere Zugeständnisse vom Beitritt abhalten; die Zerschlagung des Bundes mit Waffengewalt war unmöglich. Erfolglos kehrte der Kaiser nach Deutschland zurück, um einen neuen Italienzug zu organisieren.
Auf dem Würzburger Reichstag im Mai 1165 mußten alle Anwesenden einen Eid schwören, Papst Alexander III. nicht anzuerkennen. Der Kaiser selbst schwor, die weltlichen Fürsten, voran Heinrich der Löwe, entsprachen dem kaiserlichen Gebot, aber manche der geistlichen Fürsten entzogen sich der Eidesleistung. Rigoros ging Friedrich I. gegen die Parteigänger Alexanders III. unter den deutschen Bischöfen vor; er setzte Erzbischof Konrad von Wittelsbach ab und bestellte seinen treuen Gefolgsmann und Kanzler Christian von Buch zum Erzbischof von Mainz, über den Wortführer der »Alexandriner«, Erzbischof Konrad von Salzburg, verhängte er die Reichsacht.
Währenddessen blieb die Gegenseite nicht untätig. Vor allem Kaiser Manuel wurde immer aktiver: Gegen das vage Angebot einer Versöhnung der oströmischen mit der weströmischen Kirche suchte er die Anerkennung als alleiniger Universalherrscher von Alexander III. zu erreichen, wurde jedoch abgewiesen.

Im Herbst 1166 setzten die Heere des Kaisers über die Alpen, in die auch kampferprobte Elitetruppen aus Brabant, die »Brabanzonen«, eingereiht waren. Auf dem Hoftag zu Lodi an der Adda mußte sich Friedrich I. die Proteste über das Zwangsregime der kaiserlichen Podestàs anhören – kein guter Auftakt der Unternehmung. Im Frühjahr ging es weiter nach Süden. Ancona wurde erobert, die Römer erlitten eine Niederlage durch den gemeinsamen Einsatz von Rainald von Dassel und Christian von Mainz vor Tusculum. Der Kaiser selbst eroberte die Leostadt in Rom und damit den Zutritt zur Peterskirche. Hier wurde der neue Gegenpapst, Paschalis III., auf den Thron erhoben und Friedrichs Gemahlin Beatrix zur Kaiserin gekrönt.
Alexander III. war geflohen, der Kampf schien entschieden, da brach plötzlich und völlig überraschend im Heer eine entsetzliche Malariaepidemie aus. Die Folgen waren verheerend: Die Masse der Ritter und viele Heerführer, darunter der Kanzler Rainald von Dassel, erlagen der Seuche. Der Rest des Heeres schlug sich unter der Führung des Kaisers nach Norden durch; die Kolonne ähnelte einem Leichenzug, da die Zahl der Toten stündlich weiter anstieg. Die Gegner Friedrichs I. frohlockten über das vermeintliche Gottesgericht: Der ersehnte Zusammenbruch war da, die Parole hieß: »Wir wollen nicht mehr, daß dieser Mann uns regiere, die Deutschen sollen nicht mehr über uns herrschen!« Als der Kaiser seine Truppen bei Pavia sammelte, hatte er nicht mehr viele treue Gefolgsmänner. Seine Drohungen und Achterklärungen gingen ins Leere, verzweifelt sandte er nach Deutschland einen Aufruf: »Der Himmel erstarrt, der ganze Erdkreis erzittert und alle Elemente geraten in Aufruhr beim Anblick dieser verruchten Treulosigkeit und todeswürdigen Niedertracht. Lieber wollen wir eines ehrenvollen Todes vor dem Feind sterben, als dulden, daß das Reich in unseren Tagen zerstört werde.«
Aber gegen den inzwischen gegründeten Städtebund der »Lombardischen Liga« war er machtlos. Dieser schloß den Veroneser Bund ein und umfaßte schon beim Vertragsabschluß sechzehn Städte; ihre Zahl erhöhte sich ständig und umfaßte schließlich ganz Oberitalien bis ins westliche Piemont hinein. Ziel der Organisation war ganz klar die Beseitigung der deutschen Herrschaft und die Wiederherstellung der alten städtischen Freiheit. Der Kaiser mußte sich geschlagen geben und entschloß sich zum Rückzug. Doch die Lombarden hatten schon die Alpenpässe besetzt, nur der Graf von Savoyen erlaubte zunächst den Durchmarsch durch sein Gebiet. Als auch hier eine feindselige Stimmung spürbar wurde, fürchtete Friedrich um sein Leben und schlich sich als Diener verkleidet aus der Stadt Susa. Von dort konnte er mit knapper Not über den Mont Cenis nach Burgund entkommen. Die ita-

lienischen Städte triumphierten: Mailand und Tortona wurden wieder aufgebaut, und im Mai 1168 errichtete die Liga ihre Bundesfestung, der sie demonstrativ den Namen Alessandria gab. Italien war für den Kaiser ab 1167 verloren, dafür dehnte Byzanz seinen Einfluß in Oberitalien wieder stärker aus.

Ausbau der Königsmacht in Deutschland

Für den Beobachter der Vorgänge ist es erstaunlich, daß das kaiserliche Ansehen nördlich der Alpen durch das italienische Debakel keinen Schaden nahm. Dies kam sicher nicht zuletzt daher, daß Friedrich I. sich voll und ganz auf den mächtigen Welfenherzog verlassen konnte.

Ohne Unterbrechung ging der Kaiser an die politische Tagesarbeit. Diesmal plante er langfristig: Sechs Jahre, bis 1174, blieb er in Deutschland, sein Fernziel, die Rückeroberung Italiens, verlor er dabei nicht aus den Augen. Zunächst sorgte er für die Konsolidierung und Erweiterung der königlichen Macht, die auf gesichertem und möglichst umfangreichem königlichen Besitz und den damit verbundenen Einkünften beruhte. Dabei bewies Friedrich I. Weitblick und gesunden schwäbischen Erwerbssinn. Je nach der sich anbietenden Situation kaufte oder tauschte er Grundbesitz, trat Erbschaften an oder erwarb Kirchenlehen, so daß sich immer deutlicher zusammenhängende »Königslandschaften« ausbildeten, wie sie schon Konrad III. angefangen hatte auszubauen. Sie reichten in weitem Bogen vom Elsaß bis ins Thüringische, umfaßten Gebiete in Schwaben, Franken, der Oberpfalz, das Eger-, Vogt- und Pleißnerland, westlich der Saale die »Goldene Aue« und strahlten bis über den Harz aus. Im Bodenseegebiet beerbte er die Lenzburger und Pfullendorfer Grafen, wodurch er den staufischen Hausbesitz beträchtlich vergrößern und unmittelbare Kontrolle über die Alpenpässe ausüben konnte.

Die Verwaltung der königlichen Territorien war straff durchorganisiert; sie lag in den Händen von Reichsministerialen (siehe Seite 76 ff.), die in den nach strategischen Gesichtspunkten angelegten Burgen und Pfalzen die Verwaltung des umliegenden Reichs- und Hausbesitzes organisierten. In den Pfalzen war der ständig in seinem Reich herumreisende »Wanderkönig« sozusagen zu Hause, sie ließ er nach eigenen Plänen und eigenem Geschmack ausbauen, wie z. B. Kaiserslautern, Wimpfen, Gelnhausen, Nürnberg, Eger. Am häufigsten hielt sich Friedrich I. in der Pfalz Ulm auf, Aachen überragte für ihn »alle Provinzen und Städte durch den Vorzug der Würde und Ehre« als Grab-

ELISABETH VON THÜRINGEN

Elisabeth, 1207 als Tochter König Andreas' II. von Ungarn und seiner Frau Gertrud von Andechs-Meranien geboren, kam bereits mit vier Jahren an den Hof des Landgrafen Hermann von Thüringen und wuchs dort mit dessen Sohn Ludwig auf, den sie 1221 heiratete und ihm drei Kinder gebar. Weder er noch ihre Schwiegermutter Sophia haben sie, wie die Legende es will, daran gehindert, selbstlos und reichlich Geld und Gut an Hungernde und Arme auszuteilen. Sie war derartig freigebig, daß sie an einem einzigen Tag fünf ihrer Prachtmäntel verschenkte. Gänzlich unerschrocken widmete sie sich Kranken und Gebrechlichen, ohne sich dabei um Ansteckungsgefahr oder Ekelgefühl zu kümmern. So badete sie einmal, während der Abwesenheit ihres Gatten, einen Aussätzigen und legte ihn ins Bett des Landgrafen.

1226 wurde der Franziskanermönch Konrad von Marburg ihr Beichtvater und gewann größten Einfluß auf ihren Lebenswandel. Als ihr Gatte Ludwig 1227 in Otranto als Kreuzzugsteilnehmer starb, fühlte sie sich frei für ein Leben in Askese und Armut und geriet in völlige Abhängigkeit von Konrad. Konrad, bald der erste Inquisitor in Deutschland und Propagandist päpstlicher Intentionen, stand zu Elisabeth in einem spannungsreichen Beschützerverhältnis. Was ihre Massenspeisungen übrigließen, wurde 1228 für den Bau des Franziskus-Spitals verwendet. Dort lebte sie mit ihren Mägden in strengster Askese und pflegte Kranke, für die 28 Betten aufgeschlagen waren. Als ihre Mägde sie verlassen, bleiben nur eine taube Witwe und eine Nonne bei ihr, überwacht von Konrad, der immer unerbittlicher Unterwerfung, Gehorsam und Fasten verlangt, auch mit der Geißel durchgreift, wenn sie zur Messe zu spät kommt. Als aber Boten aus Ungarn sie heimholen wollen, verlangt sie, als spinnende Magd zu bleiben. Das Problem ihrer Zeit, die Armut, hat sie ohne Originalität zu beanspruchen angegangen, denn: »Ich tue nicht die Werke von mir, sondern in mir wirket und tut die Gnade Gottes.« Nach ihrem Tod 1231 wird sie 1235 heiliggesprochen. *(W.D.)*

Hausbesitz der Staufer, Welfen, Zähringer und Wittelsbacher
Schleswig
Oldenburg
Nord- und ostelbischer Herrschaftsbereich
Lübeck
Mecklenburg
Schwerin
Ratzeburg
Hamburg
Bremen
Verden
Havelberg
HZM. SACHSEN
Altmark
Ostfalen
Osnabrück
Minden
Engern
Weser
Brandenburg
Westfalen
Hildesheim
Magdeburg
Werla
Goslar
Halberstadt
Elbe
Paderborn
Dortmund
Kaiserswerth
Grona
Wallhausen
Tilleda
Allstedt
Merseburg
Mühlhausen
Naumburg
Köln
Boyneburg
Gera
Weida
Glauchau
Sinzig
Plaun
Friedberg
Cochem
Boppard
Gelnhausen
Mainz
Frankfurt
Eger
Bamberg
Ingelheim
Tribur
Trier
Main
Würzburg
Worms
Mosel
Rothenburg
Nürnberg
Kaiserslautern
Speyer
Nabburg
Trifels
Weinsberg
Wimpfen
Limburg
Regensburg
Rhein
Hagenau
Waiblingen
Eichstätt
Donau
Donauwörth
Hohenstaufen
Augsburg
HZM. SCHWABEN
Straßburg
Freising
Ulm
Friedberg
HZM. BAIERN
Inn
Mindelheim
Bodman
Weingarten
Ravensburg
Basel
Konstanz
Zürich
Gebiete mit Hausgut der:
Welfen
Zähringer
Wittelsbacher
Staufer
Staufische Pfalzen
Staufische Reichsburgen
Erzbistümer
Bistümer des Reiches
Etsch
Brixen

stätte des hochverehrten Kaisers Karl – den er durch seinen Gegenpapst zum Heiligen hatte erheben lassen und ihn als Fingerzeig gegen das ›feindliche‹ Frankreich fest für Deutschland in Anspruch nahm. Seine Lieblingspfalz aber war Hagenau im Elsaß; er schenkte dem Ort, der sie umgab, mehr Privilegien als »irgendeinem anderen«. Wie hier entstanden auch um die anderen Pfalzen Märkte und Siedlungen, die sich im Laufe der Zeit ihrer Bedeutung als Bürgergemeinde bewußt wurden und Stadtrechte erwarben; so wurde z.B. die Pfalz Frankfurt am Main die wichtigste Stadt in der Wetterau, Chemnitz, Altenburg und Zwickau bekamen Stadtrecht.

Friedrich I. verhielt sich besonders seinen Neugründungen gegenüber sehr großzügig – nicht zuletzt im Hinblick auf die königliche Kasse. Er förderte ihre Entwicklung, indem er die individuellen Rechte der Bewohner, z.B. Ehe-, Erb-, Schuldrecht, verbesserte und die Gemeinden von finanziellen Lasten befreite. Er wußte, welchen wirtschaftlichen Nutzen Städte als Markt und Produktionsort einbrachten, da sich die Geldwirtschaft immer mehr durchsetzte. Straßenbau bedeutete für ihn ein Stück Territorialpolitik, der obendrein den Fernhandel belebte. Mit dem Privileg des Mauerbaus wurde der Rechtsbezirk der Einwohner sichtbar abgegrenzt; die Mauer war aber auch das Zeichen der Wehrhoheit und in einem weiteren Entwicklungsprozeß das Zeugnis für den autonomen Bereich der Bürger.

Vorläufig aber blieb die staufische Stadt abhängig von ihrem Stadtherrn, dem König, wenn sich auch die Tendenz auf zunehmende Selbstverwaltung abzeichnete.

Die Anfänge der Ratsverfassung fallen noch in Friedrichs I. Regierungszeit und fanden mit Sicherheit seine Zustimmung, gegen Zusammenschlüsse der Bürger zu »Eidgenossenschaften« aber sperrte er sich wohl aus dem Mißtrauen heraus, daß solche Interessenverbände den Herd von königsfeindlichen Bewegungen bilden könnten. Lieber sorgte er selbst durch eine planmäßige Münz- und Zollpolitik für das Wohl der Kaufleute, statt ihnen eigene Organisationen zuzugestehen.

Ein Zeichen dafür, daß Friedrich I. durch den Ausbau seiner Königsmacht hohes Ansehen besaß, war die konfliktlose Regelung der Erbfolge: Die deutschen Fürsten wählten einstimmig seinen dreijährigen zweiten Sohn Heinrich zum König. Der Wahl folgte die Krönung in Aachen.

Den königlichen Schiedsspruch achteten auch die immer verbissener streitenden Parteien in Sachsen, so daß wenigstens ein vorläufiger Waffenstillstand schon auf dem Reichstag zu Würzburg 1168 zustande gekommen war. (Heinrich der Löwe war in Sachsen mittlerweile wieder derartig gewaltsam aufgetreten, daß sich die alte Opposition, diesmal verstärkt durch Erzbischof Wichmann von Magdeburg und Gefolgsleute Rainalds von Dassel, wieder erhoben hatte und die Kämpfe in Ostsachsen bis 1168 andauerten.) Die Lehnshoheit des Kaisers und Königs wurde auch weiterhin von Polen und Ungarn anerkannt. Unter diesen Voraussetzungen konnte es Friedrich I. wagen, die Lösung der italienischen Frage anzugehen. Seine Haltung war nun insgesamt konzilianter, was teilweise auch daran lag, daß sein politischer Berater und Kanzler Rainald von Dassel, ein »Falke«, seit einigen Jahren tot war.

Annäherung an Frankreich und Ausnutzung der italienischen Wirren

Zunächst suchte der Kaiser durch Verhandlungen zu einer Verständigung mit dem Papst zu kommen, die aber an der unerfüllbar anmutenden Forderung Alexanders III. scheiterten, die »Lombardische Liga« in einen Frieden einzubeziehen. Gerade das aber widersprach dem Plan Friedrichs I., der die Gegner trennen und die Probleme einzeln für sich lösen wollte. Seine außenpolitischen Aktivitäten hatten die Zeit über nicht geruht und stets darauf gezielt, Anhänger Alexanders III. in sein Lager zu ziehen. Schon 1167 hatte er sich als Vermittler im Krieg zwischen England und Frankreich angeboten und sich auch durch den Mißerfolg nicht entmutigen lassen. Daß Heinrich der Löwe damals die deutsche Verhandlungsdelegation geleitet hatte, weist auf das gute Verhältnis des Kaisers zu seinem Vetter hin. Als der englische König sich durch die Ermordung seines früheren Kanzlers, des Erzbischofs Thomas Becket, in schweres Unrecht setzte und deshalb durch Aufhebung der Konstitutionen von Clarendon wieder eine Annäherung an den Papst suchte, nahm Friedrich I. Fühlung zum französischen König auf. Die persönliche Begegnung mit Ludwig VII. im lothringischen Vaucouleurs an der Reichsgrenze bereitete spätere engere Beziehungen zwischen dem staufischen und kapetingischen Haus vor. Der Papst konnte sich allmählich eingekreist fühlen, als Friedrich I. auch noch mit Byzanz Verhandlungen aufnahm, die sich über einen langen Zeitraum hinzogen. Wahrscheinlich hatte auch hier Heinrich der Löwe bei seinem Aufenthalt am Hof Kaiser Manuels I. in Konstantinopel gute diplomatische Dienste geleistet. Man sprach auch von einer engeren Verknüpfung beider Kaiserhäuser durch ein Ehebündnis zwischen Staufern und Komnenen. Ein greifbares politisches Ergebnis kam aber schließlich doch nicht zustande, weil Byzanz in erster Linie in Italien wieder festen Fuß fassen wollte.
Bevor der Kaiser militärische Operationen in Italien einleitete, sollte

Erzbischof Christian von Mainz als kaiserlicher Legat an Ort und Stelle die Lage sondieren. Der ständige Krieg zwischen Pisa und Genua hatte auch das toscanische Hinterland in Parteien aufgesplittert, die sich erbittert bekämpften: Lucca und Siena auf Genueser Seite gegen Florenz, das zu Pisa hielt. Vergebens suchte Christian zu vermitteln, und bald zeigte sich, daß das Prestige des Kaisers in der Toscana doch noch besser war als vermutet. Von der kaiserlichen Burg San Miniato im Arnotal aus ging Erzbischof Christian daran, kaiserliche Interessen wieder energisch durchzusetzen. Zahlreiche Burgen wurden aus- oder aufgebaut und mit Ministerialen besetzt, die die Funktionen von Verwaltungsbeamten wahrnahmen.
Rom war kaisertreu und ließ Papst Alexander III. nicht ein. Die »Lombardische Liga« geriet in eine Krise. Venedig und Byzanz zerstritten sich, und damit versiegte die griechische Finanzhilfe für den ganzen Städtebund. Friedrichs I. diplomatisches Spiel konnte hier zumindest einen Teilerfolg verbuchen. Venedig selbst zog sich aus der Liga zurück, da die erhofften Vorteile der neuen politischen Konstellation in Oberitalien ausgeblieben waren. Ja, es machte gemeinsame Sache mit dem Kaiser, indem es Erzbischof Christian von Mainz im Kampf gegen Ancona, das mit Byzanz liebäugelte, Kriegsschiffe sandte, worauf die Stadt sich ergab. Aber auch innerhalb der Liga traten die alten wirtschaftlich motivierten Rivalitäten zutage, vor allem zwischen der Bundeshauptstadt Cremona und dem wieder aufstrebenden Mailand.

Herzog und Kaiser – Ein Kniefall, der Geschichte machte

Im Herbst 1174 brach der Kaiser zum fünften Mal mit seinen Truppen nach Italien auf. Nun zeigten sich die Folgen des ständigen Streits in Sachsen: die sächsischen Fürsten hielten ihre Truppen zurück, um nicht wehrlos den Übergriffen ihres Herzogs ausgeliefert zu sein; Heinrich der Löwe fehlte im Aufgebot. Wieder waren die Alpenpässe durch die Liga gesperrt. Der Kaiser nahm deshalb den gleichen Weg wie auf der Flucht sechs Jahre zuvor über den Mont Cenis. In Susa nahm er Rache für die damalige Behandlung und zerstörte die Stadt. Die alten Kaisertreuen in Piemont und Ligurien und die Stadt Pavia fanden wieder zu ihm; mit ihrer Hilfe eroberte er den Westen der Lombardei. Aber vor der Festung des Lombardischen Städtebundes Alessandria stockte der Angriff. Währenddessen war es Erzbischof Christian von Mainz gelungen, einen Teil der Städte zum Austritt aus der Liga zu bewegen. Diese sah sich einem Zweifrontenkrieg ausgesetzt, als Christian von Osten her anrückte. Beim Dorf Montebello, westlich von Piacenza, trafen die feindlichen Truppen aufeinander, doch es kam nicht zur Schlacht, denn beide Teile fürchteten die Entscheidung: der Kaiser, weil er die zahlenmäßige Überlegenheit des Gegners sah, die Ligisten, weil sie nicht alles auf eine Karte setzen wollten, wenn die Truppen unter Christian von Mainz im Rücken drohten. Innerhalb von zwei Tagen war man übereingekommen: die Lombarden unterwarfen sich, der Kaiser verzieh ihnen. Die zukünftigen Rechte der Städte sollte ein paritätisch besetzter Ausschuß festlegen. Sollten sich die Mitglieder nicht einigen, fiel den Ratsherren der Bundeshauptsadt Cremona die Entscheidung zu. Der Vorfrieden von Montebello – ein halbes Jahr nach dem Aufbruch – zeigte die Kompromißbereitschaft des Kaisers. Er verzichtete auf die Erfüllung der Ronkalischen Beschlüsse, behandelte den Gegner jetzt als Partner, mit dem er ins reine kommen wollte. Doch soweit war es noch lange nicht. Der Ausschuß zerstritt sich; zwei Forderungen der Liga nahm der Kaiser nicht an, nämlich die ›Hauptgegner‹ Alexander III. und Alessandria in einen allgemeinen Frieden einzubeziehen. Der Kampf ging weiter.

Doch der Kaiser hatte in Hoffnung auf eine Einigung bereits den größten Teil seiner Truppen entlassen. Hilfesuchend wandte er sich deshalb im Februar 1176 an Heinrich den Löwen und lud ihn zu einer Unterredung nach Chiavenna nördlich des Comer Sees ein. Heinrich schlug die Bitte um militärische Unterstützung nicht rundweg aus, sondern forderte – geschäftstüchtig wie er war – als Gegenleistung die Reichsstadt Goslar mit ihren reichen Silbergruben. Friedrich I. war dieser Preis zu hoch und Heinrich lehnte deshalb ab.

Diese Begegnung wird in Geschichtserzählungen oft farbig ausgemalt, weil der Kaiser vermutlich seine Bitte mit einem Kniefall unterstrichen hatte. Die Kaiserin soll zur Vergeltung dieser Demütigung aufgerufen haben, und ein Gefolgsmann Heinrichs des Löwen, an seinen Herzog gerichtet, angeblich gesagt haben: »Laßt nur die Kaiserkrone Euch zu Füßen liegen, sie soll einst noch auf Euer Haupt kommen!«

Fest steht, daß der Herzog lehnsrechtlich nicht zur Heeresfolge verpflichtet war. Ob er es mit seinem Gewissen vereinbaren konnte, die Notlage des Kaisers zu einem Geschäft auszunutzen, ist die andere Frage. Jedenfalls durfte er sich nicht wundern, wenn nun eine Entfremdung im persönlichen Verhältnis eintrat.

Der Kaiser ließ daraufhin in Deutschland die Werbetrommel für das letzte Aufgebot rühren. Er konnte sich vor allem auf die geistlichen Fürsten verlassen; meistens führten Bischöfe die Truppen an. Insgesamt kämpfte ein relativ kleines Heer von einigen tausend Mann. Im Mai 1176 wurde es von den Mailänder Fußtruppen bei Legnano besiegt. Der Kaiser war einige Tage verschollen, man hielt ihn für tot. Die Niederlage war weniger militärisch als politisch von Bedeutung. In nüchterner Erkenntnis der Lage und seiner eigenen Möglichkeiten entschloß sich der Kaiser zu verhandeln. Als aber die Städte eine Verständigung ausschlossen, wandte er sich seinem anderen Gegner, dem Papst zu und erreichte ein Sonderabkommen mit Alexander III., den er nie anzuerkennen geschworen hatte.

Das Schisma wird beigelegt

Friedrich I. ging klug vor. Seine Unterhändler machten in diesem Vorvertrag von Anagni (südöstlich von Rom in den Ausläufern der Apenninen) weitgehende, aber allgemein gehaltene Zugeständnisse an die Gegenseite, um die Verhandlungen in Fluß zu halten. Die endgültige Fassung wurde in den eigentlichen Friedensverhandlungen dem Gegner abgerungen und zeigte Veränderungen zugunsten des Kaisers. In Anagni handelte es sich vor allem darum, daß sich die Parteien gegenseitig anerkannten und in der Frage der strittigen Hoheits- und Besitzrechte eine Einigung zu erzielen versuchten. Zunächst verzichtete Friedrich auf die Mathildischen Güter (siehe Band 2) und dem Papst zustehende Regalien. Er verpflichtete sich, mit der Liga, Sizilien und Byzanz Frieden zu schließen und den Papst als Vermittler dabei einzuschalten. Alexander III. erklärte sich bereit, den Kaiser vom Bann zu lösen, Friedrich I. als Kaiser und seinen Sohn Heinrich als römischen König anzuerkennen und allen kirchlichen Verfügungen der Gegenpartei zuzustimmen.
Sah das Ergebnis zunächst für Friedrich I. nicht überwältigend aus, so hatte er mit der Trennung des Städtebundes vom Papst doch einen entscheidenden Vorteil errungen. Alexander III. machte man heftige Vorwürfe, daß er sich überhaupt in Verhandlungen eingelassen habe, und als bei den endgültigen Friedensverhandlungen in Venedig der Kaiser auf der Einhaltung der Ronkalischen Beschlüsse bestand, brachte er damit eine gänzlich unannehmbare Forderung ins Spiel und den Papst in die Zwickmühle, weil dieser es mit keiner der Parteien ganz verderben wollte. Friedrich I. provozierte den Streit weiter, bis der Papst nach dreimonatigem Verhandeln der ganzen Sache überdrüssig war und die lombardische Frage vertagte.
So kam erst als Resultat zäher Verhandlungen, die durch die strittige Frage nach dem Besitzer der Mathildischen Güter kompliziert wurden, der Frieden von Venedig zwischen Kaiser und Papst am 1. August 1177 zustande. Gegenüber den Präliminarien von Anagni hatte Fried-

rich I. zahlreiche Änderungen zu seinen Gunsten ausgehandelt. Vor allem aber war verhindert worden, daß aus der Lombardenfrage dem Papst eine Schiedsrichterrolle erwuchs. Kirchliche Einheit und innerer Frieden waren im Reich wiederhergestellt.
Drei Tage nach der Unterzeichnung kam der Kaiser nach Venedig, wurde vom Papst festlich empfangen und offiziell wieder in die Kirche aufgenommen. Nach kirchlicher Sitte huldigte er nun dem Papst, indem er ihm den Fuß küßte – hundert Jahre nach Canossa! Nach dem äußeren Schein war die Szene ein Triumph der Kirche. Doch nach und nach sollte sich Friedrich I. in Oberitalien durchsetzen, und sein Ansehen wuchs, als er 1178 vom Erzbischof von Arles mit der Krone von Burgund gekrönt wurde. Papst Alexander III. war in Rom beileibe nicht herzlich willkommen und konnte erst ein Jahr später seine römische Residenz beziehen. Bald mußte er sie wieder verlassen und starb in der Fremde.

Die Entmachtung Heinrichs des Löwen

Nachdem Friedrich I. die Verhältnisse in Italien in seinem Sinn organisiert hatte – der in Venedig mit der Lombardischen Liga auf sechs Jahre befristete Waffenstillstand bot ihm dazu Gelegenheit –, kehrte er wie ein Sieger nach Deutschland zurück. Seit 1177 waren dort die Kämpfe zwischen seinem expansiven ›Übervasall‹ Heinrich dem Löwen und dessen Gegnern wieder entbrannt. Außenpolitisch verfolgte Heinrich der Löwe eine welfisch-englische Annäherung mittels Heiratspolitik, während Friedrich I. das staufisch-kapetingische Bündnis forcierte – zwei gegensätzliche Bündnissysteme entstanden, Friedrich I. mußte einschreiten. Er ließ die mit Heinrich dem Löwen konkurrierenden Fürsten für sich arbeiten und brauchte nur noch auf einen Anlaß zu warten, der sich in einer lehnspolitischen Frage – nämlich im Zusammenhang mit den Halberstädter Kirchenlehen – bald fand. Alle alten Gegner Heinrichs des Löwen aus Thüringen, Brandenburg, Magdeburg, Bremen und besonders aus Köln kamen zusammen. Auf dem Reichstag zu Speyer 1178 hörte sich der Kaiser die Klagen beider Parteien an und ließ ein Rechtsverfahren einleiten. Als Heinrich der Löwe dann mehreren Vorladungen nicht Folge leistete, wurde die Acht über ihn ausgesprochen. Nach diesem landrechtlichen Verfahren eröffnete der Kaiser ein lehnrechtliches Verfahren wegen Nichtachtung der kaiserlichen Majestät. Da Heinrich trotz weiterer Vorladungen sich über den ganzen Vorgang hinwegsetzte, ging er aufgrund eines Fürstenspruchs seiner gesamten Reichslehen verlustig.

Sturz Heinrichs des Löwen 1180
Berichtet von Arnold von Lübeck

[Nach der Belagerung von Lübeck und der Übergabe der Stadt an Kaiser Friedrich Barbarossa] setzte dieser auf dem Heimweg über die Elbe und schlug östlich von Lüneburg ein Lager auf. Herzog Heinrich der Löwe hielt sich zu diesem Zeitpunkt in Stade auf, wohin er sich wegen der sicheren Lage des Ortes zurückgezogen hatte. Er hoffte nämlich, noch auf dem Wasser entkommen zu können, selbst wenn die Stadt von den Feinden genommen würde. Er hatte sie mit einem mächtigen Wall und Befestigungswerken umgeben und auch Belagerungsmaschinen bauen lassen. Im Zusammenhang damit ließ Graf Gunzelin, der die Befestigungsbauten leitete, die Türme des Münsters unüberlegt abtragen, weil sie zu nahe an den Befestigungen standen. Damit aber hatte er schwere Schuld auf sich geladen; denn solche Maßnahmen bringen oft durch Gottes drohende Hand größeres Verderben, als man durch sie zu verhüten hofft.
Als der Herzog sich in die Enge getrieben sah, bat er den Herrn Kaiser um die Erlaubnis, mit kaiserlichem Geleit nach Lüneburg kommen zu dürfen; denn er hoffte, bei ihm auf irgend eine Weise Erbarmen zu finden. Als er nun mit dem Geleit zwischen Artlenburg und Bardowick war, kamen ihm zahlreiche Ritter aus dem kaiserlichen Lager entgegen und boten ihm friedlichen Gruß. Nachdem er ihren Gruß erwidert hatte, sagte der Herzog: »Ich war sonst nicht gewohnt, hier im Lande Geleit zu empfangen, sondern gewährte es vielmehr anderen.« So kam er nach Lüneburg und bemühte sich durch seine Unterhändler, den Kaiser auf jede nur erdenkliche Weise zu besänftigen. Er ließ auch seine Gefangenen [. . .] frei und hoffte, durch solches Entgegenkommen Gnade zu verdienen. Aber er erreichte nichts. Der Kaiser brach wieder auf und setzte für ihn einen Hoftag in Quedlinburg an, um dort mit den Fürsten nach Recht und Gerechtigkeit zu beschließen, was mit dem Herzog zu geschehen habe. Darüber freuten sich die Freunde des Herzogs, weil sie hofften, daß dort Günstiges über ihn beschlossen werden könnte.
Der Herzog erschien an dem ihm anberaumten Gerichtstag, warf sich vor dem Kaiser zu Füßen und unterwarf sich völlig dessen Gnade. Friedrich hob ihn vom Boden auf, küßte ihn und beklagte mit Tränen in den Augen, daß ihre Uneinigkeit so lange gedauert und er selbst sich seinen Sturz zuzuschreiben habe. Es bleibt aber zweifelhaft, ob diese Tränen aufrichtig gemeint waren. Er scheint kein echtes Mitleid mit dem Herzog empfunden zu haben, da er gar nicht versuchte, diesen wieder in seine frühere Stellung einzusetzen. Freilich konnte das der Kaiser auch nicht, da er ja einen Eid geleistet hatte.
Als nämlich alle Fürsten nach dem Sturz des Löwen trachteten, schwor ihnen Friedrich bei seiner kaiserlichen Würde, daß er ihn nie wieder in seinen früheren Rang einsetzen werde, sofern nicht alle damit einverstanden sein würden. Doch bewilligte er dem Herzog als Gunst, daß er seine Erblande, wo immer diese auch lägen, ohne jeden Einspruch völlig frei besitzen solle. Der Herzog verbannte sich selbst für drei Jahre aus seinem Land, indem er durch Eidschwur gelobte, es in-

nerhalb dieser Zeit nicht zu betreten, außer der Kaiser würde ihn zurückrufen. Heinrich reiste zu seinem Schwiegervater, dem König von England. Er war begleitet von seiner Gemahlin und seinen Kindern und hielt sich während des ganzen Zeitraums in England auf. Der König [Heinrich II. von England] behandelte ihn höchst ehrenvoll und setzte ihn gleich einem Fürsten über das ganze Land, auch machte er allen seinen Mitverbannten reiche Geschenke.

Aus: Arnoldi Chronica Slavorum II, 10 (Slawenchronik des Arnold von Lübeck – Arnold war der erste Abt des Johannis-Klosters in Lübeck, er starb 1212)

Mit der nun folgenden Oberacht (siehe *K »Acht und Bann«, Band 2)* war er persönlich ehr- und rechtlos geworden. Nach Eröffnung des Reichskriegs gegen ihn im Sommer 1180 hatte er keine Chance, im Kampf zu bestehen. Seine Vasallen und Ministerialen öffneten dem Kaiser ihre Burgen und die Städte, das ganze Land wollte von seinem Herzog nichts mehr wissen, so sehr hatte sein gewalttätiges Vorgehen ihn verhaßt gemacht. ›Sein‹ Lübeck ergab sich im August 1181 und wurde vom Kaiser zur Reichsstadt erhoben. Führende Kreise in Dänemark freuten sich über den Fall ihres Rivalen, die Slawenfürsten von Mecklenburg und Pommern nahmen ihre Länder nun vom Kaiser zu Lehen, d. h. sie verbanden sich einem neuen Partner. Auch von seinem Schwiegervater konnte Heinrich der Löwe keine Hilfe erwarten, denn England lag inzwischen im Krieg mit Frankreich. Auf dem Reichstag zu Erfurt 1181 unterwarf sich Heinrich der Löwe, verzichtete auf seine Reichslehen und erhielt nur seinen Hausbesitz Braunschweig und Lüneburg zurück. Er ging in die Verbannung nach England, durfte aber nach einigen Jahren nach Deutschland zurückkehren. Schon ein Jahr vorher wurden die Reichslehen neu aufgeteilt: der Kölner Erzbischof erhielt ein neues »Herzogtum Westfalen«, Herzog von Sachsen wurde der jüngste Sohn des Askaniers Albrecht des Bären, Graf Bernhard von Anhalt, Herzog von Baiern Pfalzgraf Otto von Wittelsbach, dabei wurde die Steiermark als selbständiges Herzogtum abgetrennt. Das Reich und der Kaiser profitierten von dieser Gebietsaufteilung nicht, weil anders als in Frankreich der deutsche König nicht das Recht besaß, »erledigte« (d. h. durch Tod oder Entzug frei gewordene) Territorien einzuziehen, sondern nach Gewohnheitsrecht binnen Jahr und Tag neu vergeben mußte. Als die eigentlichen Gewinner gingen die Reichsfürsten aus dem Prozeß gegen Heinrich den Löwen hervor: sie teilten sein ›Fell‹ unter sich auf, erhielten das welfische Territorium und wurden vom mächtigsten Konkurrenten befreit.
Der neue Reichsfürstenstand sonderte sich mehr und mehr vom anderen Adel ab und trug wesentlich zum ständigen Machtverlust des deutschen Königtums bei. Der Welfensturz war für Friedrich I. ein großer persönlicher Erfolg, für das deutsche Königtum aber nur ein Pyrrhussieg, der ihm in keiner Weise neue Energien und Einkünfte zuführte.

Der Kaiser im Aufwind

Zu Pfingsten 1184 hielt Friedrich I. in Mainz ein Hoffest ab, das nach zeitgenössischen Berichten alles Dagewesene in den Schatten stellte. Anlaß war die Schwertleite (Erhebung zum Ritter) seiner beiden ältesten Söhne, König Heinrichs VI. und Herzog Friedrichs von Schwaben, die der Kaiser selbst zu Rittern schlug. Die Chronisten schwärmen davon, daß in der alten Königswahlebene am Rhein eine Stadt von Zelten errichtet worden sei, daß die Menge der Gäste nach Tausenden gezählt und der Kaiser sie alle aufs freigebigste bewirtet habe. 70 Fürsten waren erschienen und 40 000 oder gar 70 000 Ritter in ihrem Gefolge, die mit ihren farbenfrohen Kampfspielen die Zuschauer begeisterten.

Grund zur Festesfreude war nicht zuletzt der im Jahr zuvor in Konstanz ratifizierte Frieden mit der Lombardischen Liga. Die Streitpunkte von Montebello wurden ausgeräumt, Alessandria in »Cäsarea« umbenannt und dem Kaiser unterworfen. Man schloß einen Kompromiß: der Kaiser verzichtete formal auf die Ronkalischen Beschlüsse, indem er den Städten die Regalien überließ, und erkannte die Liga an. Dafür gestanden ihm die Städte gewisse Hoheitsrechte zu, die ihnen der Kaiser wiederum gegen eine jährliche Abschlagszahlung zur Nutzung überließ: 2000 Mark Silber brachten ihm so die abgelösten Regalien im Jahr ein – zusammen mit der einmaligen Ablösung von 15 000 Mark Silber eine kräftige Geldspritze für den Kaiser zur Finanzierung der Verwaltung, des Landesausbaus und der Kriege. Die Bürger durften ihre Konsuln wählen, doch der Kaiser wahrte sein Recht der Investitur; er blieb auch oberster Gerichtsherr. Die Städte verpflichteten sich zur Leistung des sogenannten Fodrum (mlat.; siehe auch *K Spolienrecht, Seite 71),* der Beherbergung des Königs und seines Gefolges. Umstritten blieb weiterhin der Besitz der Mathildischen Güter. Ob Friedrich I. in dieser Frage mit der Kurie übereinkommen wollte, ist ungeklärt.

Überraschend kam der Friede mit dem Normannenreich durch ein Ehebündnis zustande: 1184 verlobte sich in Augsburg der 19jährige König Heinrich mit der 30jährigen Konstanze von Sizilien. Als die Kurie in Rom die neue Entwicklung mit Mißtrauen beobachtete und Papst Urban III. Friedrich I. deshalb aggressiv das *Spolien- (K Seite 71)* und Regalienrecht zu entziehen drohte, schloß der Kaiser mit seiner ehemaligen Erzfeindin, der Stadt Mailand, ein Bündnis und überschüttete sie mit Privilegien, so daß er die Herzen der Bürger ganz für sich gewann. Im Januar 1186 erlebte diese jetzt »kaiserlichste aller kaiserlichen Städte« in ihren Mauern die glanzvolle staufisch-sizilische Hochzeit und die Krönung Heinrichs zum König von Italien durch den Patriarchen von Aquileja. Der Kaiser selbst erklärte seinen Sohn und Erben in der Herrschaft zum »Caesar«. Ihm lag daran, Rom und der Welt zu zeigen, daß er als Nachfolger der römischen Kaiser nach römischem Recht seinen Mitherrscher aus eigener Machtvollkommenheit ernennen könne, nachdem die Nachfolger Alexanders III. auf dem päpstlichen Thron das Ersuchen des Kaisers, seinen Sohn zum Mitkaiser zu krönen, mit der Begründung abgelehnt hatten, man könne nicht zwei Herren dienen. An diesem Vorgang wird besonders gut deutlich, wie wörtlich Friedrich I. die »reformatio imperii« als Wiederherstellung des alten *römischen* Reiches verstand (siehe Band 1), ohne dabei die fränkische Tradition gering zu achten. Aber die Feierlichkeiten dürfen nicht darüber hinwegtäuschen, daß das Ehebündnis beinahe einen europäischen Konflikt provoziert hätte, den Friedrich I. nur im Bund mit Philipp II. von Frankreich entschärfen konnte.

Kreuzzug und Tod

Als türkische Seldschuken unter Führung Sultan Saladins 1187 Jerusalem erobert hatten, fühlte sich ganz Europa durch diese Katastrophe herausgefordert. Friedrich I. hielt im März 1188 in Mainz einen »Hoftag Jesu Christi« ab, auf dem die Aufgaben des christlichen Ritters im Vordergrund standen, ein Kreuzzug beschlossen und gründlich vorbereitet wurde.

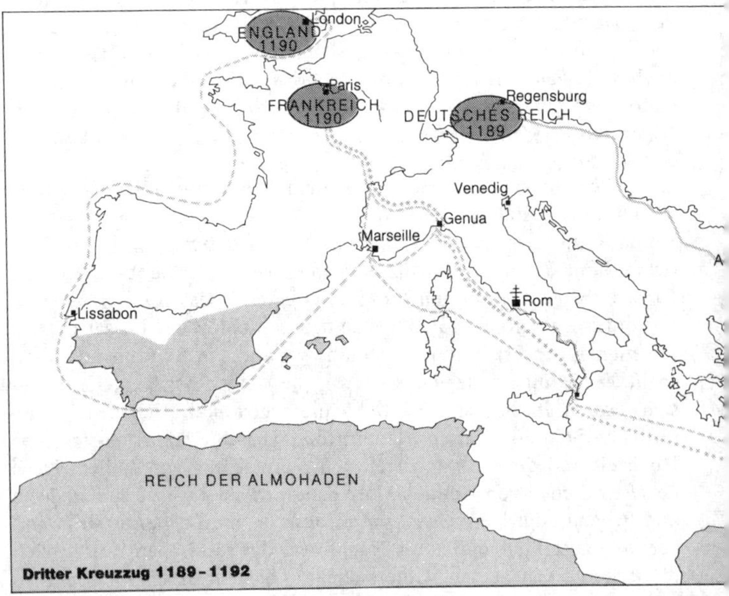

Spolienrecht

(mlat. spolium: Hausgerät)

Recht des Königs, über die bewegliche Habe verstorbener Reichsfürsten zu verfügen, sofern dies im Rahmen des Reichskirchensystems erworben worden war. Friedrich II. gab es 1220 zugunsten der geistlichen Fürsten auf, später beanspruchte es die Kurie.
Ein ähnlich umkämpftes Königsrecht war das sogenannte Fodrum, eine Art Heersteuer, die von den Hintersassen aufzubringen und von deren Herren an den König abzuliefern war. Sie war eine wichtige Einnahmequelle in Italien, die von schwachen oder abwesenden Königen häufig nicht eingetrieben werden konnte. Friedrich I. kämpfte jahrelang um die Erhaltung dieser Rechte.

Mit altem Schwung führte Barbarossa ca. 12000–15000 Mann nach Kleinasien. Doch als er beim Baden im Fluß Saleph ertrank, scheiterte mit seinem Tod das ganze Unternehmen. Mutlosigkeit ergriff das Heer, ganze Truppenteile ließen sich widerstandslos gefangennehmen. Der Chronist der Kölner Königschronik gibt der allgemeinen Stim-

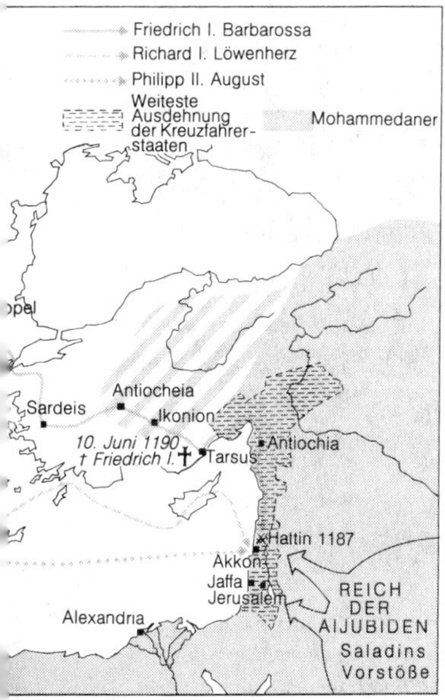

***Sammelgebiete und Reisewege** der englischen, französischen und deutschen Kreuzfahrerheere 1189–1192. Der Dritte Kreuzzug endete mit dem Tod Friedrichs I. für Deutschland katastrophal. Insgesamt konnte nur ein Küstenstrich bei Jaffa und die Erlaubnis zu Pilgerbesuchen nach Jerusalem erreicht werden.*

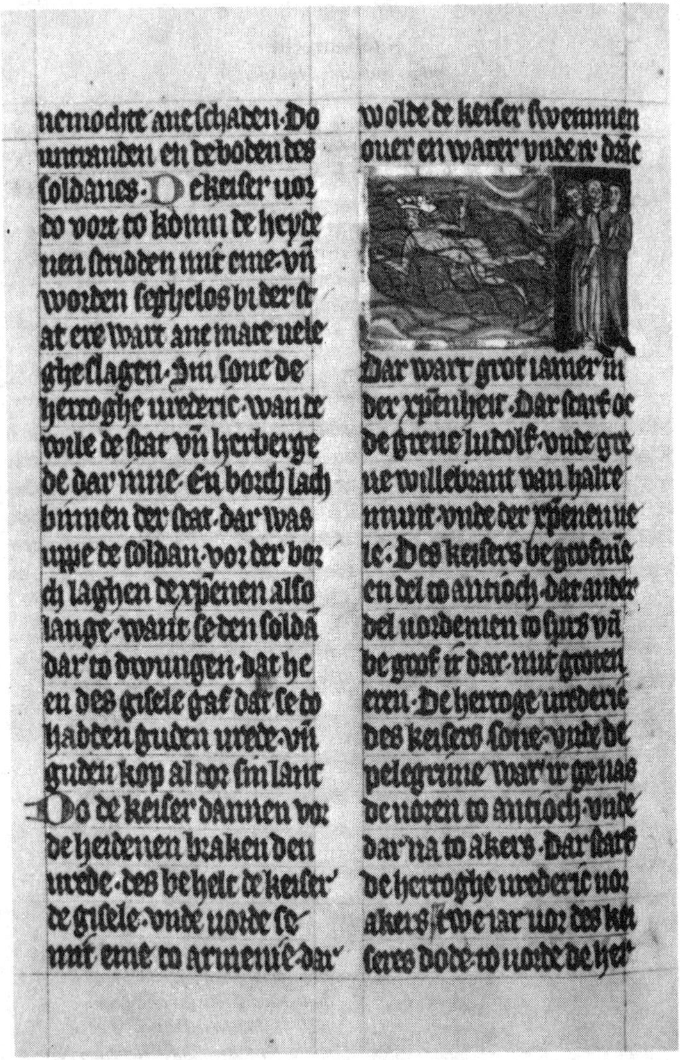
ne mochte ane schaden. Do
untwanden en de boden des
soldanes. De keiser vor
do vort to Konnii de heyde
nen stridden mit eme. vn
worden seghelos bi der st
at ere wart ane mate vele
gheslagen. Sin sone de
hertoghe vrederic. wan de
ville de stat vn herberge
de dar inne. En borch lach
binnen der stat. dar was
uppe de soldan. vor der bor
ch laghen de xpenen also
lange. want se den soldā
dar to dwungen. dat he
en des gisele gaf dat se to
hadden guden vrede. vn
guden kop al dor sin lant
Do de keiser dannen vor
de heidenen braken den
vrede. des behelt de keiser
de gisele. vnde vorde se
mit eme to armenie. dar
wolde de keiser swemmen
ouer en water vnde ertranc
Dar wart grot iamer in
der xpenheit. Dar starf oc
de greue Ludolf. vnde gre
ue Willebrant van halre
mund. vnde der xpenen ve
le. Des keisers begrofnis
en del to antioch. dat ander
del nordenen to surs vn
begrof it dar mit groten
eren. De hertoge vrederic
des keisers sone. vnde de
pelegrimme wart ir genas
de voren to antioch. vnde
dar na to akers. Dar starf
de hertoghe vrederic vor
akers. twe iar vor des kei
sers dode. to worde de her

Friedrich Barbarossa ertrinkt. *Der überraschende Tod des Kaisers beschäftigte noch jahrhundertelang die Nachwelt und wurde auch in der Sächsischen Weltchronik in Wort und Bild festgehalten.*

mung Ausdruck: »Bei diesem Bericht versagt unser Griffel und verstummt unsere Rede.«
Die Sage bemächtigte sich »des Alten« und versetzte ihn im 16. Jahrhundert in den Kyffhäuser, von wo zunächst die Wiederkehr seines Enkels Friedrich II. erwartet worden war. Seitdem nimmt er den Platz am steinernen Tisch ein, ohne auf nationale Beschwörungen (»Er hat hinabgenommen des Reiches Herrlichkeit, und wird einst wiederkommen, mit ihr, zu seiner Zeit« [Friedrich Rückert 1788–1866]) oder aufklärerischen Spott (»[. . .] altes Fabelwesen, geh leg dich schlafen, wir werden uns auch ohne dich erlösen [. . .]« [Heinrich Heine 1797–1856]) zu hören.
Seither sind die Meinungen über Friedrich Barbarossa geteilt. Man verurteilte besonders in der Zeit des »Dritten Reiches« seine Italienpolitik, die eine zielstrebige »Ostpolitik« verhindert habe; man sah in der früheren marxistischen Orthodoxie in ihm einen Reaktionär, einen »Vertreter feudaler Expansionspolitik«, als »rückständig« und »anachronistisch« beurteilten ihn auch westdeutsche Historiker in den fünfziger Jahren. Sein Bild wurde durch Mystifizierung und Hochstilisierung besonders im 19. Jahrhundert zum »Heldenkaiser« verkitscht und im deutschnationalen Götterhimmel neben Bismarck und dem Heldenkaiser Wilhelm I. (»Barbablanca«) verehrt.
Seit geraumer Zeit bemüht sich die Geschichtswissenschaft um eine objektivere Würdigung, indem sie den zeitlichen Rahmen mehr als bisher beachtet. Der deutsche König konnte, da der deutsche Adel unbeirrt seine eigenen Partikularinteressen verfolgte, nicht auf Italien verzichten und damit auf Kaiserkrone und Geldeinnahmen. Friedrichs I. eigentliche Leistung wird heute immer mehr darin gesehen, daß er relativ flexibel war und seine Methoden je nach politischer Erfordernis änderte.

Literatur

Barz, Paul: Heinrich der Löwe. Ein Welfe bewegt die Geschichte, Bonn 1977
Hiller, Helmut: Friedrich Barbarossa und seine Zeit, München 1977
Jordan, Karl: Friedrich Barbarossa. Kaiser des christlichen Abendlandes, Göttingen 1967
Jordan, Karl: Heinrich der Löwe. Eine Biographie, München 1979
Pacaut, Marcel: Friedrich Barbarossa, Stuttgart 1969
Wolf, Gunter (Hrsg.): Friedrich Barbarossa, Darmstadt 1975

Relativ wenig Erfolg hatte er bei der Wiederherstellung der alten Kaiserrechte in Italien. Das Aufblühen der lombardischen Städte und deren rasante politische Verselbständigung konnte er genausowenig bremsen wie den enormen Machtzuwachs der Reichsfürsten, die in ihren Territorien zunehmend »königsgleich« herrschten. Erfolg hatte Friedrich I. bei seiner Hausmacht- und Ministerialenpolitik: geschlossene Königslandschaften standen hinter dem staufischen Haus, zuverlässige und ehrgeizige Ministeriale besorgten die Reichsverwaltung und stellten die ›Exekutive‹.
Ideell ging es ihm um den »favor imperii«, des Reiches Ehre (siehe auch Seite 297 ff.), um einen Wert, der in unserer Zeit fragwürdig geworden ist, weil sie in anderen Kategorien denkt.

Stichworte zur Zeit Friedrich Barbarossas

Kaiserliche Italienpolitik als Gegengewicht zur Territorialstaatsbildung der Fürsten im Deutschen Reich; Regalienrechte sollen kaiserliche Rechte, Steuern und Einkünfte aus den oberitalienischen Städten sichern.
Papst-Kaiser-Verhältnis: Durch gegenseitige Macht- und Einflußansprüche meist kritisch und gespannt; Kulminationspunkt: das Alexandrinische Schisma spaltet für 18 Jahre das ganze Abendland in feindliche Parteien (staufisch-kapetingisches Bündnis bewährt sich nach und nach); allmähliche Normalisierung durch verschiedene Verträge.
Neuer Staatsbegriff: Aus dem Lehnsstaat wird ein ›Beamtenstaat‹; Ministeriale in Verwaltungspositionen; der Amtscharakter ihrer Lehen wird betont, sie sollen nicht mehr geteilt werden.
Staufische Königslandpolitik: Zur Ausbildung einer staufischen Landeshoheit in Schwaben und Franken mit königlichen Stadtgründungen, Erwerbspolitik und Erbschaften; Keil zwischen den welfischen Besitzungen in Baiern und Sachsen.
Absetzung Heinrichs des Löwen: Ursprünglich gegenseitige Unterstützung und Duldung: Heinrich der Löwe treibt expansionistische und selbständige Politik im Norden, Friedrich I. im Süden und in Italien; allmähliche Entfremdung zwischen Kaiser und ›Übervasall‹, gefördert durch die Opposition der Fürsten gegen Heinrich den Löwen; nach Sturz des Welfenherzogs Aufteilung Sachsens; die Reichsfürsten »teilen das Fell des Löwen« und werden ab 1180 endgültig zu Trägern der Landeshoheit. Dem Deutschen Reich ist damit der Weg zum Einheitsstaat endgültig versperrt.
Friedrich I. als Integrationsfigur in einer Zeit, in der die gesellschaftlichen Bereiche mehr und mehr auseinanderrücken und eigenen Interessen nachgehen: Ritter, Stadtbewohner, Reichsfürsten und Papsttum.

HEINRICH PLETICHA

Das Rittertum – Stand und Ansehen, Waffen und Rüstung

Probleme um die Entstehung des Rittertums – Ministeriale und Adel – Ritterliche Tugenden – Herrendienst, Gottesdienst und Frauendienst – Schwertleite und Ritterschlag – Ausrüstung – Tjost, Buhurt und Turnier – Erstarrung und Niedergang.

Kinder spielen gern mit Ritterfiguren und Burgen, Ritter sind beliebte Helden von Sagen, Abenteuerbüchern, Comic-Serien und aufwendigen Breitwandfilmen. Der Schüler lernt sie im Unterricht kennen, die zahlreichen Besucher von Schlössern, Burgen und Ruinen hören und lesen von ihren Taten; Adel und Rittertum, Burgen, Rüstungen, Turniere und Kampfszenen gehören scheinbar fest zusammen, von ritterlichem Benehmen spricht man heute noch, ohne daß der Begriff antiquiert wäre. Alles scheint so augenfällig, so einfach, so selbstverständlich und so belegt durch tausenderlei Fakten, daß man es kaum glauben kann, wenn die historische Forschung hier noch Probleme sieht. Denn die Frage nach der Entstehung des Rittertums stellt uns noch heute vor einige schwerwiegende Probleme. Wenn in einem modernen historischen Werk die »Gemeinschaft der Ritter« als die »zum Turnier und zum Kampf zugelassenen Adeligen« bezeichnet wird, so zeigt sich in einer solchen Definition die Unsicherheit gegenüber einem scheinbar selbstverständlichen Begriff. Die Gleichung Adel = Ritter oder umgekehrt mag wohl für Frankreich gelten, wo die Entwicklung von Adel und Königtum einen anderen Verlauf genommen hat, nicht aber für das Deutsche Reich. Und auch heute noch müssen die Historiker gerade für die Anfänge häufiger mit Vermutungen und Theorien arbeiten als mit greifbaren Tatsachen.

Edle Ritter von ›ganz unten‹?

Wahrscheinlich, so nimmt die Forschung heute an, hängt die Ausformung des Rittertums eng mit der Entwicklung des Lehnswesens zusammen. Im Deutschen Reich kann man schon im 11. Jahrhundert den

Aufbau der Gesellschaft als pyramidenförmiges Gebilde mit gegenseitigen lehnsrechtlichen Abhängigkeiten bezeichnen. An der Spitze dieser ›Lehnspyramide‹ stand der König als oberster Lehnsherr, dem die geistlichen und weltlichen Fürsten folgten, die einen Teil ihrer Lehen wieder an andere Vasallen weitergaben. Diese Aufteilung in immer neue Lehnsleute und Untervasallen setzte sich fort bis zu jener untersten Schicht der unfreien Dienstleute oder Ministerialen (siehe Band 2), die uns im Zusammenhang mit den neuen Theorien über die Entstehung des Rittertums besonders interessieren.
Obgleich persönlich unfrei, standen diese Männer noch *über* der unfreien Bevölkerung; denn ihre Herren übertrugen ihnen verantwortungsvolle Aufgaben, sei es bei der Verwaltung der Güter, sei es als Kammerherren, als Boten oder beim Schutz und der Bewachung der Burgen. Dabei handelte es sich stets um Aufgaben, die nicht jedem Beliebigen überlassen werden konnten, sondern die vielmehr Verantwortungsgefühl und Umsicht voraussetzten und damit ein besonderes Treueverhältnis zwischen Herr und Dienstmann entstehen ließen.
So waren diese Männer vertrauenswürdige Diener ihrer Herren, die sie ihrerseits entsprechend belohnten, indem sie ihnen mit der Zeit kleinere Lehen übertrugen. Persönliche Tüchtigkeit, verbunden mit der unerläßlichen Portion Glück leiteten dann häufig den sozialen Aufstieg ein.

Ritter, ursprünglich ein seltener Begriff

Was hier mit wenigen Sätzen angedeutet ist, vollzog sich allerdings nicht von heute auf morgen, dauerte Jahrzehnte und über mehrere Generationen hinweg. Aus dieser Schicht nun, so vermutet heute die Forschung, erwuchs in Deutschland das Rittertum. Viele dieser Ministerialen leisteten ihren Herren ja auch Heeresfolge und Kriegsdienste und kämpften dabei schwer gerüstet als Reiterkrieger. Erst seit 1060 kam für solche Reiter, gleichermaßen für die Edelfreien und die Dienstleute, in den Urkunden die Bezeichnung »riter« auf. Es bleibt als ungelöste Frage, ob sie auch gleichermaßen auf schwerbewaffnete Fußkämpfer angewandt wurde.
Ganz gesichert ist eigentlich nur, daß diese Bezeichnung sich sehr langsam durchsetzte und es mehr als ein Jahrhundert dauerte, bis sie allgemein in Gebrauch kam!
Eine neuere Untersuchung über die Verwendung dieses Wortes gibt zu denken. So hat Joachim Bumke in seinen »Studien zum Ritterbegriff

im 12. und 13. Jahrhundert« nachgewiesen, daß »riter« in allen von ihm untersuchten zeitgenössischen Dichtungen bis zur Mitte des 12. Jahrhunderts nur achtundzwanzigmal vorkommen, bis 1180 sind es dann schon hundertfünfzig Erwähnungen, und für die Jahre bis 1250 stößt er auf rund sechstausend Nennungen des Begriffs oder damit zusammenhängender und abgeleiteter Worte. Seit etwa 1175 erfolgt die Schreibung dabei mit zwei t als »ritter«. Bumkes Untersuchung ist keineswegs Wortklauberei. Sie läßt vielmehr die überzeugende Annahme zu, daß die wachsende Beliebtheit des Wortes aus einer neuen gesellschaftlichen Einschätzung dieser Ritter erfolgte. Die Vermutung liegt nahe, daß die Dienstleute, die seit dem Ausgang des 12. Jahrhunderts immer häufiger Ritter genannt werden, selbst solche Aufwertung vorantrieben und nach Möglichkeit begünstigten. Wenn das stimmen sollte, könnte der Begriff aber nicht, wie man früher vermutete, eine Bezeichnung für Adelige sein. Vielmehr mag sich hier allmählich im Laufe von knapp zwei Jahrhunderten eine neue angesehene Schicht herausgebildet haben, in die immer mehr Dienstleute hineinwuchsen. Sie dürften den Grundstock der Ritter gebildet haben, und erst nachdem diese schon zunehmendes Ansehen genossen, akzeptierte sie auch der Adel.

Treuer Vasallendienst und idealisierende Selbstinterpretation als Garanten sozialen Aufstiegs

In der staufischen Zeit waren dann die Ritter bereits zu einer in sich fest gefügten Klasse geworden, der die Ministerialen, die nichtadeligen Freien und der niedere und höhere Adel angehörten, soweit sie eben Kriegsdienste leisteten. Sie zeichneten sich durch ein entsprechendes Zusammengehörigkeitsgefühl aus, betonten aber auch ihren elitären Charakter und besaßen einen Tugend- und Ehrenkodex, der sich besonders eindrucksvoll in den zeitgenössischen Dichtungen spiegelt, z.B. in den Werken Hartmanns von Aue oder Wolframs von Eschenbach (siehe Seite 115 ff.). Gleichzeitig wurden sie zu Trägern einer Kultur, die das ganze Abendland nachhaltig beeinflußte.
Drei Ideale bestimmten die Lebenswelt dieser Ritter: der Dienst für den Herrn, der Dienst für die Kirche und der »Frauendienst«. Herrendienst war geradezu Selbstverständlichkeit. In ihm verbanden sich reale, aus der Lehnsverpflichtung erwachsene Aufgaben und die traditionsbedingten Idealvorstellungen von Treue. Der Vasall leistete ja seinem Herrn den Treueid, den er in Krieg und Frieden gleichermaßen halten mußte. »Was soll ich über die Ritter anderes sagen, als daß sie

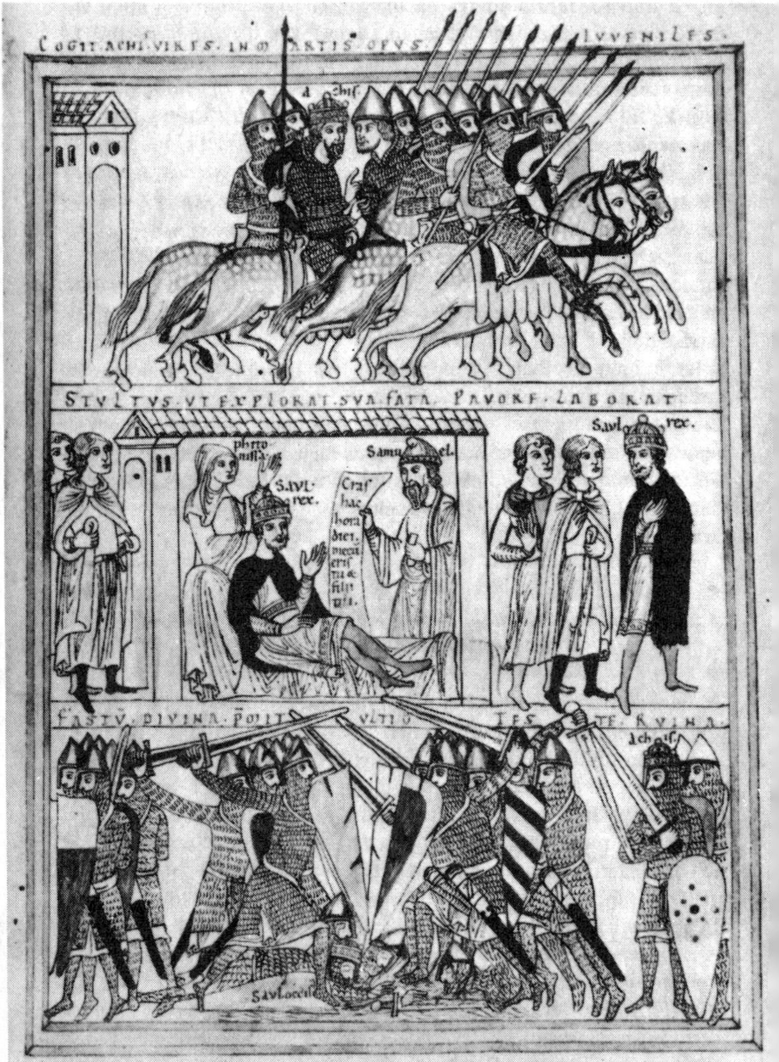

Ritterliche Schlachtordnung. *Eine Handschrift des 12. Jahrhunderts zeigt in Miniaturen Aufstellung bei Angriff und Kampf. Bamberg, Staatsbibliothek.*

Miles christianus. *Der christliche Ritter wird auch in Kirchen gerne abgebildet: bewaffnet im Kampf (Fries am Großmünster Zürich, oben), schlafend in voller Rüstung als »Grabwächter« im Innern des Heiligen Grabes (Steinplastik, Münster Konstanz, unten).*

in treuem Dienst für ihre Herren und vor allem für die Verwalter des Reiches kämpfen müssen«, betonte Benizo von Sutri um 1100 und forderte sie auf, auch mutig ihr Leben einzusetzen. So gehören Treue und Mut als ritterliche Tugenden gleichermaßen eng zusammen und schließen als drittes »ritterliches« Verhalten im Kampf ein.
Das zweite Ideal war der Dienst für Kirche und Christenheit. Zwar stand die Kirche ursprünglich dem Waffengebrauch verständlicherweise ablehnend gegenüber, aber schon seit Beginn des frühen Mittelalters suchte sie in Notfällen Unterstützung bei den weltlichen Mächten. Solches aus der Not geborene Zusammengehen vertiefte sich in zunehmendem Maß und führte schließlich seit dem 10. Jahrhundert nicht nur zu Billigung, sondern sogar zur Unterstützung der Krieger und zur Segnung ihrer Waffen. Zugleich aber suchte die Kirche die sich bildende Kriegerkaste in ihrem Sinne zu beeinflussen. Was sie sich dabei erhoffte, spricht wohl am deutlichsten im 12. Jahrhundert Johann von Salisbury aus: »Wozu dient die Ritterschaft? Die Kirche zu schützen, Treulosigkeit zu bekämpfen, das Priesteramt zu ehren, Ungerechtigkeit gegenüber den Armen zu beseitigen, dem Land den Frieden zu bringen, für seine Brüder das Blut zu vergießen und, wenn es nötig ist, das Leben hinzugeben.« Zu den Armen, die vor Ungerechtigkeit zu schützen waren, zählten vor allem auch die Witwen und Waisen, deren Schutz und Unterstützung in staufischer Zeit zu den vornehmsten Pflichten der Ritter gerechnet wurden. Das erste und das zweite Ideal verschmolzen in der Auffassung, daß Christus der oberste Lehnsherr bei der Rückgewinnung seines »Erbgutes« Palästina aus der Hand der Heiden forderte. Damit aber war die Kreuzzugsidee verpflichtend motiviert.

Ungelöstes Rätsel – Die Minne

Das dritte Ideal, das für den ersten Augenblick wenig mit den beiden andern vereinbar erscheint, ist der »Frauendienst«. Um ihn verstehen zu können, dürfen wir nicht von heutigen Vorstellungen ausgehen und vor allem den Begriff der »ritterlichen *Minne*« *(K, Seite 117)* nicht mit ›Liebe‹ in unserem Sinn gleichsetzen. Der Ritter wählte sich eine adelige Dame, die er offen verehrte, der er dienen wollte und deren Farben er beim Turnier trug. Die Dame ihrerseits nahm solche Verehrung huldvoll zur Kenntnis – doch war dies auch schon alles. Fast mutet der ganze »Frauendienst« wie ein Spiel an, dessen feste Regeln von beiden Mitspielern, dem Ritter wie der Dame, stets mit dem geziemenden Ernst eingehalten wurden und das nichts Oberflächliches oder Leichtfertiges an sich hatte. Nur so ist es zu erklären, daß sogar ein Hofkaplan in einer Schrift »Über die Liebe« erklärt: »Eine Ehe ist keine echte Entschuldigung dafür, nicht zu lieben«. Im Gegenteil: gerade weil durch die Ehe feste Grenzen gesetzt waren, die höfische Minne nicht überschreiten durfte und wollte, konnte ihr irrealer, geradezu mystischer Charakter um so eindringlicher betont und die »Geliebte« zu einem unerreichbaren Wesen gestempelt werden. Deshalb durfte diese Art von Minne auch nie unverheirateten Mädchen entgegengebracht werden.

Der »Frauendienst« war in der südfranzösischen Provence aufgekommen und hatte von da nach Deutschland übergegriffen. Seine schönste Ausprägung fand er in der Minnedichtung der staufischen Zeit, aber auch in den großen ritterlichen Epen (siehe Seite 129 ff.) ist immer wieder von Minne und Minnedienst die Rede. Allerdings schmücken die Dichter das Thema auch besonders aus und dürften daher nur wenig mit der Wirklichkeit übereinstimmen.

Während der Dienst für den Herrn und der Dienst für die Kirche eine Angelegenheit *aller* Ritter war, beschränkte sich der Minnedienst doch auf gewisse höfische Kreise, wo man Langeweile und dementsprechend auch genug Zeit hatte, um das Spiel richtig auszukosten. So verlangte der Dienst für die Frau auch höfische Lebensart und die Fähigkeit des Dichtens und Singens, wie sie gewiß nicht allen Rittern eigen war. Denn wenn diese auch bis zum 12. Jahrhundert mehr und mehr zu einer geschlossenen Klasse zusammenwuchsen, so gab es doch nicht nur die schon aufgezählten Standesunterschiede, sondern innerhalb der Stände auch wieder soziale Gegensätze. Es war keineswegs so, daß alle Ritter auf machtvollen, stolzen Burgen lebten. Viele von ihnen besaßen nicht mehr als ein einfaches Steinhaus mit einem Stück Land dazu, andere lebten ohne eigenen Besitz an den größeren Höfen, und vom Spätmittelalter an konnten sich die Reicheren auch Häuser in den Städten leisten, wenn das auch eine Ausnahme darstellte. Viele Ritter waren in Friedenszeiten nichts anderes als Bauern und bevorzugten dementsprechend auch eine bäuerliche Lebensweise, die nur durch die Kriegszüge unterbrochen wurde.

Rittererziehung und Schwertleite

Die Ritterwürde war keineswegs erblich. Um Nachwuchs mußte man aber nicht besorgt sein; als einzige Einschränkung galt in staufischer Zeit das Verbot einer Aufnahme der Söhne von Bauern und Geistlichen. Mit der Zeit bildete sich für die Aufnahme in die Ritterschaft ein

**Aus dem »Ritterspiegel«
des Johannes Rothe**

In früheren Zeiten wurde man Ritter durch den Schlag eines Herrn, darauf ging der Knappe in die Kirche und wurde unter der Messe in den Orden aufgenommen von einem Priester, der ihm das Schwert, seinen Ritterschmuck und die Sporen segnete. Dabei schwor er einen Eid, daß er ein Verfechter der heiligen Christenheit sein wolle, das Reich nach geschriebenem Kaiserrecht vor Schaden behüten, Witwen und Waisen beschirmen, Ketzern und ungläubigen Heiden schädlich sein wolle. Darum legte ihm der Priester an seine Hand den goldenen Fingerring und mahnte ihn dabei zur Treue gegen Gott. Dann war ihm als Ritterrecht gesetzt, daß er auf der Straße nicht ohne Diener oder Knecht gehen durfte.
Zur Ritterschaft gehören sieben besondere Ehren. Zuerst das Schwert, welches durch Ritterschlag zugeteilt wird; zweitens ein goldener Fingerring mit einem Edelstein, der an den Goldfinger gesteckt wird; drittens ein frommer Knecht, der dem Ritter beständig aufwartet und ihm sein Schwert nachträgt; denn dem Ritter ziemt nicht, das Schwert selbst zu tragen wie ein Büttel. Viertens ist sein Recht, Gold an seinem Leibe und eine goldene Spange an seinem Gewand zu tragen, fünftens ein buntes Kleid von mehrerlei Farben. Sechstens führt er den Ehrennamen Herr, den er nicht seiner Herkunft verdankt, sondern der eigenen Tüchtigkeit, und endlich hat er das Vorrecht, daß man nach Tische Wasser über seine Hand gieße und ihm ein reines Handtuch reiche.
Ein Ritter soll sich begnügen an den Einnahmen, die ihm sein Erbe bringt, und was ihm Gott beschert im Dienst oder an Sold und Gold, Silber und Geschenken. Wird ihm das zu wenig, so darf er freilich kein Handwerk treiben; es kann auch nicht jeder zu Hofe kommen oder ein Fürstenamt erhalten. Da ist ihm erlaubt, sich mit einem andern zu gesellen, der Handlung treibt und aus einem fremden Land Güter bringt; in diesen Gütern soll er seinen Anteil am Geschäft nehmen, soweit er sie im Hause gebraucht. Ferner darf er Pferdehandel und -zucht treiben. Er darf Handarbeit nicht üben, wohl aber seine Pferde beschlagen und die Kranken mit Arznei heilen. Bei seiner Ernte darf er in der Scheune das Getreide einlagern helfen, bei der Feldarbeit darf er auf seinem Rosse eggen; Pfeile, Bolzen, Köcher darf er verfertigen, sein Geschütz zurechtmachen und Büchsen gießen. Auch um seine Viehzucht darf er sorgen, um Rinder, Schafe und Schweine.
Will ein Ritter seinem Feinde Schaden tun, so soll er offen zu Werke gehen und seine Ehre dadurch behüten, daß er ihm drei Tage vorher die Fehde anzeigt. Hat er seines Feindes Erbe in Besitz genommen und ihn gefangen, so soll er ihn nicht in Grund verderben, sondern er soll ihn so schatzen, daß das Erbe die Schatzung ertragen kann; ist er ehrbar, so entlasse er den Gefangenen gegen Gelöbnis. Niemand soll man so schatzen, daß er zum Bettler wird. Wer das tut, wird ehrlos und einem Räuber gleichgeachtet.
Einem guten Ritter steht es wohl an, wenn er lesen und schreiben kann; ist er gelehrt und kunstvoll, so wird es sein Glück.
Ein vollkommener Mann soll siebenerlei Behendigkeit haben. Er soll verstehen

reiten, schnell auf- und absitzen, traben und rennen, umwenden und im Reiten etwas von der Erde aufheben. Zum zweiten soll er schwimmen und tauchen, zum dritten schießen mit Armbrust, Büchse und Bogen, zum vierten klettern an Leitern, Stange und Seil, zum fünften gut turnieren, stechen und tjostieren, zum sechsten ringen, parieren und fechten mit der linken Hand wie mit der rechten und weitspringen, zum siebenten wohl aufwarten bei Tische, tanzen und hofieren und das Brettspiel verstehen.
[. . .] Nur die sind wahre Ritter, die für ihre Fürsten um gerechte Sache und zu gemeinem Nutzen gegen des Landes Feinde streiten oder die zum Heiligen Grabe ziehen und sich dort zu Rittern weihen lassen. Nicht mit dem Sacke dient der Ritter, wie Bürger und Bauern, sondern mit seines Leibes Stärke folgt er dem Herrn in saurer Arbeit.

Aus: »Ritterspiegel« des Johannes Rothe. (Rothe war Pfarrer an der Frauenkirche zu Eisenach und starb 1434 als alter Mann. Seine Schrift beschreibt das Rittertum und seine Ideale schon aus der Zeit der Erstarrung und des Niedergangs.)
Übertragung ins Neuhochdeutsche von Gustav Freytag

Idealer König. *Der »Bamberger Reiter«, eine im 13. Jahrhundert entstandene Steinplastik, hat eine Reihe von »Vorbildern«: der Heilige Stefan von Ungarn, König Konrad III., Philipp von Schwaben und andere. Bamberg, Dom.*

gewisses Zeremoniell heraus, das – so wird heute vermutet – als »Schwertleite« zuerst beim Adel aufgekommen war und die feierliche Aufnahme des Jünglings in den Kreis der waffenfähigen Männer und damit in die Gesellschaft darstellte. Allmählich wurde dieses Zeremoniell des Adels dann allgemein von den Rittern übernommen, auch wenn sie erst seit kurzem aus dem unfreien Dienstmannenstand aufgestiegen waren.
Der junge Mann hatte vor der »Schwertleite« schon einen gewissen Bildungs- oder, besser gesagt, Ausbildungsgang durchlaufen. Bis zu seinem siebten Lebensjahr war er im Kreis der Familie aufgewachsen, umhegt, betreut von den Frauen und mitunter von diesen im Lesen und Schreiben unterwiesen. Dann setzte die Erziehung zum Waffenhandwerk ein. Mit zwölf Jahren konnte der Knabe schon als »Knappe« einem Ritter dienen und mußte notfalls sogar mit in den Krieg ziehen. Zwar durfte er in der Schlacht noch nicht mit dem Schwert kämpfen, sondern erhielt als Waffe nur eine eisenbeschlagene Keule, das Risiko aber durfte er schon mit den Männern teilen. So fiel beispielsweise der spätere baierische Ritter Hans Schiltenberger als sechzehnjähriger Knappe 1396 in der Schlacht bei Nikopolis in die Hände der Türken und entging nur durch einen glücklichen Zufall der Hinrichtung.
Die »Schwertleite« erfolgte im allgemeinen zwischen dem fünfzehnten und zwanzigsten Lebensjahr. Dann umgürtete ein älterer Adeliger, später ganz allgemein ein Ritter, den Knappen mit dem Wehrgehänge einschließlich Schwert und legte ihm die Sporen an. Auch hier bleiben einige Unklarheiten. Die Quellen sprechen seit dem 12. Jahrhundert davon, daß der junge Mann »zum Ritter geschlagen« wurde; in der wissenschaftlichen Literatur ist meistens von einer »Ritterpromotion« (lat. promovere: befördern) die Rede. Wir nehmen heute an, daß die alte adelige Sitte ursprünglich nur einen einfachen Akt der Wehrhaftmachung darstellte und erst mit der Zeit einen feierlichen Charakter bekam. Eine solche Ritterpromotion konnte für einzelne Knappen erfolgen, aber auch gleichzeitig für ganze Gruppen. Sie konnte bei festlichen Gelegenheiten im Frieden, aber auch im Krieg vorgenommen werden, vor einer Schlacht im Angesicht des Feindes oder nach dem Kampf noch unmittelbar auf dem Schlachtfeld sozusagen als eine Art Tapferkeitsauszeichnung. Auch die Kirche gewann zunehmend Einfluß, indem Priester die Waffen der zu promovierenden Ritter vor der Übergabe feierlich segneten. Die berühmteste Schwertleite fand zu Pfingsten 1184 statt, als die beiden ältesten Söhne Kaiser Friedrich Barbarossas in Mainz zusammen mit zahlreichen anderen jungen Männern die Ritterwürde erhielten. Wenn zeitgenössische Quellen be-

Das Turnier von Friesach 1224
Ein Bericht des Ulrich von Lichtenstein

Herzog Leopold von Österreich berief eine Versammlung nach Friesach. Eine glänzende Schar von Rittern fand sich dort zusammen, die alle entschlossen waren, um der Frauen willen Ritterschaft und Rittersitte zu pflegen. Sie zogen mit lichten Bannern und wohlgeschmückt heran. Die Herolde liefen hierhin und dorthin, sie schrien: »Wo nun, wo nun, wo ist ein Ritter, der zu tjostieren begehrt, er soll kommen her! Hier schreitet so mancher gute, hochgemute Ritter, der Ehre, Gut und Leib um der schönen Frauen willen wagen will!« Als wir sie hörten, stand unser Wille und Wunsch nach den Pferden, und wir saßen mutig auf. Da erhob sich mancher schöne Streit. Jeder Ritter bemühte sich, den andern niederzustechen, was auch oft geschah. Es waren vierzig oder mehr Kampfplätze da, wo so mancher von ritterlichen Taten Schmerzen leiden mußte, denn Ritterschaft bringt Arbeit [im Mittelhochdeutschen im Sinn von »Mühe«]; wer sie pflegen will, muß auf Ruhe verzichten.
Die Spiele dauerten den ganzen Tag, da wurde nach ritterlicher Sitte so manches Bein entzweigeritten. Oft prallten die Ritter so aneinander, daß beide stürzten und ohnmächtig auf der Erde lagen. Mancher verlor sein Roß, weil er heruntergestochen wurde, der hatte zum Schaden noch den Spott. An diesem Tag fand jeder, was er wollte: Hier turnierten sie, um ihren Mut zu zeigen, dort, um Gut zu erwerben, und so mancher um nichts anderes als um seiner Herrin willen, wieder andere zur Übung und jene dort allein um die Ehre. Viele Splitter bedeckten den Boden, viele Ritter waren gestürzt und mußten der Ruhe pflegen, mancher litt so, daß er die Nacht nicht gerne sah.
Am Montag bei Tagesanbruch diente man Gott und hörte die Messen. Dann entstand in den Gassen überall ein großes Gedränge von den Knechten. Der Lärm der Posaunen, Flöten und Hörner war groß. Mit Schall zogen wir aus der Stadt. Jeder Anführer der Rotten bat die Seinen, eifrig achtzugeben. Als die Ritter auf dem Felde waren, bot das einen herrlichen Anblick: Man sah die reichen, lichten Banner, die Speere nach dem Wunsch der Ritter verschieden bemalt, die Helme prächtig geschmückt. Die leuchtenden Farben der Rüstungen wetteiferten mit der Sonne.
Da schritten die Rotten aufeinander zu, und als sie kaum Rosselaufes auseinander waren, kam die Zeit für den Kampf. Man gab den Rossen die Sporen, zu kräftigem Stoß sprengten die Ritter aufeinander los, Mann und Roß sah man stürzen. Mächtig krachten die Speere, heftig stießen die Schilde aneinander, davon schwollen die Knie. Beulen und Wunden von den Speeren gab es genug, die Panzerringe bereiteten Schmerzen, und manches Glied war verrenkt. Die Ritter drängten hin und her und versuchten, den Gegner zu Fall zu bringen. Mancher Helm brach ab, dort drängten sich die Ritter um einen, der gezäumt werden sollte. Klingend schlugen Schwerter auf Helme. Viele Schilde zerbrachen von den mächtigen Stößen.
Das Turnier war wirklich gut. Manch hochgemuter Ritter durchbrach mit einem

Stoß den Haufen. Man verstach viele große Speere, und wer durch sie zu Boden gefällt wurde, der litt viel Schmerzen durch Tritte. Man verstach wohl tausend Speere, so mancher Ritter wurde Gefangener, an hundertfünfzig gute Ritter verloren ihre Pferde. Des einen Verlust war des anderen Gewinn; so ging der Tag mit Arbeit hin. Mancher band müde den Helm ab, andere turnierten noch so, als ob sie gerade erst begonnen hätten, ihnen dünkte der Tag und das Turnier zu kurz; so gingen die Meinungen auseinander: Die einen wollten weiterkämpfen, die anderen waren ganz erschöpft.
Wir banden die Helme ab und zogen alle in die Stadt, jeder in seine Herberge. Da waren für die Ritter schöne Bäder gerüstet. Mancher wurde vor Müdigkeit ohnmächtig. Hier verband man den einen, dort salbte man den anderen, dem dort die Arme, dem hier die Knie. Mancher fiel um vor Schlaf, den anderen quälten die Gedanken: »Wie habe ich heute abgeschnitten? Das soll mich wundern!« Diese Nacht schliefen viele sanft.
Mit Freuden kam der nächste Tag. Da mußten alle Gefangenen zu den Juden gehen und mußten allerlei köstliche Pfänder versetzen. Wer aber etwas gewonnen hatte, war froh und hochgemut.

Aus: Ulrich von Lichtensteins Frauendienst. Hrsg. von R. Bechstein. (Der »Frauendienst« entstand um 1255. Er ist die erste Selbstbiographie in deutscher Sprache.)
Gekürzte Fassung nach der Übersetzung von J. Bühler

***Ritterrüstungen und Belagerungsmaschinen.** Realistische Abbildung in einer Handschrift, die eigentlich den Kampf zwischen Juden und Philistern zum Thema hat. New York, Pierpont Morgan Library.*

richten, daß an diesem Fest siebzigtausend Ritter teilnahmen, so dürfte die Zahl allerdings etwas übertrieben sein. 1222 hören wir, daß Herzog Leopold von Österreich gleichzeitig zweihundertfünfzig Knappen in den Kreis der Ritter aufnahm. Wenn einer der Beteiligten davon sprach, daß dies »fürstlich getan« war, so meinte er damit weniger den feierlichen Akt an sich, sondern vielmehr den äußeren Rahmen; denn der Fürst mußte auch tief in die Tasche greifen und den neuen Rittern und den Gästen reiche Geschenke machen: »Fünftausend Ritter oder mehr aßen dort das Brot des Fürsten«.
Der sogenannte Ritterschlag, wie er etwa heute noch in Großbritannien bei der zeremoniellen Aufnahme in den Hosenbandorden gebräuchlich ist, kam von Frankreich her in Deutschland erst im 14. Jahrhundert auf. Damals wurde es üblich, daß der ordinierende Ritter oder Fürst den vor ihm knienden Knappen mit der flachen Schwertklinge im Nacken berührte und ihn so »zum Ritter schlug«.

Gefährlicher Ritterdienst – Eisengewand, Schwert und Schild

Wer an Ritter denkt, denkt zumeist gleich auch an Ritterrüstungen. Die staufische Zeit kennt solches starre Plattensystem, wie man es auf

Heraldik

Seit dem 12. Jahrhundert führten die Ritter im Kampf und im Turnier unterschiedliche Farben und farbige Abzeichen, damit sie Freund und Feind weithin sichtbar erkennen und unterscheiden konnten. Daraus entwickelten sich als Schildzeichen die »wapen«. Mit der Zeit bildeten sich dabei ganz bestimmte Formen und Bilder heraus, deren Verwendung nicht willkürlich erfolgen durfte, sondern bestimmten Regeln unterlag. Durch Erbgang wurden später Einzelwappen von Rittern zu Familienwappen, die über Jahrhunderte unverändert erhalten blieben.
Seit dem 14. Jahrhundert faßt man Wappenkunde, Wappenkunst und das starre Formen annehmende Wappenrecht unter dem Begriff Heraldik zusammen, da sich die Terminologie der Wappenkunst eng an die Sprache der französischen Herolde anlehnt. Neben den ritterlichen Wappen entwickelten sich mit der Zeit Staats- und Bürgerwappen, die in ihren Grundformen genau auf die mittelalterlichen heraldischen Vorschriften zurückgehen.

zeitgenössischen Holzschnitten des 15. Jahrhunderts häufig sieht, noch nicht; denn die Ritter trugen bis zum 14. Jahrhundert ein schmiegsames Eisengewand. Sein Hauptstück, das bald Brünne, bald Halsberc oder Haubert genannt wird, war eine Art Panzerhemd, ein enges Gewand aus festem Tuch oder geschmeidigem Leder, besetzt mit Eisenschuppen oder ineinander verflochtenen Eisenringen. Zum Schutz von Hals und Kopf diente das Hersenier, eine an der Brünne befestigte Haube, an deren rechter Seite die Vinteile herunterhing, ein Streifen, der fest um Kinn und Mund gebunden wurde. Der schwere Helm, den jeder Ritter trug, reichte ursprünglich nur bis über die Stirn und war mit einem Nasenschutz versehen. Bis zur Stauferzeit wandelte er sich aber zum Topfhelm, der den ganzen Kopf bedeckte. Die Ritterrüstung in der dem Laien geläufigen Form mit dem schweren Plattenpanzer und dem Visierhelm kam erst seit dem 14. Jahrhundert auf.
Zu einer guten Ausrüstung gehörten auch gute Waffen, vorab das Schwert, dessen Ruhm immer wieder in Ritterdichtungen besungen wird, dann die Lanze, ursprünglich mannshoch und zum Werfen, später an die fünf Meter lang und nur als Stoßwaffe dienend, und schließlich der Schild, der gegen Lanzenstöße und Schwerthiebe schützen mußte und dementsprechend widerstandsfähig aus ein oder zwei Lindenholzschichten gefertigt, mit Leder überzogen und meist noch mit Eisen beschlagen war. Seine Vorderseite zeigte Wappenfarben oder Wappenbild des Ritters. Wenn dieser dann voll gerüstet auszog, über

***Kriegstaten und Liebe** sind die beiden großen Themen in Heinrich von Veldekes Versroman »Eneit«, der die Schicksale des Aeneas in mittelalterlich-staufischem Gewande darstellt.*

***Kampfszenen aus der »Eneit«.** Ein gerüsteter Ritter nimmt einem auf dem Boden Liegenden einen Ring ab (links oben); von einem Schiff wird ein Pfeil abgeschossen (unten); anstürmende Ritter und Fußvolk (rechts). Berlin, Staatsbibliothek.*

Inbegriff höfischer Schönheit und Tugend. *Ekkehard II., Markgraf von Meißen, und Uta von Ballenstedt – spätstaufische Plastik in höchster Vollendung. Naumburg, Dom.*

dem Harnisch noch den Kursit, ein buntes Wappenkleid, auf dem Helm das Zimier, einen plastischen Schmuck wie etwa das Wappentier aus Holz oder auch einen Federbusch, hoch zu Roß, das eine bunte Decke ebenfalls in den Waffenfarben trug (siehe *K: Heraldik, Seite 89*), dann mag er schon einen prächtigen Anblick geboten haben. Ob solche Ausrüstung auch der Einschüchterung des Gegners dienen sollte, mag dahingestellt bleiben. Immerhin glichen die Ritter manchmal schon unheimlichen Fabelwesen, wie uns einige Bilder der Manessischen Liederhandschrift überliefern.

Übung für den Ernstfall und höfische Lustbarkeit – Das Turnier

Im Krieg war die Ausrüstung notwendigerweise einfacher. Pomp und Aufwand dagegen wurde bei den Festen, besonders bei den beliebten Turnieren betrieben. Auch diese sind typischer Ausdruck ritterlicher Lebensform, sie waren gleichermaßen Spiel und Übung für den Ernstfall, alles in allem höchst gefährliche Vergnügungen. Auch hier herrschen oft falsche Vorstellungen, keineswegs jeder Ritterzweikampf darf als Turnier bezeichnet werden, und es gab unterschiedliche Arten von Kampfspielen. Am häufigsten – weil am leichtesten zu veranstalten – war »die Tjost«, der Einzelkampf Mann gegen Mann. Auf abgesteckter Kampfbahn ritten zwei voll gerüstete Gegner mit stumpfen Lanzen gegeneinander an. Es gab dabei zwei Stoßarten, einmal »unter das Kinn«: der Stoß gegen die geschützte Kehle, oder »zu den vier Nägeln«: gegen den mit Nägeln befestigten Schildbuckel. Mit beiden versuchten die Reiter den Gegner aus dem Sattel zu heben. Der Gestürzte sollte dabei nicht überrannt werden, sondern der Sieger mußte sein Pferd fest in der Gewalt haben und sofort zügeln können.
Beim »Buhurt« ritten dann mehrere Paare gleichzeitig mit leichten Lanzen gegeneinander an. Hier ging es nur um die Geschicklichkeit beim Reiten und das Zerbrechen möglichst vieler Lanzen. Das eigentliche »Turnier«, dessen Namen sich vom lateinischen Wort tornus, Drehscheibe, ableitet, vereinte beide Spiel- bzw. Kampfarten. Denn hier ritten wie beim »Buhurt« mehrere, oft sogar viele Ritter gegeneinander und kämpfen wie bei der »Tjost«.
Die Chroniken berichten immer wieder von schweren Unfällen und verschiedentlich auch von Toten. Kein Wunder, daß die Kirche bald gegen die Turniere einschritt und durch strenge Verbote solche ›Spiele‹ zu verhindern suchte. Beim Turnier Getötete durften nicht mit einem christlichen Begräbnis rechnen! Die Ritter störte das wenig. Wir hören von Turnieren, die tagelang dauerten und an denen Hunderte

von Rittern gleichzeitig teilnahmen. Da sich die Gestürzten bei den Siegern auslösen und je nach Rang und Besitz eine Art Lösegeld zahlen mußten, konnte einer reich werden und ein anderer gelegentlich an den Bettelstab geraten, von den ›Nebenkosten‹ für Rüstungen, Lanzen, Knechte und Pferde ganz zu schweigen.
Es muß aber wohl nicht eigens betont werden, daß solche Spiele, ob »Tjost« oder »Turnier«, eine Ausnahme bildeten, daß der Alltag der meisten Ritter, wie schon bei den Wohnverhältnissen angedeutet, sich nur wenig von dem der Bauern unterschied und nur durch die verschiedenen kleineren oder größeren Kriegszüge unterbrochen war. Diese allerdings weiteten gelegentlich auch das Blickfeld der Ritter über den Horizont der eigenen Äcker hinaus. Besonders die Kreuzzüge führten zu einer Änderung und oft Verfeinerung der meist rauhen ritterlichen Lebensart.
Mit der staufischen Zeit war der Höhepunkt in der Entwicklung des Rittertums überschritten. Die folgenden Jahrhunderte brachten Erstarrung und einen Niedergang, der sich aus einer rasch wandelnden militärischen und wirtschaftlichen Grundsituation ergab. Wenn heute häufig Auswüchse wie Fehdewesen, Rechtsunsicherheit und das sogenannte ›Raubrittertum‹ genannt werden, so sollte man doch nicht übersehen, daß hier, ebenso wie bei den Beispielen idealen Rittertums, nur *ein* Teil herausgehoben ist, der größere Teil aber als eine etwas indifferente Masse im Hintergrund bleibt. So läßt sich auch der Aufstand der Reichsritter, von dem noch in Band 6 ausführlicher die Rede sein wird, nur als letztes politisches Aufflackern eines Standesbewußtseins verstehen, das in ritterlichen Kreisen schon längst erloschen war und nur noch bei einem winzigen Kreis fortlebte.

Literatur

Borst, Arno (Hrsg.): Das Rittertum im Mittelalter, Darmstadt 1976
Bumke, Joachim: Studien zum Ritterbegriff im 12. und 13. Jahrhundert, Heidelberg 1964
Kaiser, Gert: Textauslegung und gesellschaftliche Selbstdeutung, Frankfurt/Main 1976
Meyer, Werner/Lessing, Erich: Deutsche Ritter – Deutsche Burgen, München 1976
Rittertum. Katalog Ausstellung Schloß Lenzburg 1960, Schloß Lenzburg 1962
van Winter, Johanna Maria: Rittertum. Ideal und Wirklichkeit, München 1969

WERNER MEYER

Die deutsche Burg im Hochmittelalter

Burg, Lehnswesen und Herrschaft – Die Entwicklung von Burg und Technik im Deutschen Reich – Lage und Zahl – Standort und Bautechniken – Einteilung der verschiedenen Burgarten – Der Vielfalt der Aufgaben entspricht die Vielfalt der Anlagen – Bestandsaufnahme: was gehört zu einer Burg – Blütezeit.

Unter allen Bauwerken im Mittelalter ist die Burg, bedingt durch einmalige politische, soziologische und wehrtechnische Voraussetzungen, eine typische und nur in dieser Zeit mögliche Erscheinung im Bauwesen. Wehrbauten gab es längst zuvor und lange danach, jedoch hier wie da in Formen, die nicht als Stil- oder Entwicklungsstufe des Typs Ritterburg = Herrenburg gelten können. Es gingen Volksburgen, Refugien, Wallanlagen voraus, und es folgten Festungen, Feldlager etc. Die Burg als Herrschaftssitz eines einzelnen jedoch konnte nur im Feudalsystem des Hochmittelalters entstehen, also in der Zeit, als das Lehnswesen alle rechtlichen und den Besitz zwischen den Menschen betreffenden Fragen regelte. Ihre höchste Blüte fand die Entwicklung dieses Bautyps in Deutschland in der Stauferzeit.

Die Burg – Status- und Machtsymbol

Burgen wurden zu allen Zeiten angelegt, weil die Menschen ein Bedürfnis nach Schutz und Sicherheit hatten, weil sie Angriffe auf Leib und Leben oder den Raub ihrer Habe befürchteten. Deshalb suchten sie schon immer einen Ort der Geborgenheit vor Unsicherheit und Bedrohung. Die Ritterburg des Hochmittelalters spiegelt dieses Bedürfnis auch wieder, aber sie ist insofern eine Sonderform, als sie das Ergebnis einer Entwicklung im Staatswesen und Gesellschaftsgefüge war: die Welt des Mittelalters war eine aristokratische Welt, deren Geschichte von den Taten und Entscheidungen des weltlichen und geistlichen Adels bestimmt wurde. Das Lehnswesen bestimmte die Art und Weise, wie Herrschaft sich damals darstellte. Die Burg, Mittelpunkt einer Herrschaft, diente den Besitzern als Wohnsitz. Das Bauwerk, eine

Verkörperung von Stärke und Wehrhaftigkeit, war Status- und Machtsymbol.
Durch den Aufstieg des Rittertums im 12. und 13. Jahrhundert kam der Burgenbau zu höchster Blüte. Größe und Umfang des zu einer Burg gehörigen Herrschaftsgebietes waren demnach ausschlaggebend für die Burgendichte eines Landes, eines Gaues oder Bezirks. Nachdem das Recht des Königs und später des Hochadels, *allein* Burgen bauen zu dürfen, durch deren Machtverfall verloren war, konnten Burgen des niederen Adels unkontrolliert da entstehen, wo der betreffende Ritter dies wünschte. Immerhin waren Einschränkungen möglich, wo die Territorialmacht einzelner Länder ein Bauverbot aussprach oder eine Genehmigungspflicht durchsetzen konnte.
Die Verbreitung der Burgen in der Landschaft war auch abhängig von der Verbreitung und Gliederung des Adels und der unterschiedlichen Form der Herrschafts- und Territorialbildung (d.h. der Entstehung von Landesherrschaft). Die Gegebenheiten des Geländes waren für den Burgenbau wichtiger als die Dichte der Besiedlung. Von Bedeutung waren auch verfassungsrechtliche Gegebenheiten. In Gebieten mit gefestigter Herrschaft in einem größeren Territorium gab es weniger Burgen als da, wo gleichwertige Anwärter auf die Herrschaft sich um die Macht stritten. Weniger Burgen wurden auch dort gebaut, wo der Adel nicht in der Lage war, Burgen zu bauen oder sich in Stadthäusern, Wohntürmen in größeren Siedlungen konzentrierte. Endlich waren Anreiz zur Herrschaftsbildung und die jeweilige politische Entwicklungsstufe der Adelsgesellschaft in verschiedenen Zeiträumen wichtige Faktoren für Förderung, Stagnation oder Ausfall im Burgenbau.
Ein weiteres Motiv zum Burgenbau war ihre Schutzfunktion, wobei Schutz des Umlandes und die Überwachung von Verkehrswegen nicht immer an erster Stelle standen. Geschützt werden mußten Siedlungen, Bergwerke, landwirtschaftliche Anbaugebiete, zumal der Weinbau und die Wälder. Um diesen Ansprüchen zu genügen, war es bei der Wahl der Baustelle wichtig, Vorteile, die die Landschaft gewährte, zu nutzen. Ursprünglich saßen die Adeligen in unbefestigten Höfen in der Dorfgemeinschaft. Mit dem gesellschaftlichen Aufstieg des Adels, der eine stärkere Betonung von Standesunterschieden bewirkte, bahnte sich auch die räumliche Scheidung des adeligen Herrn von den bäuerlichen Untertanen an. Die Folge war eine fortschreitende Intensivierung und Isolierung der Herrschaft. Für die Burg mußte nun im Gelände ein Platz gefunden werden, der Sicherheit bot und den Bau als Herrschaftssitz und Herrschaftssymbol nach dem Grundsatz: »sehen und gesehen werden«, sinnfällig darstellte.

Gesichtspunkte der Baumaterial- und Platzwahl

Günstige Voraussetzungen für den Burgenbau waren dort gegeben, wo sich geeignete Bauplätze anboten, wo brauchbares Baumaterial in der Nähe vorhanden war und genügend ausgebildete Bauarbeiter zur Verfügung standen. Als Baumaterial dienten Bruchsteine, die beim Aussprengen der Gräben anfielen ebenso wie zu Quadern mit und ohne Bossen (vorstehende glatte bzw. unbearbeitete Steinflächen) verarbeitete Blöcke. Ferner Findlinge, Bachkiesel und nach örtlicher Gegebenheit Ziegelsteine. Zum Ausbau wurde Holz benötigt, Hartholz – Eiche und Buche – für Tragbalken und Stützen, Weichholz für Verschalungen oder Vertäfelungen. Zur Dachdeckung nahm man Stroh, Schilf, Schindel, Ziegel oder Steinplatten.
Erwies sich eine Baustelle über weite Zeiträume günstig, so lag es nahe, den Platz wiederholt zu benutzen und die Bebauung dem jeweiligen Stand der Wehrbauentwicklung anzupassen. Bei der Platzwahl waren hingegen nicht nur strategische Gesichtspunkte maßgebend, es war ebenso die Versorgung der Burgbewohner sowohl in Friedens- als auch in Kriegszeiten sicherzustellen. So sollte beispielsweise ein landwirtschaftliches Anwesen mit einer entsprechenden Anbaufläche in erreichbarer Nähe liegen. Vor allem aber wichtig war die Wasserversorgung, die durch Quellen im Burgraum, Zuleitung aus außerhalb liegenden Quellen, Brunnenanlagen zum Grundwasser oder zu Wasseradern im Fels, Zisternen zum Auffangen und Läutern der Dachwässer und endlich Antransport von Wasser durch Träger garantiert wurde. Grundprinzip der Verteilung war von der Frühzeit bis ins Mittelalter, dem Verteidiger einen höheren Standort zu geben als ihn ein Angreifer einnehmen konnte, weil nur die Schwerkraft und die Muskelkraft als Energiequelle zum Einsatz von Waffen zu Gebote stand. Waren Beweggründe dieser Art entscheidend für Stellung und Gestaltung einer Herrenburg, so gab es daneben noch andere Motive und Gegebenheiten, die das Bauprogramm bestimmten und zu einer gewissen Typenbildung beitrugen. Gerade in der glanzvollen Periode staufischer Profankunst, die zugleich auch die Zeit der Hochblüte des Rittertums war, erreichte der Burgenbau zahlenmäßig ebenso wie praktisch und ästhetisch die höchste Stufe der Entwicklung.

Einteilung der Burgtypen nach sozialem Stand der Besitzer

Im Bestreben, die Vielzahl der Erscheinungen und Formen zu gliedern, Typen zu bezeichnen und zu benennen, um einen Gesamtüber-

Bergfriede. *Verteidigung, Bewachung und Rückzug waren ohne den hohen Burgturm unmöglich. Achteckig baute man ihn auf Steinsberg bei Sinsheim (links), rechteckig auf Burg Liebenstein (rechts).*

blick über die Baugattung zu gewinnen und dabei gegebenenfalls Kriterien zu ihrer Datierung, völkischen Gruppierung oder architektonischen Klassifizierung zu finden, bemühten sich Burgenforscher vieler Generationen um eine brauchbare Typologie. Andererseits werden derartige Resultate bestritten: die meist individuellen und unter dem Einfluß einmalig örtlicher Bedingungen gefundenen Bauformen ließen eine Typologie wenig sinnvoll scheinen. Immerhin haben sich Bezeichnungen für bestimmte typische Burgenformen eingebürgert, die hier aufgeführt und beschrieben werden sollen.
Verschiedene Möglichkeiten bieten sich grundsätzlich an. Man kann Burganlagen scheiden nach Zahl, Art und Stand der Benutzer, also Volksburgen, Herrenburgen, Klosterburgen, Ordensburgen, Dynastenburgen, Ganerbenburgen. Weiter ist eine geographische Einteilung denkbar; man unterscheidet Höhenburgen und Talburgen und gliedert Gipfelburgen, Sporn- oder Zungenburgen, Hangburgen, Felsen- oder Höhlenburgen, Stadtburgen, Wasserburgen und Inselbur-

Stauferburgen in Baden-Württemberg: *Ruine Rötteln bei Lörrach, eine Doppelburg mit mächtigem Bergfried (links), Burg Berneck mit später erneuerten Schildbauten (rechts).*

gen. Ein anderer Gesichtspunkt ist die rein architektonische Gliederung in Turmburgen, Hofburgen, Hausrandburgen, Schildmauerburgen und Abschnittsburgen oder die Bestimmung nach der jeweiligen Aufgabe als Zwingburg, Paßburg oder Klause, Straßenwarte, Zollburg, Grenzburg. Natürlich gibt es hier Überschneidungen nach allen Richtungen, die noch durch gelegentliche Umwandlungen baulicher oder organisatorischer Art verunklärt werden.

Gemeinsam ist allen Typen eine gewisse Einheitlichkeit des Bauprogramms, das jeweils dem Hauptzweck einer Burg, nämlich Ort des Schutzes und der Sicherheit zu sein, entsprach.

Die vielfältigen durch unterschiedliche Faktoren bedingten Burgentypen stellen sich im einzelnen wie folgt dar:

Volksburgen, in Deutschland zunächst ein vor- und frühgeschichtlicher Burgentyp, waren dazu bestimmt, in Notzeiten in ihren Wällen einer Dorfgemeinschaft oder gar einem Volksstamm, auf jeden Fall einer größeren Personengruppe Schutz vor unmittelbaren, feindlichen

Angriffen zu bieten. Der Plan war ringförmig oder amorph (gr.-nlat.: form- oder gestaltlos) nach Vorgabe des Geländes, selten rechteckig oder polygonal (gr.-nlat.: vieleckig). Häufig war auch die Spornlage auf einer Berg- oder Hügelzunge oder in Flußschleifen bzw. moorigem, unwegsamem Gelände. Den Schutz bildeten Gräben und die aus dem Aushub aufgeworfenen Wälle in Ringform, welche die ganze Burg umschlossen oder vor der einzigen, vom Angriff bedrohten Seite aufgeworfen waren.

Die eigentliche Form der Volksburg im Mittelalter war hingegen der befestigte, von einer starken, hohen Mauer umzogene Dorffriedhof. In Anbetracht dessen, daß hier alle Elemente eines Wehrbaus wie Tor- und Ecktürme, Wehrgänge, Gußerker, Graben, Zwinger und Zugbrücke verwendet wurden, kann tatsächlich von Burgen gesprochen werden.

Herrenburgen: Diese Burgen der Ritter und Lehnsleute dienten dagegen grundsätzlich einem einzelnen Herrn mit Familie, seinem Gesinde und je nach Bedeutung und Stellung einer größeren oder kleineren Mannschaft als sichere Wohnung, als Zentralort der Verwaltung, Sammelpunkt und Verwahrort für Abgaben der Holden oder Hintersassen und als Stützpunkt einer größeren Territorialmacht.

Im einfachsten Falle bestand die Herrenburg nur aus einem Turm in einer Ringmauer, als Gegenpol kann die Burg eines Landesherrn, eines Dynasten, gelten, deren Bauprogramm eine Vielzahl verschiedenen Zwecken dienender Gebäude in mehreren getrennten Bereichen umfaßte.

Klosterburgen: Bei der im Mittelalter vorherrschenden Unsicherheit auf dem Lande bedurften auch die Klöster, die zunächst als Niederlassungen des Benediktinerordens und der Augustiner grundsätzlich außerhalb von Siedlungen in der offenen Landschaft lagen, eines wirksamen Schutzes durch Wehrbauten. Eine gewisse Geschlossenheit der Klosteranlage war an sich durch das Bauschema gegeben, hinzu kam noch der Wirtschaftshof, der die absolute Autarkie gewährleistete. Gräben und feste Zäune, auch Mauern mit Türmen, bildeten eine Abgrenzung, die zwar wehrtechnisch von geringem Wert, immerhin als ein gewisser Schutz wirksam war. Wesentlich sicherer konnte sich der Konvent im Schutz von Wehranlagen fühlen, die als solche geschaffen, nach Aufgabe durch ihre weltlichen Erbauer, eine Klostergründung aufnahmen, wie das im 12./13. Jahrhundert mehrfach der Fall war. So waren die Klosterburgen seltener Originalanlagen, dafür häufiger eine Ausnutzung von Adelsburgen in zweiter Verwendung, wobei es im wesentlichen auf den Bering aus Graben, Ringmauer mit Wehrgang, Mauertürmen und Toranlagen ankam.

Wuchtiger Zweckbau. *Aus Bruchsteinen wurde der viergeschossige Wohnturm der Schauenburg bei Oberkirch errichtet, dessen frühgotische Fensteröffnungen aus Sicherheitsgründen schmal gehalten wurden.*

Ordensburgen: Nachdem der Deutsche Ritterorden (siehe Band 4) nach Beendigung der Kreuzzüge im Auftrag des Ungarnkönigs Andreas II. zur Sicherung der Landesgrenze auf dem Kamm der Karpaten fünf Burgen gebaut, diese jedoch nach Zerwürfnis mit dem König wieder verlassen hatte, folgte er dem Ruf des Herzogs von Masowien, ihm im Kampfe gegen die heidnischen Preußen beizustehen. Von Anbeginn der Niederwerfung und Eroberung sicherte der Orden besetzte Gebiete durch Burgen, die, nach der Konsolidierung der Herrschaft, gemäß einem gewissen Schema ausgestaltet wurden, das mehr und mehr perfektioniert wurde. Das Bauprogramm ergab sich aus der Bestimmung für eine nach mönchischen und ritterlichen Lebensformen ausgerichtete Gemeinschaft. Die Elemente, die es sinnvoll anzuordnen und zu kombinieren galt, waren eine Kirche oder Kapelle, ein Remter oder Kapitelsaal entsprechend dem Refektorium (Speisesaal) der Mönche für Versammlungen und gemeinsame Mahlzeiten, das Dormitorium (Schlafhaus) und die Firmarie (Krankenstube). Als zweckmäßige Lösung, die gleichzeitig auch wehrtechnischen Erfordernissen entsprach, ergab sich die geschlossene Vierflügelanlage.
Neben den großen kastellartigen Hauptburgen bauten die Ordensritter vorwiegend zum Schutze der Grenzen für zahlenmäßig geringere Kontingente bescheidenere Burgen. Die geschlossene Form wurde auch hier beibehalten, der Unterschied bestand lediglich darin, daß nur ein Hauptgebäude, das alle notwendigen Räume enthielt, an einem Hof stand, dessen übrige drei Seiten von hohen Mauern umschlossen waren. Ein breiter Graben, über den die Zugbrücke zum Tor führte, vervollständigte den Schutz.
Dynastenburgen: Dynasten, Herrscher und Fürsten, bildeten im Deutschen Reich den Stand der mächtigen Landesherren. Seit der Entstehung der Landesfürstentümer an Stelle der Stammesherzogtümer im 12. und 13. Jahrhundert hatten die Könige große Mühe, sich gegen diese Territorialherren durchzusetzen. Ihre Dynasten- oder Fürstenburgen waren Zentralpunkte der reichsunmittelbaren Territorien, der geistlichen und weltlichen Reichsfürstentümer. Es handelte sich dabei also im Prinzip um Herrenburgen, die allerdings ihrer besonderen Aufgabe entsprechend von bedeutenderen Dimensionen waren als die der Vasallen. Die Weiträumigkeit hatte wohl auch darin ihre Ursache, daß sich in oder bei Dynastenburgen bei bevorstehenden kriegerischen Unternehmungen der Heerbann zu sammeln hatte oder zu friedlichen Versammlungen eine größere Anzahl von Rittern zusammenkam.
Ganerbenburgen: Dies waren Burgen in *gemeinsamem* Besitz *mehrerer* Erben, die bei Anfall einer Erbschaft nicht mit eigenen Sitzen abgefunden werden konnten. Jedoch nicht nur in einem derartigen Fall, son-

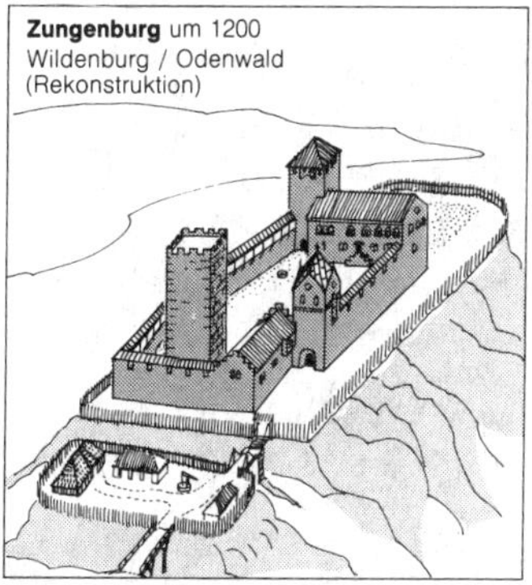

Mittelalterliche Burgtypen

Mit freundlicher Genehmigung des Autors; nach Werner Meyer: »Deutsche Burgen«, Weidlich

dern auch beim Zusammenschluß nicht verwandter Adeliger zum Ankauf einer Burg, die dann durch einen Vogt als Vertreter der Interessengemeinschaft verwaltet wurde, galt für die Besitzer die gleiche Bezeichnung. Bei gleichzeitiger Benutzung eines Burgbereichs durch mehrere Besitzer ergab sich die Notwendigkeit der Abgrenzungen, so daß jeder Ganerbe eine Burg *in* der Burg mit Ringmauer, Bergfried und Wohnbau besaß.

Patriziertürme: Die wachsende Bedeutung, die im Mittelalter dem Handel im Gegensatz zur Landwirtschaft zukam, veranlaßte auch viele Adelige, dem Landleben zu entsagen, um sich an dem gewinnbringenden Gütertausch der sonst so verhaßten »Pfeffersäcke« in den Städten zu beteiligen. Teils wohl ihrer vom Burgenbau gewohnten Gepflogenheit folgend, teils der Sicherheit, auch der Repräsentation wegen, entwickelten sie eine Form des städtischen Adelssitzes, der gern

***Eisenbewehrte Spitzen** schützten das hölzerne Fallgitter beim schnellen Aufprall und konnten dem anstürmenden Feind lebensgefährlich werden. Fallgatter am inneren Tor der Harburg/Ries.*

Höhenburgen. *Beide entstanden wohl im 12. Jahrhundert und wurden im 17. bzw. 19. Jahrhundert zerstört: Rudelsburg/Saale (oben) und Hohenrechberg/Ostalbkreis (unten).*

als »Patrizierturm« bezeichnet wird und als Turmbau in Verbindung mit einem Wohn- und Speicherbau verwirklicht wurde, der jedoch als Wehrbau nur untergeordnete Bedeutung hatte.

Die geographische Lage als Namensgeber der Burgtypen

Bezeichnungen von Burgentypen nach ihrer geographischen Lage bedürfen kaum einer Erläuterung, ihre Namen geben über ihren Charakter hinreichend Aufschluß. So steht die *Gipfelburg* auf dem Gipfel eines Berges oder Felsens und genießt damit von allen Seiten den gleichen natürlichen Schutz. Ein erschwerter Zugang über Fußpfade oder Leitern ist hier der Preis der Sicherheit. Die *Sporn-* oder *Zungenburg* auf einer Berg- oder Geländezunge ist auf drei Seiten von der Natur geschützt, die vierte Seite, zu der ein ebener Zugang möglich ist, deckt der den Bergrücken durchschneidende »Halsgraben« hinter einem Wall, gegebenenfalls eine Vorburg als vermehrtes Hindernis. Die *Hangburg* genießt ähnliche Vorteile wie die Zungenburg, sie wurde vielfach an Talrändern zur Überwachung von Flußläufen oder Straßen angelegt. Dem Nachteil der Überhöhung durch das Hintergelände konnte durch Außenwerke und Warten begegnet werden.
Gelegentlich boten sich natürliche Fels- und Höhlenbildungen zur Anlage einer *Höhlenburg* an, in dieser wohl ältesten Form menschlicher Zuflucht war der Schutz der Bewohner fast vollkommen. Allerdings mußten diese die Unwirtlichkeit des Ortes dafür in Kauf nehmen. Durch Erweiterungen der Höhlen und Verbindung über Gänge konnte der benötigte Raum vermehrt werden, ein Torbau sicherte den Zugang.
Einen sicheren natürlichen Schutz konnte auch das Wasser gewähren, wie es bei der *Wasser-* oder *Inselburg* ausgenutzt wurde. Auch eine Trockenstelle im Moor oder eine künstliche Pfahlinsel in Seen oder Flüssen konnte einen geeigneten Burgplatz abgeben. In der Ebene konnten mehrere Ringe von Wassergräben, über die versetzt Brücken zum Burgtor führten, an strategisch wichtiger Stelle eine Burg schützen.

Unterschiedliche Grundrisse, verschiedene Wehrkonzeptionen

Eine weitere Typengruppe bilden Burgen, die nach ihrer bautechnischen Planung zu unterscheiden sind. Grundsätzlich kann man hier zwei Arten trennen, solche, die als befestigtes Haus anzusprechen

sind, also Burgen, bei denen das bewohnte Bauwerk an sich ein Wehrbau ist, und Burgen, deren Wehrhaftigkeit auf dem entsprechenden Ausbau des umschließenden Beringes beruht. Als Entwicklungsstufe der frühmittelalterlichen Motte (siehe Band 1), eines meist hölzernen Turmhauses auf einem künstlich aufgeworfenen Hügel, ist die im Hochmittelalter vielfach gebaute *Turmburg,* der *Wohnturm* oder *Donjon* anzusprechen, ein Typ, bei dem, wie der Name sagt, ein wehrhaftes, turmförmiges Bauwerk sämtliche Funktionen des Wohnens und der Abwehr in sich vereinigt.
Den Gegenpol zur Turmburg findet man in der *Hofburg,* einem Burgentyp für den der mauerumschlossene Hof als hervorragendstes Charakteristikum erscheint.
Durchaus verständlich ist der Name *Hausrandburg* als Bezeichnung für eine Burg, deren Wohn- und Wehrzwecken dienende Bauten den Bering bilden und einen Hof einschließen. Dieser Burgentyp war meist das Ergebnis einer längeren Bauentwicklung an einem Platz.
Durch einen besonderen Schutzbau ist die *Schildmauerburg* charakterisiert. Bei Burgen in Spornlage schützte hier ein ebenso massiver wie hoher Mauerbau, quer vor die Burg gelegt, gelegentlich zwischen Türme eingespannt, den dahinter liegenden Burgraum. Außer dem Schutz gegen feindliche Beschießung bot dieser Mauerbau auch der Burgbesatzung den Vorteil einer zur Abwehr nützlichen, breiten Plattform.
Während der Kämpfe im Heiligen Land hatten die Kreuzritter die Vorteile einer stärkeren Gliederung der Burgen in mehrere Verteidigungsabschnitte kennen und schätzen gelernt. Eine *Abschnittsburg* konnte nun je nach Beschaffenheit des Geländes durch Staffelung der Verteidigungsabschnitte reihenweise hintereinander oder stufenweise übereinander angelegt werden. Jeder Abschnitt, erneut durch Graben, Zwinger (Raum zwischen den Mauern oder Toren) und Ringmauer begrenzt, bot dem Angreifer ein erneutes Hindernis und verschaffte den Verteidigern Atempausen, um die Abwehr erneut zu organisieren.
Der marschierenden Truppe oder einem Belagerungsheer diente die *Wagenburg* oder das *Feldlager* als Ausgangs- und Versorgungsbasis.

Neben Schutz und Zuflucht: Überwachungs- und Kontrollaufgaben

Als weitere Typengruppe kann man Burgen nach den ihnen zugedachten besonderen Aufgaben zusammenfassen, nach solchen, die nicht nur dem unmittelbaren Schutz eines Herrschaftsbereiches dienten,

***Mittelalterliche Wehrhaftigkeit** strahlt die Burg Nassenfels bei Eichstädt trotz erheblicher Beschädigungen des 19. Jahrhunderts noch heute aus. Sie wurde im späten 13. Jahrhundert erbaut; zuerst entstand der Bergfried,*

bald darauf die drei Türme und der Zwinger. Die Wasserburg wurde auf regelmäßigem Grundriß aus Kalksteinquadern erbaut. 1245 gehörte sie dem Bischof von Eichstädt.

Verteidigung mit allen Mitteln.
Der Erker an der Buckelquadermauer der Burg Wimpfen am Berg diente als Toilette und »Ausgußerker« zugleich.

sondern auch zur Aufsicht und Kontrolle im eroberten Gebiet oder an Verkehrswegen standen.
Der als *Fronfeste* oder volkstümlich als *Zwingburg* bezeichnete Wehrbau beherbergte eine Truppe, die eine Fremdherrschaft zu stützen und zu behaupten hatte.
Wege, die in friedlichen Zeiten dem Handel und Verkehr dienten, konnten rasch und unvermittelt zu Heerstraßen werden. Im Interesse jeder Herrschaft lag es daher, diese Verkehrsadern in ihrem Gebiet unter Kontrolle zu haben, und das konnte am besten durch Burgen geschehen. Führte die Straße durchs Hochgebirge, so war eine »Warte« am Paß wohl besonders geeignet, zumal hier auch häufig die Gebiets- oder Herrschaftsgrenze lag. Ebenso waren es Burgen an Talstrecken, bei denen steile Felswände ein seitliches Ausweichen unmöglich machten. Solche *Sperr-* und *Grenzburgen* heißen »Klausen« oder »Schanzen«.
Kleine *Turmburgen* im Alpenvorland, die meist am Rande breiter Flußtäler als Warten und Vorposten größerer Burgen standen, bestanden oft nur aus einem quadratischen, von einer Mauer oder Palisade umschlossenen Turm auf einer Übersicht gewährenden Bergzunge, zu dem ein Bauernhof zur Versorgung gehörte.
Diesen Landwarten entsprachen Burgen und Türme zur Kontrolle des Schiffsverkehrs auf Flüssen und Seen. Sie dienten wie ihre Entsprechungen im und am Gebirge vorwiegend als *Zollburgen,* um eine der wesentlichsten Einnahmen der Herrschaft einzutreiben.
Burgen an wichtigen Verkehrsknotenpunkten konnten die Gründung einer Bürgersiedlung in ihrem Schutze begünstigen. Andererseits bedingten Spannungen zwischen Bürgern und Landesherren auch den Bau einer *Stadtburg* oder *Zitadelle* vor den Mauern einer Stadt, die einerseits dem Fürsten größere Sicherheit bot und ihn andererseits in den Stand setzte, die Stadt zu überwachen und zu beherrschen.

Spaziergang durch eine wehrhafte Burg

Bei aller Unterschiedlichkeit der Typen waren es doch grundsätzlich die einzelnen Wehrbauelemente, die, verschieden kombiniert, dem Zweck der passiven und aktiven Verteidigung dienten. Die Terminologie des Wehrbaus kann am besten auf einem erdachten Gang zur Burg und durch die Burg erläutert werden:
Am Wege zur Burg standen zuweilen Türme und Höfe der Burgmannen, die in der Burg Dienst taten. Der Burgweg war vielfach so – links um die Burg herum – angelegt, daß sich der feindlich gesinnte An-

kömmling der Burg mit der schildentblößten Rechten näherte. Gegen feindliche Angriffe war die Burg bereits im Vorgelände, wo der Feind keine Deckung fand, durch Gebück-Hecken, Erdwälle und den Graben gesichert. Der *Graben,* der wohl in den meisten Fällen aus dem Fels ausgesprengt wurde, konnte als Sohlgraben oder Spitzgraben gebildet sein, die Grabenwände nennt man »Skarpen«. Trennt der Graben die Burganlage auf einer Bergzunge vom Plateau oder Bergkamm, so spricht man von einem »Halsgraben«, umzieht er die ganze Burg, so ist es ein »Ringgraben«. Gräben, die die Burg in mehrere Verteidigungsabschnitte teilen, heißen »Abschnittsgräben«.

Der Überwindung der Gräben diente im normalen Verkehr die *Brücke,* die jeweils zu Toren und Torhäusern führte. Man legte sie als feste Konstruktion oder mit teilweise beweglichen Teilen an, so daß der Zugang bei Gefahr unterbrochen wurde. Zu diesem Zwecke bediente man sich der Zugbrücke, die um eine Achse durch verschiedene Mechanismen aufgezogen werden konnte. Die aufgezogene Brückenplatte diente dann auch als zusätzlicher Torverschluß vor den eigentlichen Torflügeln. Aufgezogen wurde die Zugbrücke mittels Stricken oder Ketten, die über Rollen in Mauerschlitzen liefen. Entweder war man dabei auf reine Muskelkraft angewiesen oder Gegengewichte erleichterten die schwere Arbeit. Eine andere Hebevorrichtung waren »Schwungruten«, in Mauerschlitzen über dem Tor schwenkbare Balken oder Ruten mit Gegengewichten am inneren Teil, an deren äußerem Ende mit Ketten die vordere Kante der Brückenplatte befestigt war. Endlich konnte die Brückenplatte auch in Form einer Balkenwaage so angebracht sein, daß diese, sich um eine Achse am Fuß drehend, mit dem äußeren hochklappenden Teil das Tor verschloß, während der innere Teil, den möglicherweise bereits ein Angreifer erreicht hatte, innen in eine Grube, die Wolfsgrube, schlug, die dieser Brückenteil in Normalstellung bedeckte. Diese Zugbrücke heißt man »Kipp-« oder »Wippbrücke«.

Den Innenraum der Burg erreichten Reiter und Wagen meist durch das Haupttor des *Torbaus,* das zu einer Torhalle führte. Eine seitliche kleine Pforte diente den Fußgängern. Fehlte eine solche Pforte, mußte sich der einzelne Fußgänger einer kleinen Öffnung in einem Torflügel des Haupttores bedienen, des sogenannten »Mannlochs«. Die Torflügel, aus festen Bohlen gezimmert, waren durch Vernagelung, Eisenbänder und Beschläge oder gar durch eine Auflage von Eisenblech gegen Stoß und Brand gesichert. An der Innenseite verriegelten Torbalken, in hakenförmige Schlitze eingelassen, in Nuten eingeschoben oder aus einem Mauerloch gezogen, die Torflügel. Zur weiteren Sicherung der Torhalle diente das Fallgatter, das entweder als Balkenrost

mit spitzen Eisenschuhen an den unteren Enden oder als Eisenrost aus Vierkanteisen gebildet war. Das Gatter, in Wandnuten laufend, konnte man, wie der Name sagt, bei Gefahr herabfallen lassen.
Vom äußeren Tor gelangte der Eintretende in die *Vorburg,* ein meist auf niedrigerem Plateau als die Kernburg liegendes Areal, das als weiteres Hindernis und als Standort von Wirtschaftsgebäuden diente. Eine Ringmauer bildete den äußeren Abschluß. In den Kreuzzügen hatten die deutschen Ritter an den Wehrbauten des Orients den Wert eines doppelten Mauerringes schätzen gelernt: Man umschloß einen Geländestreifen vor der Ringmauer, den Zwinger, mit einer zweiten, niedrigeren Mauer, in die häufig auch noch in den Graben vortretende Türme eingefügt waren.
Wesentlichster Schutz der Burg, das Grundelement aller Typen, war die *Ringmauer,* die zugleich der aktiven Verteidigung diente. Dies war eine hohe breite Mauer, zuweilen auf geböschtem (dossiertem) Sockel stehend, in der ortsüblichen Mauertechnik erstellt. Die Stärke der Mauer sollte dem Stoß oder Steinwurf der Kriegsmaschinen widerstehen, die Höhe das Ersteigen verhindern und die tiefen Fundamente, sofern die Mauer nicht auf dem Felsen stand, gegen unterirdische Minen absichern. Der aktiven Verteidigung diente der Wehrgang auf der Mauer, den eine Brüstung mit Zinnen deckte. Hier konnten die Verteidiger aus den Zinnenlücken oder aus Schießscharten in den Zinnen und am Brüstungsmauerfuß mit Bogen oder Armbrust schießen oder den Feind am Fuß der Mauer mit Steinen bewerfen bzw. mit siedenden Flüssigkeiten, Wasser, Öl oder Pech begießen.
Zur Verstärkung der Ringmauer und zum Flankenschutz wurde es in der Stauferzeit üblich, *Türme* einzufügen, die aus der Mauerflucht außen in den Zwinger vortraten. Oft waren solche Türme an der Innenseite offen, um einem eingedrungenen Feind nicht als Schutz dienen zu können. Von allen Türmen auf der Burg war jedoch der meist frei im Burghof stehende »Bergfried« (Berchfrit, Belfried) der wichtigste, ein Bauwerk, das hierzulande als letzte Zuflucht diente. Dieser Aufgabe entsprechend lag der Zugang, vom Boden nur über eine Treppe oder Leiter erreichbar, in beträchtlicher Höhe. Um einen derart sicheren, hohen Standort zu schaffen, entstand im Inneren notwendigerweise ein tiefer Schacht, der als Speicher oder Verließ genutzt wurde.
Der *Wohnbau* der Burg, der »Palas« oder Saalbau, war ein Gebäude, das zumindest einen großen Raum im Obergeschoß enthielt, dem im allgemeinen Erdgeschoß ein gleichgroßer, die »Dürnitz«, entsprach. Aus der Stauferzeit sind solche Palastbauten restauriert oder in Ruinen überkommen, die als Spitzenleistungen profaner Baukunst der Romanik gelten können und erkennen lassen, daß die Bewohner hier

Sinn für Schmuck und Zierde und einen kultivierten Lebensstil hatten. Dem Gottesdienst diente auf jeder Burg ein besonderer Raum oder Bau. Im bescheidensten Fall bestand die *Burgkapelle* wenigstens in einer Wandnische, die nicht selten als Erker am Torbau angebracht war. Weitere Gebäude am oder im Burghof waren ein *Brunnenhaus*, ein *Backhaus*, ein *Speicherbau*, eine *Zisterne* (Regenwasserbrunnen) und ein *Gefängnis*. Einziger heizbarer Bau oder Raum war die *Kemenate*.
Die Burgen der Stauferzeit waren fortifikatorisch, also besonders im Hinblick auf den Aspekt der Verteidigung und Sicherung, vollkommener als die frühen Burgen und zeichneten sich vor allem auch durch einen entwickelten Baustil und die Verwendung von Schmuckformen der Architektur aus. Die Rechtsverhältnisse einer Burg umfaßten zu dieser Zeit juristische Vorgänge und Verträge in den Bereichen des Befestigungsrechts, des Burgfriedens, der Burgfronen bzw. Dienstbarkeiten, des Öffnungsrechts und des Burglehnsrechts. Als Urkunds- und Gerichtsort hatte die Burg eine wichtige Funktion im mittelalterlichen Gesellschaftsleben, *Kanzlei* und *Archiv* gehörten demnach gleichfalls zum Raumprogramm. Nach den Rechtsspiegeln stand dem Burgraum zunächst ein Friede im Sinne eines besonderen Rechtsschutzes nicht zu, erst im 13. Jahrhundert nahm der Burgfrieden den Charakter einer partnerschaftlichen Friedensregelung mehrerer Teilhaber an.
Burgen als Mittel der Territorialpolitik waren in der Stauferzeit eine von allen Machtträgern geübte Form der Konsolidierung ihrer Macht (siehe Band 5: Die deutschen Territorien im späten Mittelalter). Beispielgebend war hier der Schwabenherzog Friedrich II., Vater Friedrich I. Barbarossa, von dem der Chronist sagte, er habe stets am Schwanz seines Rosses eine Burg nach sich gezogen und damit die Macht der Staufer begründet.

Literatur

Ebner, Herwig: Die Burg als Forschungsproblem. In: Vorträge und Forschungen Bd. XIX, I. Die Burg im deutschen Sprachraum, hrsg. v. Hans Patze, Sigmaringen 1976

Maurer, Hans-Martin: Burgen. In: Die Zeit der Staufer. Katalog der Ausstellung, Bd. III, Stuttgart 1977

Meyer, Werner: Deutsche Burgen, Frankfurt 1969

Meyer, Werner/Lessing, Erich: Deutsche Ritter – Deutsche Burgen, München 1976

GÜNTER MERWALD

Die Dichtung der Stauferzeit

Walther von der Vogelweide als Minnesänger und Spruchdichter – Neidhart von Reuenthal – Das frühhöfische Epos – »Erec« und »Iwein« – Der »Arme Heinrich«: Weltabkehr und Rückgriff auf die Legende – Das Nibelungenlied – Wolframs neuer Versuch, im »Parzival« ritterliches und christliches Leben zu vereinbaren – Gottfrieds »Tristan«: die Minne wird zur absoluten Größe; Verzicht auf Ausgleich der Gegensätze – Die ›klassische‹ Höhe ist überschritten.

Wie selbstverständlich fügt sich die Stauferzeit auch literarisch zu einer Einheit zusammen. Die Dichtung, die diesen achtzig Jahren, der Blütezeit der *mittelhochdeutschen (K, Seite 116)* Literatur, das Gepräge gibt, ist ritterliche Standesdichtung; aus dem Rittertum, der neuen kulturtragenden Laienschicht, kommen fast sämtliche Autoren unserer Texte, das Rittertum bildet auch das Publikum dieser Literatur. Das Bewußtsein der sozialen Zusammengehörigkeit gab den Dichtern dabei neues Selbstvertrauen und ihrem Wort größeres Gewicht. Der neuen Sicht entsprach eine Verlagerung des Interesses auf weltliche Themen; dabei rückte die Beziehung zwischen Mann und Frau in den Mittelpunkt und verdrängte die bisher herrschende religiöse Thematik (siehe Band 2). Die dabei immer wieder aufbrechende Frage war, wie diese Diesseitsbezogenheit mit der grundsätzlichen Orientierung des Christen auf Gott und Jenseits hin zu vereinbaren sei.
Die staufische »Gesellschaftsdichtung« konzentrierte sich vor allem auf die führende Gruppe innerhalb des Rittertums, die höfische Gesellschaft; »hövesch« wird jetzt zu einem ›Gütezeichen‹: wer zu diesem kleinen Kreis gehört und durch ›Tugenden‹ wie Bildung, feine Erziehung und innere Gesittung seinen Wert unter Beweis stellt, der hat gesellschaftliches Ansehen (mhd.: êre).
Dieses neue Selbstbewußtsein des Ritterstands artikuliert sich literarisch hauptsächlich im sogenannten »höfischen Epos«, dem meist zum Vorlesen gedachten Versroman, und in der nach bestimmten Melodien gesungenen Minnelyrik. Literatur der Stauferzeit wurde im Unterschied zu heute nicht im stillen Kämmerlein gelesen, sondern in Gesellschaft, bei Festen und festlichen Anlässen zur allgemeinen Unterhaltung vorgetragen. Sowohl der »Minnesang« als auch der Versroman haben ihre Vorbilder im westeuropäischen Raum.

Mittelhochdeutsch

Aus dem althochdeutschen Sprachzustand mit seinen verschiedenen Dialekten (siehe Band 1) ohne gemeinsame Verkehrssprache entwickelt sich das Mittelhochdeutsch. Beginnend mit dem Frühmittelhochdeutschen etwa ab 1050, umfaßt es die Zeit des Hoch- und Spätmittelalters bis etwa 1350. Es unterscheidet sich vom vorhergehenden Althochdeutschen hauptsächlich durch die Abschwächung der Nebensilbenvokale zu farblosem ›e‹ (wie im heutigen Deutsch):
ahd. minna > mhd. minne
ahd. situ > mhd. site > nhd. Sitte;
daneben durch das weitere Vordringen des Umlauts:
ahd. hûsir > mhd. hiuser > nhd. Häuser
ahd. beck(j)o > mhd. becke > nhd. Bäcker
ahd. hôhir, hôhist > mhd. hœher, hœhest > nhd. höher, am höchsten.
Beide Entwicklungen betreffen mehr oder weniger alle Dialekte und haben in einem ausgeprägten Bewußtsein der Zusammengehörigkeit wenigstens bei den Schriftkundigen ihre Entsprechung. Verstand sich der althochdeutsche Autor noch als Franke, Alemanne usf., so stellt Gottfried von Straßburg jetzt über Heinrich von Veldeke fest: »er impfete daz erst rîs in tiuscher zungen«. Auch die anderen Autoren der ›klassischen‹ mittelhochdeutschen Periode nennen ihre Sprache jetzt »deutsch«.
Dies »Deutsch« stellte sich als eine neben den Dialekten existierende, allen Gebildeten verständliche, von mundartlichen Einflüssen weitgehend gereinigte einheitliche Literatur*sprache dar, die jedoch nicht mit unserem heutigen Neuhochdeutsch verglichen werden darf und neben der eine reiche Palette regionalsprachlicher Differenzen in der* gesprochenen *und* geschriebenen *Sprache bestehen bleibt.*

Minnelyrik – Eine Gesellschaftsdichtung: Loblieder auf die Burgherrin, verfaßt von den »Aufsteigern« der Zeit

Gewiß gab es in Deutschland lyrische Dichtung schon vor dem *Minnesang (K, rechts).* Um 1160 entstandene Gedichte eines österreichischen Ritters, des Kürnbergers, sprechen Gefühle des liebenden Menschen knapp, aber in anschaulichen Bildern aus. Etwa gleichzeitig dichtete Dietmar von Aist, ebenfalls ein Österreicher, sein »Slâfest du, friedel ziere?« (schöner Geliebter). In den Gedichten dieser donauländischen Liebeslyrik steht ein rein weltliches Thema, die Liebe zwischen Mann und Frau, im Mittelpunkt; der bisher so wichtige erbaulich-lehrhafte Charakter verschwindet dagegen fast ganz. Liegen auch die Quellen des unmittelbar folgenden Minnesangs nicht hier, so bezeugen diese Lieder doch einen Umschwung im Denken und Fühlen der Menschen. Auf den Minnesang mögen die blühende lateinische Liebesdichtung der Zeit, die sogenannte »Vagantenlyrik« aus Südfrankreich, und der andauernde Einfluß Ovids durchaus eingewirkt haben; er ist aber vor allem ein Produkt der ritterlichen Gesellschaft; Minnesang ist ja eine Huldigung der vornehmen verheirateten Burgherrin (mhd. frouwe). Diese Huldigung wurde nicht heimlich, sondern vor der gesamten anwesenden ritterlichen Gesellschaft und in deren Denkweisen ausgedrückt: der Ritter verstand Minne als »dienest« (mhd.: allgemein Dienst, besonders im Zusammenhang mit Lehnspflicht), er erhoffte für seine »arebeit« (mhd., Mühe, Pein) von der Herrin seinen »lôn« (mhd., Gegenleistung). Minnesang war also weniger unmittelbarer Gefühlsausdruck, sondern hob die angebetete Herrin aus dem Bereich sinnlicher Nähe in ideelle Höhen. Vor der reinen, vorbildlichen Dame schlechthin verneigte sich der ritterliche Sänger und mit ihm die während des Vortrags anwesende ritterliche Gesellschaft.

Sieht man von diesen Einschränkungen ab, kann man den Minnesang dennoch als eine Liebesdichtung auch in modernerem Sinne verstehen. Er ist durchaus Dichtung der Sehnsucht und der Hoffnung auf Erhörung; häufiger noch ist er aber Klage darüber, daß die Dame sich dem Minnenden versagt. Beides gehört allerdings zusammen; denn erhörte die »frouwe« das Werben des Ritters, wäre sie in seinen und der Gesellschaft Augen nicht mehr das erhabene Wesen, als das sie im Minnelied gefeiert wird. So aber kann sie den Liebenden erziehen, Veredlung (mhd. zuht) des Ritters, d. h. seine Eingliederung in das standesabgrenzende mittelalterliche Gesellschaftssystem und Erhöhung seines Daseinsgefühls (mhd. froide) ist ihre Leistung. Dafür dient er ihr zeitlebens, ohne Hoffnung auf reale ›Erhörung‹!

»Minne«

Grundbedeutung: das Denken an etwas, Gedenken

Mhd.: abstrakt: Gedenken, Erinnerung
konkret: Gedächtnistrunk, Andenken
liebendes Gedenken, Liebe
Freundschaft, Zuneigung; verehrende, dienende und sinnliche Liebe des Minnesängers/Ritters zur Herrin. Erst im 15. Jahrhundert Liebe, *da das Wort »minne« unanständig geworden war.*

Minnedienst
Ein Strukturschema

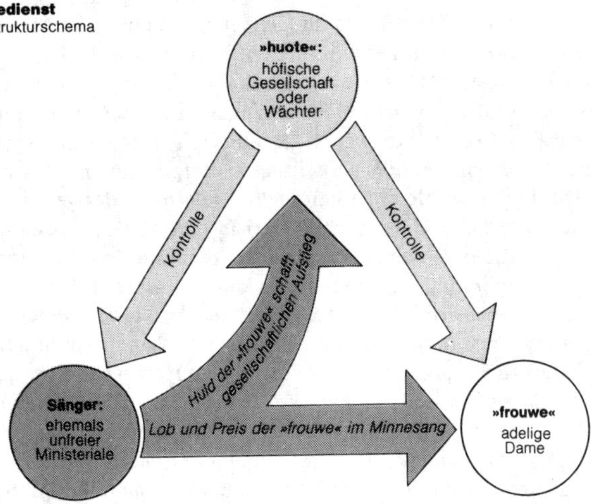

Damit erweist sich die Minnelyrik gleichermaßen als Ausdruck verfeinerter seelischer *und* gesellschaftlicher Kultur. Der Doppelcharakter von Minnesang als Gesellschaftsspiel und Gesellschaftsspiegel umreißt die innere Problematik dieser Literaturgattung, deren Größe an ganz bestimmte historische Gegebenheiten geknüpft ist.

Der frühe Minnesang
Von Friedrich von Hausen zu Hartmann von Aue

An der Übernahme des provençalischen Minnesangs und seiner Ausbreitung in der Rheingegend etwa ab 1170 sind die Staufer selbst maßgeblich beteiligt: unmittelbar durch Kaiser Heinrich VI., einen Sohn Friedrichs I., der selbst im neuen Geist dichtete, zum anderen mittelbar, weil einige fränkische Dichter der Zeit in staufischen Diensten standen und ihre Lieder bei Hof vortrugen. Zu ihnen zählt Friedrich von Hausen; bei ihm und seinem bis etwa 1190 tonangebenden Kreis finden sich zum ersten Mal die Wesensmerkmale des Minnesangs, Lobpreis der adeligen Dame, Bitte um Erhöhung und Erhörung des Sängers. Hausen erlebte aber auch schon den grundsätzlichen Konflikt seines Zeitalters: Vor die Entscheidung gestellt, seiner Herrin zu

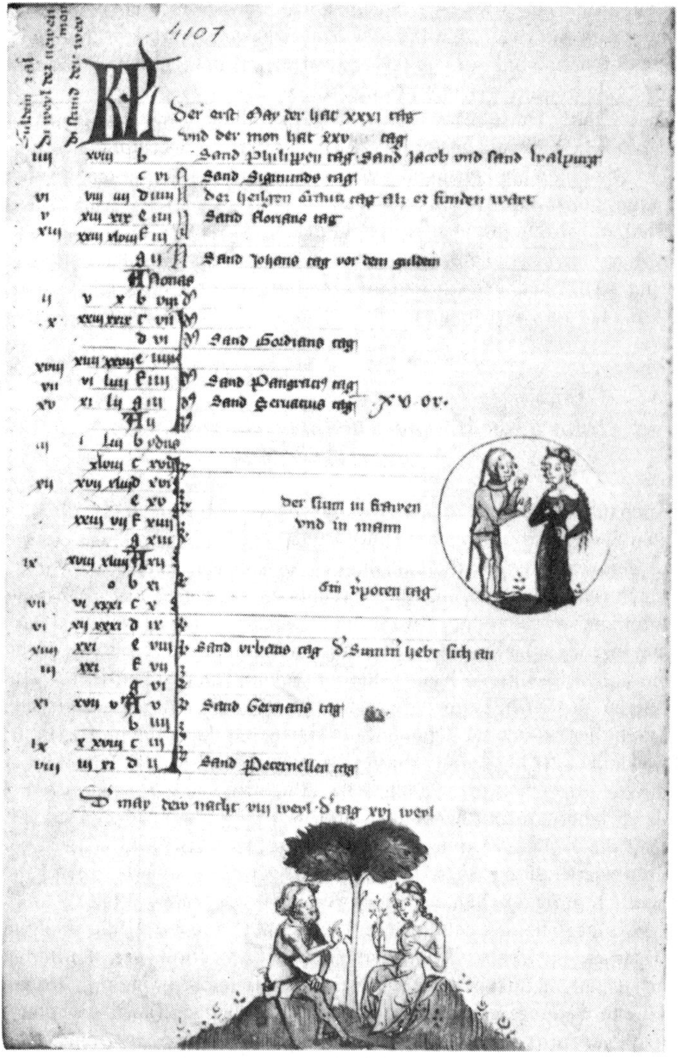

Zwei Liebende unter der Linde. *Ein Kalenderblatt für den Monat Mai zeigt das Zeichen der Zwillinge und ein Liebespaar im Sinn der »Niederen Minne« (siehe Seite 149).*

dienen oder am Kreuzzug teilzunehmen, vermag er nicht, die Spannung zum Ausgleich zu bringen; er ringt sich zur Teilnahme am Kreuzzug durch, obwohl ihn sein Herz zur »Herrin« zieht, und ordnet damit die Frauenminne der Gottesminne unter.
Die ›Schule‹ Hausens wird etwa ab 1190 von den großen Sängern der ›Hohen‹ Minne abgelöst, die weitgehend der Ministerialität zugehörten. Die Gedichte Hartmanns von Aue, des ersten von ihnen, kreisen vielgestalt um die Herrin, die sich ihm zwar unnahbar versagt, deren erhabene Größe ihn aber sittlich bildet. Nur gelegentlich durchbricht er den engen sozialen Rahmen dieses Frauenkults. Auf die Aufforderung: »Hartman, gên wir schouwen/ritterlîche frouwen« entgegnet er: »ich mac baz vertrîben/die zît mit armen wîben« (»mit einfachen Frauen«).

Heinrich von Morungen und Wolfram von Eschenbach
Das »Tagelied«

Auch der Thüringer Ministeriale Heinrich von Morungen, der die Formen des Minnesangs sicher handhabt, sprengt in nicht wenigen seiner Lieder dessen enge Möglichkeiten. So erscheint in einer dem Minnesang verwandten Gattung, dem »Tagelied«, die Dame als Gegenstand sinnlicher Anschauung, etwa wenn er wünscht, ihm möchte noch einmal ihre »wohlgeformte Gestalt, die noch weißer ist als Schnee, durch die Nacht leuchten«. Neben diesem ›Schuß‹ Sinnlichkeit ist für Morungen die Auffassung von der verzaubernden, ja zerstörerischen Macht der Minne bezeichnend; die Herrin hat ihn völlig in der Hand; sie kann sein Glück und sein Verhängnis werden. Eindringlich hält er ihr vor Augen: »Sprichest iemer neinâ nein,/neinâ neinâ neinâ nein,/ daz brichet mir mîn herze enzwein.«
Daß die großen Vertreter des Minnesangs einerseits sehr sicher über die Gesetze dieser ›Gesellschaftskunst‹ verfügen, sie aber auch gelegentlich durchbrechen, ist fast so etwas wie ein Merkmal ihres Rangs. Das zeigt sich noch deutlicher bei Wolfram von Eschenbach. Von ihm stammen nur weniger Minnegedichte, vielleicht ein Beweis dafür, daß er sich nicht in das enge Schema des ›Hohen‹ Minnesangs finden konnte. Seine Stärke ist das sogenannte »Tagelied« (auch »Wächterlied« genannt) ein Gedichttyp, der die reale Abschiedssituation zweier Liebender (meist Herrin und Ritter) im Morgengrauen zum Gegenstand hat.
Meist ist der Ruf eines Vogels oder des Wächters, der die moralische Kontrollinstanz der (höfischen) Gesellschaft vertritt, auslösendes Mo-

WOLFRAM VON ESCHENBACH

Über Wolframs Leben sind wir auf Aussagen in seinem Werk angewiesen, die insgesamt kein geschlossenes Ganzes ergeben. Er muß etwa 1170 geboren und kurz nach 1220 gestorben sein. Sein Heimatort ist das heutige Wolframseschenbach bei Ansbach/Mittelfranken; obwohl Ministeriale, ist er unbegütert und deshalb nicht eben gutsituiert. Sein Brot verdient er sich als fahrender Sänger. Er dient verschiedenen Herren, besonders im Maingebiet; 1203/4 treffen wir ihn am kunstsinnigen Thüringer Hof, wo Landgraf Hermann ihn zu seinem Epos »Willehalm« anregt. Auch in der Steiermark dürfte Wolfram sich aufgehalten haben. Später lebte er wohl häufiger bei Frau und Kind auf seinem kleinen Besitz. Sein Geburtsort ist auch der Ort seines Todes.
Daß ihm geistliche Schulbildung versagt blieb, faßt Wolfram von Eschenbach nicht als Mangel auf; im Gegenteil, er bekennt offen, daß er »keinen Buchstaben«, d.h., kein Latein, könne, verfügt aber über genaue Literaturkenntnisse, vor allem der französischen Sprache und Dichtung. In erster Linie versteht er sich als Ritter, der aktiv im Leben steht. Schreiben ist ihm zweitrangig. Dennoch verdanken wir ihm neben einer kleinen Anzahl von Minnegedichten und leidenschaftlichen »Tageliedern« die bedeutendsten Versromane des Hochmittelalters.
Wolfram von Eschenbachs Hauptwerk ist der 1200/1210 entstandene Roman »Parzival« in 16 Büchern nach der französischen Vorlage des Chrétien de Troyes. Ab etwa 1210 arbeitet er am »Willehalm«, der Geschichte eines idealen christlichen Ritters im Kampf gegen die Sarazenen, die Wolfram erstaunlicherweise gleichfalls mit positiven Attributen darstellt. Das Kernproblem höfischer Dichtung, wie man Ritter und Heiliger zugleich sein könne, steht auch hier im Mittelpunkt. Nur in Bruchstücken ist uns der »Titurel« erhalten, ein strophisches Epos über die tragische Liebe von Sigune und Schionatulander, die schon im »Parzival« angelegt ist. Hier steigert sich Wolframs Stil zu eigenwilliger Dunkelheit und üppiger Bildhaftigkeit, mehr noch als in seinen vorangehenden Werken. *(G.M.)*

»hantschouch, spiegel, vingerlin, blüemelin« *waren beliebte Minnegeschenke. Das um 1300 in Nordfrankreich gefertigte Elfenbeinrelief mit Spiegelkapsel gehörte auch dazu. München, Bayerisches Nationalmuseum.*

ment für eine innige Szene im Wechselgesang. Wolfram konnte hier sinnliche und seelische Ergriffenheit der Liebenden darstellen und so seine Auffassung von Minne als etwas Sinnlichem und Wechselseitigem, das den ganzen Menschen betrifft, ausdrücken. Sein bekanntestes »Tagelied« beginnt mit dem kühnen Bild vom aufdämmernden Tag als einem Ungeheuer: »Sîne klâwen durch die wolken sint geslagen,/er stîget ûf mit grôzer kraft [. . .].«

Die Minne als »wân« – Reinmar von Hagenau

Im Gegensatz zu diesen Dichtern verkörpert Reinmar von Hagenau, auch Reinmar der Alte genannt, den Prototyp eines Minnesängers; der provençalische Einfluß wirkte auf den Elsässer wohl am stärksten. Er brachte die neue Art zu dichten an den Babenberger Hof zu Wien, wo er als Hofsänger von 1190 bis etwa 1205 seine Hauptschaffensperiode hatte. Reinmars Lieder verstehen Minne als »wân«, d. h. als Werben ohne Aussicht auf Erhörung. Dabei tritt das Individuelle der Herrin völlig zurück; sie verblaßt zum Idealbild. In den Mittelpunkt rückt die Beschäftigung mit dem eigenen Seelenzustand; sie ist mit dem Begriff des »schönen Trauerns« umrissen. Das »Schöne« dieses Trauerns meint einmal die vollkommene formale Beherrschung des Minnelieds, zum anderen die Tatsache, daß dies Trauern zum Selbstzweck wird, einem melancholischen ›Zelebrieren‹ der eigenen Befindlichkeit. Wie ganz anders leidend als Heinrich von Morungen stellt sich doch Reinmar derselben Situation: »[. . .]nur ›nein‹ und ›nicht‹ erhalte ich zur Antwort./Daher bin ich weiter auf der Suche nach dem, mit dem sie hinterm Berg hält/ und das Musik in meinen Ohren wäre, nach dem Wörtchen ›ja‹.« Es ist begreiflich, daß diese manchmal blutleer wirkende, strenge Minnedichtung, die vor allem der Forderung nach »mâze« (mhd., gebührendes Maß, Anstand, Zurückhaltung) Rechnung trug, auf das Publikum am Wiener Hof – das wir uns keineswegs als einen Zirkel von Schöngeistern vorstellen dürfen – langweilend oder erheiternd wirkte. Spiegel solcher Reaktionen des Publikums könnte eine literaturgeschichtlich sehr bekannte Auseinandersetzung Reinmars mit seinem begabtesten Schüler Walther von der Vogelweide sein, der Reinmars Abhängigkeit von der »frouwe« parodierte.

Lob der Frauen
Der ›klassische‹ Minnesang Walthers von der Vogelweide

Walther von der Vogelweide verbrachte wie Reinmar ab 1190 ein gutes Jahrzehnt am Wiener Hof. Er orientierte sich zunächst an der Minneauffassung seines Lehrers: Der Dichter solle die ritterliche Gesellschaft erziehen, indem er seine Trauer über das unnahbare Wesen der Minneherrin als musterhaftes Verhalten vorführt. So wie er sollte jeder sein Liebesleid in Selbstdisziplin ertragen. Als Walther von der Vogelweide aber nach einigen Jahren schöpferischen Wanderlebens 1203 welterfahren an den Wiener Hof zurückkam, sah er Reinmars Minnekult mit anderen Augen. Der Ablösungsprozeß beginnt mit dem Lied »Ir sult sprechen willekommen«: Walther zeigt sich selbstbewußt nur bereit, seine Neuigkeiten zu erzählen, wenn er entsprechenden Lohn bekommt. Lediglich den »frouwen« gegenüber – er spricht nicht mehr von einer einzigen Angebeteten – will er auf Lohn verzichten: »Si sint mir ze hêr« (mhd.: erhaben), meint er nicht ohne Ironie. Die Entfernung vom bedingungslosen Minnedienst wird deutlich. Am Ende steht der Bruch Walthers mit seinem Lehrmeister.

Folgen unerlaubter Leidenschaft. *Die Miniaturen aus Heinrich von Veldekes »Eneit« zeigen Didos Minnequal – nur die Befolgung »höfischer Minne« hätte sie davor bewahrt. Berlin, Staatsbibliothek.*

Walther von der Vogelweide setzt dem höfischen Minnebegriff seine neue Auffassung, die ›Niedere‹ Minne entgegen, nämlich die auf Gegenseitigkeit beruhende Liebe. Statt der sozial *hoch*stehenden Dame ist jetzt die unverheiratete Frau bzw. das Mädchen *niederen* Standes die Geliebte. Eine neue innige Beziehung kennzeichnet das Verhältnis der Liebenden zueinander: Walther spricht jetzt nicht mehr von »minne«, sondern von »herzeliebe«. Nun entstehen seine unmittelbarsten Lieder, deren bekanntestes wohl »Under der linden« ist, die innig-zarte Erinnerung des Mädchens an das Liebeserlebnis.
In seiner letzten lyrischen Phase versucht Walther von der Vogelweide, die beiden Positionen zur Einheit zu führen: »friundin« (mhd., Geliebte) und »frouwe« in einem, so umreißt er jetzt sein neues Frauenideal. Doch auch das ist noch nicht sein letztes Wort. Für den alternden Dichter rückt anderes in den Vordergrund. In seiner Elegie »Owê war (mhd., wohin) sint verswunden alliu mîniu jâr« stellt er fest: »Swer dirre wünne (mhd., dem Glück dieses irischen Lebens) volget, hât jene dort verlorn«. Liebesglück und ewige Seligkeit schließen sich aus! Das Grundproblem des mittelalterlichen Menschen, es schlägt auch bei Walther von der Vogelweide schließlich durch.

Walthers ›Spruchdichtungen‹ Kritik und Preis der Herrschenden

Dieser elegische Alterston Walthers von der Vogelweide hat seine Ursache auch in seiner allgemeinen Verbitterung über den Zustand der Welt. In der heftigen Auseinandersetzung zwischen Kaiser Friedrich II. und dem Papst (siehe Seite 253) sah der alte Walther die Ordnung der Welt gestört, die nach seiner Auffassung im Ausgleich zwischen diesen beiden Mächten beruhte. Zeit seines Lebens reagierte er ja sehr empfindlich auf soziale und politische Veränderungen. Das können wir in seinen ›Spruchdichtungen‹ genau verfolgen, übrigens einem der wenigen Zeugnisse für lehrhafte Dichtung in der staufischen Zeit. Der Gedanke der Entsagung und des unablässigen Dienstes, wie er den idealisierenden Minnesang (und ja auch die Ideologie der Vasallität) bestimmte, mag ja durchaus Ausfluß des Verzichts des mittleren und unteren Adels auf gesellschaftliche Mitsprache sein. Walther von der Vogelweide jedenfalls, der auch in seiner Minneauffassung mit dieser Scheinwelt brach, trat mit dem Anspruch auf, auch in den obersten gesellschaftlichen Kreisen gehört zu werden.
Zum ersten Mal erhebt er seine Stimme ›politisch‹ – als er ab 1198 mit dem Staufer Philipp von Schwaben umherzieht – in den drei »Reichs-

WALTHER VON DER VOGELWEIDE

Einziger schriftlicher Beleg für Walthers Leben sind uns seine Dichtungen. Geburtsort und Herkunft bleiben im dunkeln. Man ist sich aber heute weithin darin einig, daß Walther von der Vogelweide zwischen 1160 und 1170 in Österreich geboren ist. Unsicher ist, ob er überhaupt Ritter war. Über seine Schulbildung wissen wir nichts. Dichten war für ihn jedenfalls Broterwerb: immer wieder spricht er in seinen Gedichten vom Geiz der Gönner und der eigenen Notlage.
Ab 1190 schreibt Walther von der Vogelweide am Wiener Hof unter Anleitung Reinmars seine ersten Minnelieder. Ab 1198 führt ihn ein Wanderleben in staufischen Diensten weit umher, sein Leben wird von den politisch unsicheren Verhältnissen des Thronstreits geprägt. Walther wendet sich nun mehr der lehrhaften Spruchdichtung zu: Die »Reichssprüche« für Philipp von Schwaben entstehen. Von Wien wandert er 1203 weiter, stets im Gefolge von Fürsten und Bischöfen. Im November des gleichen Jahres schenkt ihm Bischof Wolfger von Ellenbrechtskirchen fünf Goldstücke zum Kauf eines Pelzmantels, das einzige urkundlich gesicherte Datum seines Lebens: zwei knappe Zeilen in einer Handschrift.
In dieser Zeit wechselt Walther von der Vogelweide, wie andere seines Standes, häufig die Gönner; vielleicht versprach er sich davon wirtschaftlichen oder gesellschaftlichen Vorteil. So dichtet er 1212 für den Welfen Otto IV. die drei »Kaisersprüche«; ihnen zur Seite stehen drei sehr scharfe »Papstsprüche«, in denen er die päpstliche Politik verurteilt. Bald danach singt er, wieder auf der staufischen Seite, für Friedrich II. Von ihm erhält er 1220 endlich ein Lehen bei Würzburg.
Dem alternden, seßhafter gewordenen Dichter mag der Kreuzzug 1227/29 Anlaß zu Selbstbesinnung gewesen sein. Sein Leben erscheint ihm jetzt wie ein Traum. Er richtet sein Augenmerk stärker auf das Jenseits. Etwa 1230 ist er, wahrscheinlich in Würzburg, gestorben, wo heute sein Grab im »Lusamgärtlein« verehrt wird und mit ihm der größte ›politische‹ Dichter seiner Zeit, der zugleich das bedeutendste lyrische Talent des Mittelalters besaß. *(G.M.)*

Text der Zeit

Das berühmte Lied Walthers von der Vogelweide: »Ich saz ûf eime steine«

Ich saz ûf eime steine	*Ich saß auf einem Steine,*
und dahte bein mit beine:	*übereinandergeschlagen die Beine,*
dar ûf satzt ich den ellenbogen:	*hatte darauf den Ellenbogen gestützt*
ich hete in mîne hant gesmogen	*und in meine Hand geschmiegt*
daz kinne und ein mîn wange.	*das Kinn und meine Wange.*
dô dâhte ich mir vil ange,	*So überlegte ich sehr bange,*
wie man zer welte solte leben:	*wie man in dieser Welt sollt' leben;*
deheinen rât kond ich gegeben,	*doch konnte keinen Rat ich geben,*
wie man driu dinc erwurbe,	*wie man drei Dinge erwerbe,*
der keines niht verdurbe.	*ohne daß eines davon verderbe.*
diu zwei sint êre und varnde guot,	*Die ersten zwei sind Ehre und weltlich Gut,*
daz dicke ein ander schaden tuot:	*von denen eins dem andern oft Schaden tut.*
daz dritte ist gotes hulde,	*Das dritte aber ist Gottes Huld,*
der zweier übergulde.	*die viel mehr gilt als diese beiden.*
die wolte ich gerne in einen schrîn.	*Die hätt' ich gern gehabt in einem Schrein,*
ja leider desn mac niht gesîn,	*doch leider kann es eben nicht sein,*
daz guot und weltlich êre	*daß Gut und weltliche Ehre*
und gotes hulde mêre	*und dazu auch noch Gottes Huld*
zesamene in ein herze komen.	*in einem Herzen zusammenkommen:*
stîg unde wege sint in benomen:	*Steg und Weg sind ihnen genommen,*
untriuwe ist in der sâze,	*Untreue liegt im Hinterhalt,*
gewalt vert uf der strâze:	*Gewalt beherrscht die Straße,*
fride unde reht sint sêre wunt.	*Friede und Recht sind schwer verwundet,*
diu driu enthabent geleites niht,	*und ehe von denen keines gesundet,*
diu zwei enwerden ê gesunt.	*finden die drei niemals Schutz.*

Walther von der Vogelweide (etwa 1170–1230)

sprüchen«, deren bekanntester wohl »Ich saz ûf eime steine« ist. Hier tritt die politische Stoßrichtung zugunsten der allgemeinen Aussagen über den Zustand der Welt nach dem Tod Kaiser Heinrichs VI. noch nicht so eindeutig hervor wie in den späteren großen ›Sprüchen‹, mit denen er sich im staufisch-welfischen Thronstreit ab 1212 für den Thronanwärter aus dem Welfenhause, Otto IV., und gegen den Papst engagiert. Hier wird der Papst sogar als Teufel verunglimpft, seine Politik aufs schärfste zurückgewiesen; Walther von der Vogelweide schaltet sich in die Tagespolitik ein.
Die späteren ›Sprüche‹, in der Regierungszeit Friedrichs II. entstanden, beklagen dann wieder vor allem den Verfall der Reichsidee. Die Erkenntnis, daß er den Gang der Dinge wohl nicht aufzuhalten vermag, führt Walther von der Vogelweide schließlich in Resignation, Rückzug ins Privatleben (»Ich hân mîn lêhen«) und Absage an die Welt überhaupt, beispielhaft ablesbar an der großen, bereits erwähnten sogenannten Elegie. Sie markiert die »persönliche Tragik von Walthers politischer Dichtung«, wie Helmut de Boor, einer der großen Mediävisten (Mittelalterforscher) unseres Zeitalters sagt.

Satire, Parodie und volkstümliche Tradition
Neidhart von Reuenthal

Nach Walther von der Vogelweide hatte kein Dichter mehr die Kraft, die im Minnesang wirkende Spannung zwischen der tatsächlich erfahrenen Wirklichkeit mit ihren politischen Wirren, Kriegen und Kreuzzugsgreueln und der idealen Scheinwelt zu überbrücken. Politische und gesellschaftliche Veränderungen machten es der Generation nach Walther von der Vogelweide unmöglich, die Idee von der höfisch-ritterlichen Gesellschaft fruchtbar weiterzuentwickeln. So erstarrte der Minnesang entweder in bloß formaler Spielerei und Abwandlung der Modelle der ›Klassiker‹, oder aber die Wirklichkeit drang in die Dichtung ein und veränderte ihren Charakter.
Letzteres war beim bedeutendsten Vertreter des spāthöfischen Minnesangs der Fall, bei Neidhart von Reuenthal. Der baierisch-österreichische Ministeriale beginnt etwa um 1210 zu schreiben. Seine Gedichte sind zwar ohne Walthers und Reinmars Vorbild nicht denkbar. Aber schon der »Ort der Handlung« seiner Lieder läßt erkennen, daß es ihm um etwas ganz anderes geht als den Vertretern des ›Hohen‹ Minnesangs: seine »Sommer-« wie seine »Winterlieder« stellen die einfache Dorfjugend dar, die sich auf der Tanzfläche vergnügt und unter die sich der Autor selbst als Liebhaber mischt. Diese ›Dorfpoesie‹ über-

nimmt Vokabeln des höfischen Minnesangs, so wie die selbstbewußter gewordenen Bauern ja auch versuchten, ritterliches Leben nachzuahmen. So wird die Bauerndirn als »küneginne« des Liebhabers bezeichnet. Zugleich aber – und damit wird das höfische Gehabe als Firnis entlarvt, und die Lieder werden zu Parodien – brechen in diese Scheinwelt grob realistische Elemente ein und zerstören sie: da zanken und prügeln sich Tochter und Mutter, da flucht der von Reuenthal, wenn ihm ein Bauernbursche ein Mädchen ›ausspannt‹, da wird mit bäuerlichem Gerät zugeschlagen – und da wird auch deutlich gesagt, was Burschen und Mädchen letztlich voneinander wollen.
Gesellschaftssatire mit den Mitteln des höfischen Gedichts: das ist also, auf einen kurzen Nenner gebracht, Neidharts Programm. Dabei wird sowohl der Ritter lächerlich gemacht, der sich auf dem Dorfplatz von Bauernmädchen herumwirbeln läßt, wie auch das Unechte und Unpassende der höfischen Fassade bloßgelegt wird, mit der sich die wohlhabenderen Bauern umgeben. Und schließlich wird auch die höfische Gesellschaft selbst verulkt; denn vor ihr und für sie sang ja Neidhart am Wiener Hof – und sie ergötzte sich an diesen grobschlächtigen Szenen. Von der Höhe des ›klassischen‹ Minnesangs und auch von der Waltherschen Liebesauffassung ist das alles weit entfernt. Auf seine Zeit aber und vor allem auf die nächsten Generationen hatten Neidharts grelle Dissonanzen eine ungeheure Wirkung: Die Disharmonie war dem beginnenden Spätmittelalter die angemessene Ausdrucksform.

König Artus' Tafelrunde
Erzählende Dichtung nach südfranzösischem Vorbild

Wie der Minnesang ist auch die *epische,* d. h. erzählende Dichtung der mittelhochdeutschen Blütezeit ohne vorherige literarische Entwicklungen in Frankreich und deren Übernahme in den heutigen Niederlanden undenkbar. So ist es kein Zufall, daß mit der »Eneit« des Heinrich von Veldeke kurz nach 1170 im Nordwesten des Reichs, im Flämischen, der erste ritterliche Versroman nach französischer Vorlage entstand. Äneas wird hier als der vorbildliche Ritter dargestellt, in dessen Leben auch die Beziehung zu Frauen eine große Rolle spielt. Doch fehlt in dieser ritterlichen Umgestaltung des Äneas-Stoffs noch die Auffassung von den Heldentaten des Ritters als »aventiuren«. Das für die anschließende hochhöfische Epik kennzeichnende Verständnis von »aventiure« bezeichnet ein gewagtes Unternehmen, das oft wunderbare Züge trägt und das der Ritter um seiner selbst willen sucht. Be-

Loblied auf Kaiser Friedrich
Um 1162 verfaßt vom Erzdichter (Archipoeta)

Kaiser Friedrich, Oberhaupt
aller Erdenlande,
des Posaune Einsturz droht
jedem Burgenstande!
Alle huldigen wir dir,
Tiere allerhande,
Zedern auf dem Libanon,
Kräutlein klein im Sande.

Kluge Leute werden nie
sich im Urteil spalten:
Gott ließ dich als Oberherrn
über Könige schalten
und in seinem eignen Volk
ehrenvoll erhalten
Schwert und Schild, als Rächer so,
wie als Vogt zu walten.

Mögen Fischer Fische dir,
Bauern Frucht bescheren,
Vogelsteller, Jäger dir
ihre Netze leeren:
wir, die arme Dichterzunft,
die nach Gut nicht gehren,
stimmen an den Lobgesang
von des Kaisers Ehren.

Nicht ist es in seinem Sinn,
sich den Leib zu pflegen;
solch Gelüst läßt strenge Zucht
nicht einmal sich regen.
Sorgen nur, was allem Volk
dient zu Heil und Segen,
zwingt er Böse durch sein Joch,
Hochmut abzulegen.

Wie in Friedrich Macht und Ruhm
sich zusammenfanden,
ist zu sagen hier nicht not,
kund auch allen Landen.
Da sein sieghaft Schwert bestraft
die Empörerbanden,
ist in ihm der große Karl
wieder auferstanden.

Friedrich stiftet abermals
Ordnung auf der Erden
und verjüngt den alten Staat,
heilt ihn von Beschwerden.
Friede kehrt hienieden ein,
lieblich an Gebärden,
läßt die Guten nun nicht mehr
Böser Beute werden.

Friedrichs Ruhm durchfliegt die Welt
schnell wie Rosse jagen –
behend fährt der Grieche auf,
hört er davon sagen.
Ratlos, wie er handeln soll
und mit Angst geschlagen,
scheut er Friedrich wie den Leu
witternd Schafe zagen.

Dir hat der Herr Erzkanzler
hier die Bahn gehauen,
breit die Pfade dir gemacht,
frei von allem Rauhen
und die Kaisermacht verpflanzt
nach Italiens Gauen –
wie er denn auch mich befreit
aus des Elends Klauen.

Hoher kaiserlicher Herr,
schreite rüstig weiter!
Steige höher stets empor
auf der Ruhmesleiter!
Sei den Deinen gnädig hold,
vor dem Feind ein Streiter,
der zermalmend Rache übt
treffend Roß und Reiter!

Archipoeta (der Erzdichter, lebte um die Mitte des 12. Jhs. im Gefolge des Kölner Erzbischofs Rainald von Dassel).
Die Strophen sind eine Auswahl aus der deutschen Übersetzung des lateinischen Preisliedes durch W. Gundlach in »Heldenlieder der deutschen Kaiserzeit« Bd. III. Innsbruck 1899

Sängerkrieg. *Die Landgrafen Ludwig III. (1172–90) und Hermann I. (1190–1217) bauten die Wartburg im spätromanischen Stil aus. Palas, Fenster zum Hof.*

steht er die »aventiure«, dann wird er in seinem »Wert« erhöht: äußerlich, indem die Gesellschaft ihm »êre« erweist und innerlich vor sich selber. Nicht allein seine religiöse Grundhaltung macht also den Wert des ritterlichen Menschen aus, sondern sein ritterliches Verhalten in der Welt. Kurt Ruh nennt in seinem grundlegenden Werk zur »Höfischen Epik« zum Stichwort »aventiure« die Begriffe »Erprobung und Bewährung«, »Aufstieg« und »Erwählung« – nicht jeder x-beliebige Ritter darf »aventiure« bestehen, sondern nur derjenige, welcher »Selbstverleugnung und Selbstüberwindung« aufbringt.
Der erhöhte Ritter gewinnt Minnelohn und darf dann an der idealen Gemeinschaft des Königs Artus und seiner Tafelrunde teilhaben. In diesem Symbol vom König Artus, ursprünglich einer keltischen Sagengestalt, fand der zu Ansehen und Macht gekommene Ministerialenstand (siehe Seite 77) seine Auffassungen von kultiviertem Leben in vollkommener Weise verwirklicht: das festliche Beisammensein schöner, gesellschaftlich anerkannter Menschen vermittelt »froide« und »hôhen muot« (mhd.: ritterliches Lebensgefühl). Der Tafelritter bemüht sich, seiner Dame würdig zu sein, und sie gewährt ihm ihre Zuneigung. In dieser Harmonie erfüllte sich das vorgestellte Leben am Artushof. Sinnfälliger Ausdruck der Harmonie war die Tafel*runde*, die kein »unten« oder »oben« kannte – ein Ideal, das der mittelalterlichen Realität stark zuwider lief.

Hartmann von Aues »Erec«
Egoistische Liebe und Buße in der »aventiure«

Die höfische Artuswelt fand sich in Frankreich im Werk des Chrêtien de Troyes musterhaft dargestellt. Er war das unmittelbare Vorbild für Hartmann von Aue, den Schöpfer des höfischen Artusromans in deutscher Sprache. Schon sein erstes Epos dieser Art, der »Erec« (um 1185), zeigt aber zugleich, wie der Deutsche vom französischen Modell abweicht und eigene Akzente setzt.
Der erste Teil des Romans erzählt die Geschichte des Königssohnes Erec bis zur glänzenden Hochzeit mit der schönen Enite am Artushof, von wo die beiden dann in Ehren zu Erecs Vater zurückkehren. Erec, Muster eines Ritters, und die zarte, tugendhafte Enite leben nun am väterlichen Hof ein Leben füreinander. Doch jetzt wird ihnen ihre Liebe, die sie ganz in die Mitte ihres Lebens stellen, zum Problem; weil die beiden sich völlig aufeinander konzentrieren und in jeder freien Minute in ihr Schlafgemach fliehen, nimmt ihre Stellung am Hofe, ihre ›êre‹, Schaden. Hier liegt der Wendepunkt des Romans: Erec wird

Zeuge, wie Enite klagt, daß er sich bei ihr »verlige« (mhd.: verschlafen, erschlaffen) und daß sie nichts dagegen unternehme. Sofort läßt er Roß und Waffen bringen und geht auf »aventiure«, um seine Ehre wiederherzustellen. Enite nimmt er zwar mit, aber sie muß Abstand halten und darf kein Wort mit ihm reden. Die Kette von Abenteuern, die Erec jetzt unternimmt, sind Hilfeleistungen für andere und lassen deshalb beide über den bloßen Liebesgenuß hinauswachsen. Enite beweist ihre Treue auch über den vermeintlichen Tod Erecs hinaus und besteht so für Erec ihre Prüfung; dieser hat sich die Minne nun durch »arebeit« erkämpft und zugleich sein gesellschaftliches Ansehen wiedergewonnen. Ihrer glücklichen Rückkehr zum Artushof steht nichts mehr im Weg. Sie haben den »harmonischen Ausgleich zweier bestimmender Pole« (Helmut de Boor) geleistet und die höfische Tugend der »mâze« verwirklicht und sich einen sinnvollen Platz in der Gesellschaft erarbeitet. Damit sind sie vollkommene Menschen geworden und als solche auch der ewigen Seligkeit würdig. Hugo Kuhn, intimer Kenner von Form und Inhalt des »Erec«, urteilte: »Wer sich in dem Dasein, das ihm geschenkt ist, genießend abschließt [. . .], der macht seine Kräfte unwirksam; wer aber durch freiwillige [. . .] Buße lernt, es von oben zu empfangen, der erst kann auch seine irdischen Kräfte recht benutzen. [. . .] Die höhere Macht, der man sich unterwirft, ist [. . .] die Aventiure. Sie [. . .] wird fast ein weltlicher Arm Gottes!«

Hartmanns »Armer Heinrich« – Wendung ins Legendenhafte

Das nahezu religiöse Verständnis von »aventiure« im frühen »Erec« weist schon auf das stark legendenhafte Spätwerk Hartmanns von Aue, den »Armen Heinrich« (um 1195) voraus, eine Erzählung, die in der Klarheit ihrer Sprache und der Einfachheit der Gedankenführung auch den heutigen Leser unmittelbar berührt.
Der Ritter Heinrich wird mitten im glücklichen Dasein vom Aussatz befallen; die unheilbare Krankheit bedeutet gesellschaftliche Ächtung und sicheren Tod. Heinrich faßt sie als Strafe für sein Streben »nâch werltlîcher wünne« auf. Irdisches Glück wird also von Hartmann wieder als sündhaft bewertet. Die Krankheit bewirkt nun im Ritter Heinrich einen Läuterungsprozeß; er tut Buße, und als sich ein unschuldiges junges Bauernmädchen anbietet – sie allein könnte ihn mit ihrem Herzen retten, das ein Arzt in Salerno ihr zu diesem Zweck eigenhändig herausschneiden müßte – sich für ihren geliebten Herrn zu opfern, lehnt er ab; er erkennt, daß er sein Kreuz weitertragen muß: »Swaz dir got beschert,/daz lâ dir alles geschehen.« Jetzt greift Gottes Gnade

HARTMANN VON AUE

Über Hartmanns Leben können wir mit genügender Sicherheit nur zwei Aussagen machen: einmal, daß er »dienstmann«, d. h. Ministeriale der Herren von Aue, einem alemannischen Ort, zweitens, daß er recht gebildet war und wohl eine Klosterschule besucht hat. Die gesamte Datierung seines Lebens ›hängt‹ an seinen eigenen Anspielungen auf Zeitereignisse und an Aussagen von Zeitgenossen über ihn. Mit großer Wahrscheinlichkeit hat er am Kreuzzug Barbarossas von 1189/90 teilgenommen. Geht man davon einmal aus, kommt man zu einem Geburtsdatum um 1165 und einem Todesjahr um 1215.

Zur ersten Schaffensperiode gehört die »klage«, häufig »Büchlein« genannt, ein Streitgespräch in Versen zwischen ›herze‹ und ›lîp‹ über das Wesen der Minne: ihr wird sittlich läuternde, fast religiöse Kraft zugesprochen; weiter der Artusroman »Erec« und wohl ein Großteil der Lyrik. Schon hier zeigt sich das Grundproblem, das alle Werke Hartmanns durchzieht: wie weltliche Minne und Gottes-Dienst (»gotes hulde«) miteinander in Einklang zu bringen seien. Er löst es, indem er Erec einen Weg der Bewährung durchlaufen läßt, an dessen Ende er als idealer Ritter Gott, seiner Enite und der Welt verbunden ist.

Einen Wendepunkt im Leben Hartmanns bedeutet der Tod seines Lehnsherrn kurz vor 1189: in seinen »Kreuzliedern« bricht jetzt die religiöse Krise ebenso durch wie in der Legende vom »guoten sündære Grêgôrius« (sie ist Vorlage zu Thomas Manns »Gregorius«), der am Schluß, nachdem er harte Buße geübt hat, von Gott sogar zum Papst berufen wird. Auch die Verserzählung vom »Armen Heinrich« atmet diesen Geist. In seinem wohl letzten Werk, dem Versepos »Iwein« (kurz nach 1200), greift Hartmann – unter umgekehrtem Vorzeichen – auf die Artuswelt des »Erec« zurück. Iwein vergißt die Minne vor Abenteuerlust; erst als er durch selbstlose Taten sittlich geläutert ist, kann ihn seine Frau Laudine wieder in Gnaden aufnehmen: eine Geschichte, die mit ihren amüsanten und lebendigen Episoden heute noch fesselt und unterhält. *(G.M.)*

ein: Heinrich wird plötzlich gesund, heiratet die selbstlose Jungfrau und lebt mit ihr glücklich. Die ewige Seligkeit wird ihm sicher sein. Die zentrale Frage, wie der Mensch Gott und der Welt zugleich gefallen könne, beantwortet Hartmann, indem er – wie schon im »Erec« – den Menschen eine Phase der Buße durchlaufen läßt, die am Ende die Pole zum Ausgleich bringen soll. Freilich bleibt hier ein Rest: als Beweggrund für die Opferbereitschaft der Bauerntochter spielen Minne und wirtschaftliche Verhältnisse der Eltern eine Rolle, und auch Heinrichs innere Umkehr wird durch den Anblick des schönen nackten Mädchens auf dem Operationstisch entscheidend befördert. So behält doch die »werlt« einen gewissen Stellenwert.
Hartmann von Aues Werk – zu dem noch der höfische Roman »Iwein« und die Legendendichtung »Gregorius« gehören – markiert einen ersten Höhepunkt der höfischen Epik. Das Beispiel des »Armen Heinrich« zeigt allerdings, wie zerbrechlich dies ritterlich-höfische Ideal stets war. So ist es vielleicht nicht zufällig, daß um dieselbe Zeit auch das einzige mittelhochdeutsche Heldenepos entstand, das in vielen Handschriften überlieferte Werk eines unbekannten österreichischen Verfassers: das Nibelungenlied.

Das Nibelungenlied: christlich-höfischer »Überbau« auf heidnisch-germanischem Grund

Zwei große Themen der altgermanischen Heldendichtung sind im Nibelungenlied zu einem Ganzen verknüpft: die Heldentaten Siegfrieds und der Burgunderuntergang.
Die Handlung der neununddreißig Aventiuren in Umrissen: Der edle Siegfried ist bis auf *eine* Stelle am Rücken unverwundbar. Er hilft im Schutze seiner Tarnkappe dem Burgunderkönig Gunther, die jungfräuliche Brünhilde zu besiegen und zu seiner Frau zu machen. Gunther gibt ihm dafür seine Schwester Kriemhild. Als Brünhilde erfährt, daß nicht Gunther, sondern Siegfried sie bezwungen hat, stiftet sie Hagen an, diesen zu töten. Hagen vollführt hinterlistig die Tat. Kriemhild ist untröstlich. Als später der Hunnenkönig Etzel um sie wirbt, willigt sie in die Heirat ein und lädt die Burgunder an den Hof Etzels. Ihr einziger Gedanke ist Rache an Hagen und den Seinen. Von ihr angestachelt, erschlagen die Hunnen nach einem hinterhältigen Überfall fast alle Burgunder. Kriemhild ermordet enthemmt die eigene Sippe; zuletzt schlägt sie Hagen das Haupt ab. Nun tötet der alte Hildebrand seinerseits die Rachebesessene.
Zwar fehlen in dieser blutrünstigen Geschichte auch die höfischen

Züge nicht: Kriemhild und Siegfried sind ganz das liebende Paar des höfischen Romans, Siegfried ist der vollkommene Ritter; am Hof Etzels geht es recht gesittet zu, und zur weltlichen »hövescheit« kommt die geistliche: bevor das Gemetzel am Hunnenhof beginnt, begeben sich Burgunder und Hunnen zum gemeinsamen Kirchgang. Doch letztlich ist all das nur Firnis: Mord, Rache, Haß, Hinterlist und heidnischer Schicksalsglaube bestimmen das Denken und Handeln der Menschen. Und keiner der Helden stirbt ›christlich‹ im Gedanken an Gott oder ein Jenseits. So schwach war die Basis, auf der das Gebäude der idealen höfischen Welt ruhte.

Wolfram von Eschenbachs »Parzival«: Vom »tumben tôr« zum Gralskönig

Auch am epischen Werk Wolframs von Eschenbach ist diese Spannung zwischen höfischer Idealwelt und der Wirklichkeit ablesbar. Wolframs Hauptwerk, der bereits im Mittelalter hochberühmte Versroman »Parzival« (1200–1210 entstanden), erzählt nach französischem Vorbild Entwicklungs- und Bildungsgang eines Ritters bis zur Reife. Zunächst ist Parzival der »tumbe tôr«, in Weltabgeschiedenheit erzogen. Als er zufällig Rittern begegnet, zieht er sofort mit; sein Weg durch die Welt führt ihn nach manchem töricht begangenen Abenteuer zum Artushof. Dort wird er aufgenommen und zieht die Ritterrüstung an. Doch im Herzen ist er noch der ungehobelte Außenseiter. Er kann hier noch nicht bleiben. Er zieht weiter und wird jetzt Ritter im vollen Sinn des Wortes: waffengeübt, höfisch gebildet, moralisch gesittet und religiös unterwiesen, verkörpert er nun »zuht« und »mâze«. Auch in die Minne wird er eingeführt.
Als er aber zur Gralsburg kommt, der zweiten entscheidenden Station seines Lebens, erweist sich, daß seine fast ›formal‹ zu nennende Artus-Ritterlichkeit nicht genügt: es fehlt ihm an einfacher Menschlichkeit; er fragt nicht nach dem Leiden des Gralskönigs. Deshalb muß er wieder weiterziehen und in einer dritten Phase über das höfische Ritterideal hinauskommen. Als er zu Artus zurückkehrt, wird er in die Tafelrunde aufgenommen; doch die Gralsbotin verflucht ihn, und er verläßt den Artushof und fällt zugleich von Gott ab. Erst nach rastlosem, verzweifeltem Wanderleben erfährt er am Karfreitag vom Einsiedler Trevrizent Aufklärung über Gottes Gnade und das Wesen des Grals, eines Wunder wirkenden heiligen Steins. Jetzt kann er die Gralsburg wieder finden, seinen verletzten Oheim Amfortas, den Gralskönig, von seinen Leiden erlösen und schließlich selbst Gralskönig werden.

Damit hat er ein christlich-humanes Ritterideal erreicht, zu dem nicht nur »höveschеit« mit Minnedienst und »aventiuren« gehören, sondern die Erkenntnis, daß Gott der »wâre minnære« ist.
Wolfram von Eschenbach führt damit über Hartmann von Aue hinaus. Freilich ist diese enge Verbindung von weltlichem Leben und christlicher Gotteshaltung in die Unwirklichkeit der Gralsburg verlegt. Das macht die Grenzen auch dieser Lösung deutlich. Die Frage, wie göttliche Gnade und Ansehen in der Welt hier und jetzt zu vereinen seien, bleibt weiterhin offen. Sie wird noch brennender bei Gottfried von Straßburg, dem letzten der drei großen mittelhochdeutschen Epiker.

Minne als übermächtige Kraft in Gottfried von Straßburgs »Tristan«

Obwohl in Herkunft und Bildung ein Gegenpol zu Wolfram, behandelt auch Gottfried von Straßburg in seinem einzigen Roman »Tristan« (um 1210 entstanden) das mittelalterliche Grundthema von Gott und der Welt. Dabei weist er noch deutlicher als Wolfram von Eschenbach auf das Fragwürdige jeder Lösung im Sinne von Ausgleich und Harmonie hin.
Im ersten Teil des Werks wird Tristans Jugendgeschichte erzählt: Er fährt nach Irland, tötet einen Riesen und lernt dabei die schöne Königstochter Isolde kennen. Auf seiner zweiten Irlandfahrt wirbt er erfolgreich für seinen Onkel Marke um Isoldes Hand. Auf der Rückreise trinken er und Isolde versehentlich den für Marke bestimmten Minnetrank: Die Minne erwacht in ihnen zu unbedingter Leidenschaft. Isolde schließt zwar die Ehe mit Marke; doch in der Brautnacht springt Isoldes Zofe ein. Die Liebenden geben sich weiter ihrer Leidenschaft hin, bis sie eines Tages entdeckt und vom Hof verwiesen werden. Sie fliehen in den Wald und in das Glück ihrer Minnegrotte. Als sie sich schließlich mit Marke aussöhnen, brechen sie gleich darauf wieder ihre Versprechen. Nun wird Tristan endgültig verbannt. Er stürzt sich in Waffentaten und erhält eine Isolde Weißhand zur Frau – ein neues, mehr an den geliebten Namen als an die Person gebundenes Minneglück scheint anzuheben.
Der Schluß des Romans muß aus Gottfried von Straßburgs Vorlagen, vor allem aus der literarischen Vorlage des Thomas von Britanje, ergänzt werden: Tristans Ende ist demnach tragisch; er stirbt, kurz bevor ›seine‹ Isolde zur Stelle ist, um den Schwerverwundeten zu heilen: sie endet ihr Leben daraufhin über seiner Leiche.
Gottfried von Straßburg erzählt dies ganz ohne Hartmann von Aues

GOTTFRIED VON STRASSBURG

In Gottfried begegnet uns zum ersten Mal der Typ des gelehrten Stadtbürgers, der voller Selbstbewußtsein neben dem Ritter seinen Platz beansprucht. Die Manesse-Handschrift nennt ihn »meister«. In Straßburg, wo er etwa von der Mitte des 12. Jahrhunderts bis ins 13. hinein lebte, erhielt er die Schulbildung, die seine Zeit ihm bieten konnte: beschlagen in der Theologie wie in der antiken Literatur, war er auch in der höfischen französischen Welt zu Hause. Heute würden wir ihn einen umfassend gebildeten Intellektuellen nennen. Er hatte Zugang zur städtischen Gesellschaft und verkehrte mit der höheren Geistlichkeit ebenso wie mit dem ortsansässigen Adel.

Erstaunlich ist, daß wir dennoch recht wenig über sein Leben wissen. In seinem einzigen Werk, dem unvollendeten Versroman »Tristan«, nennt er nicht einmal seinen Namen. Lediglich die Anfangsbuchstaben der ersten elf Strophen des Prologs verraten uns Autor und Titel des Werks. Nur die Tatsache, daß bei einigen anderen Autoren der Zeit auf den »Tristan« Bezug genommen wird, erlaubt uns eine ungefähre zeitliche Festlegung des Romans.

Der »Tristan« muß etwa 1210 geschrieben sein; er stellt neben Wolframs »Parzival« den zweiten Gipfelpunkt in der Epik der mittelhochdeutschen Blütezeit dar. In seinem berühmten »literarischen Exkurs« gibt Gottfried selbst über seine Kunstauffassung und sein Stilideal indirekt Auskunft, indem er sie gegen die Wolframs von Eschenbach absetzt. Er wirft diesem allzu schwerfälligen, dunklen Stil vor und nennt ihn einen »vindære wilder mære« (»Erfinder wilder Geschichten«).

Der Originalität Wolframs steht Gottfrieds schulmäßig-gelehrte Schreibweise gegenüber, die sich an die Gesetze der Autoritäten hält. Dennoch ist für Gottfried keineswegs trockene Schreibstubenluft charakteristisch. Vielmehr sind Sprache und Stil bei ihm durch ungemeine Musikalität, Geschmeidigkeit und feine Eleganz ausgezeichnet, ein Genuß für sensible »edele herzen«. (G.M.)

Optimismus. Die Minne wird als derart übermächtig dargestellt, daß der Mensch ihr willenlos ausgeliefert ist. So kann er auch nicht moralisch schuldig werden, wenn sie ihn überfällt. Vielmehr werden die Liebenden aus der Gesellschaft herausgehoben; sie werden »ein dinc ân (ohne) unterscheide« und durch die geheimnisvolle Verbindung zugleich zu einer fast religiösen Einheit verschmolzen: »Ein man, ein wîp – ein wîp, ein man. / Tristan Isolt – Isolt Tristan«. Damit ist die Ordnung mittelalterlichen Denkens gesprengt. Was vor Gott Ehebruch und Todsünde ist, wird zur geheiligten, religiös begründeten Daseinsform; die Minne kennt keine andere Ordnung als sich selber; sie ist zur absoluten Größe geworden. Der völlig von ihr ergriffene Mensch gerät notwendig mit der Welt in Konflikt, aber er nimmt alles Minneleid auf sich. »Gott« und »Welt« bleiben unversöhnt.
Es ist folgerichtig, daß der Stadtbürger Gottfried von Straßburg nicht mehr ausschließlich für die höfisch-ritterliche Gesellschaft dichtet, sondern für die »edelen herzen«, d. h. diejenigen, die diese Erfahrung innerlich mit- und nacherleben können. Die sinkende Bedeutung des höfischen Publikums deutet sich an.
Im Vergleich zu den Werken Gottfrieds von Straßburg und der großen staufischen »Klassiker« bieten die im Zeitraum von 1210–1250 noch greifbaren Epen (griech., hier im Sinn von ›Roman‹) keine weiterführenden Lösungen; sie stehen alle in deren Schatten, sind mithin mehr bewahrender Art als zukunftsgerichtet. Sie können in diesem Überblick außer acht bleiben.

Literatur

Bertau, Karl: Deutsche Literatur im europäischen Mittelalter. Bd. I: 800–1197, München 1972. Bd. II: 1195–1220, München 1973
de Boor, Helmut: Die höfische Literatur. Vorbereitung, Blüte, Ausklang. 1170–1250. In: de Boor/Newald: Geschichte der deutschen Literatur, Bd. II, München 1969
Köhler, Erich: Ideal und Wirklichkeit in der höfischen Epik, Tübingen 1956
Kuhn, Hugo: Dichtung und Welt im Mittelalter, Stuttgart 1969
Kuhn, Hugo: Erec, Darmstadt 1973
Mertens, Volker: Laudine. Soziale Problematik im Iwein Hartmanns von Aue, Berlin 1978
Ruh, Kurt: Höfische Epik des deutschen Mittelalters. I: Von den Anfängen bis zu Hartmann von Aue, Berlin 1967
Wapnewski, Peter: Hartmann von Aue, Stuttgart 1972

HANSWERNFRIED MUTH

Baukunst und Plastik der Stauferzeit

Überblick über die Entwicklung der Kunst in staufischer Zeit – »Staufische« Kunst? – Die Auftraggeber – Baukunst – Regionale Bauschulen: Köln, Oberrhein, Westfalen – »Übergangsstil« in der Architektur – Die Plastik – Das Ende der staufischen Epoche.

Eine Betrachtung der deutschen Kunst in spätromanischer Zeit ruft einem das fast zu stolze Wort Friedrich Schillers in Erinnerung: »Jedes Volk hat seinen Tag in der Geschichte, der Tag des deutschen aber ist die Ernte der ganzen Zeit.« Baukunst und Plastik der Stauferzeit erscheinen, überblickt man die Kunst des frühen und hohen Mittelalters im ganzen, als letzte, reife Blüte der gesamten Epoche, als ihr tiefster Sinn und ihre endliche Erfüllung.

Die spätromanische Architektur in Deutschland meistert gewaltige Baumassen, gliedert sie, ohne den plastischen Eindruck des Baukörpers zu opfern. Aus einem verwandten Stilempfinden entdeckt die bildende Kunst den menschlichen Körper als raumfüllende Gestalt; die Plastik erreicht gegen 1220/30 die erste, nie wiederkehrende Höhe eines ›klassischen‹ Augenblicks. Das 12. und 13. Jahrhundert ist Höhepunkt der romanischen Kunst und Umbruch in einem. Die Epoche gleicht dem Hochsommer, in dem zur Frucht gereift ist, was vor langem gesät wurde, während zugleich manches Andere, Neue kraftvoll empordrängt. Das staufische Zeitalter ist aber auch Gelenkpunkt zwischen zwei sehr verschiedenen Epochen der deutschen Kunstgeschichte. Alles vorhergehende künstlerische Geschehen zeigt ein enges Verhältnis zu den führenden politischen Kräften des Kaiserhauses; zugleich ist es die Kulturgeschichte eines kleineren Volksraumes. Was der Stauferzeit folgt, ist die Kunstgeschichte eines anderen Deutschland, das nach Osten hin um ein großes Gebiet erweitert ist, während es an der einstigen Westgrenze abbröckelt; doch zugleich beginnt eine, von den führenden politischen Kräften unabhängige Entfaltung des schöpferischen Geistes. Jetzt auch weicht die strenge, aus Sakralem und Hierarchischem gespeiste Formensprache der bildenden Kunst mehr und mehr einer subjektiven Erlebnis- und Anschauungswelt,

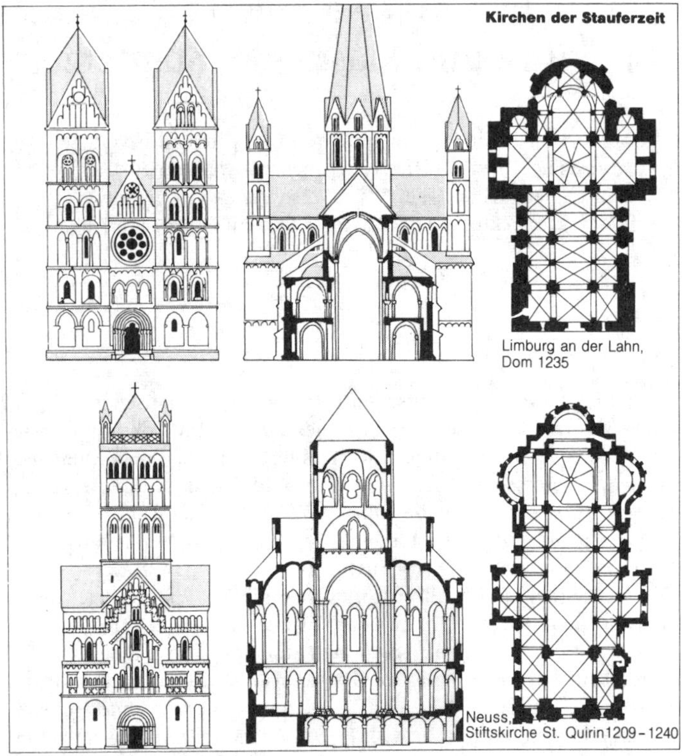

dem Konkret-Naturhaften auch, und einer realistischen Bildsprache. Die Kunst des Bürgertums wird damit anbrechen, die Zeit auch, in der Kunstwerke überwiegend nach Künstlern benannt werden, während wir vorher Künstler allenfalls nach ihren Werken benennen können.

Die neuen Auftraggeber: Landesfürsten, Kirchen, Rittertum

Die Bezeichnung »staufische Kunst« deckt sich nicht im gleichen Maße wie der Begriff »salische Kunst« mit einem zunächst vom Kaiserhause bestimmten und getragenen Stil. Die komplizierten Verfassungsverhältnisse des mittelalterlichen Lehnsstaates (siehe auch Band 1) schon schlossen eine vergleichsweise ähnliche Inanspruchnahme der Kunst durch *eine* herrschende Dynastie aus, wie sie z. B. die

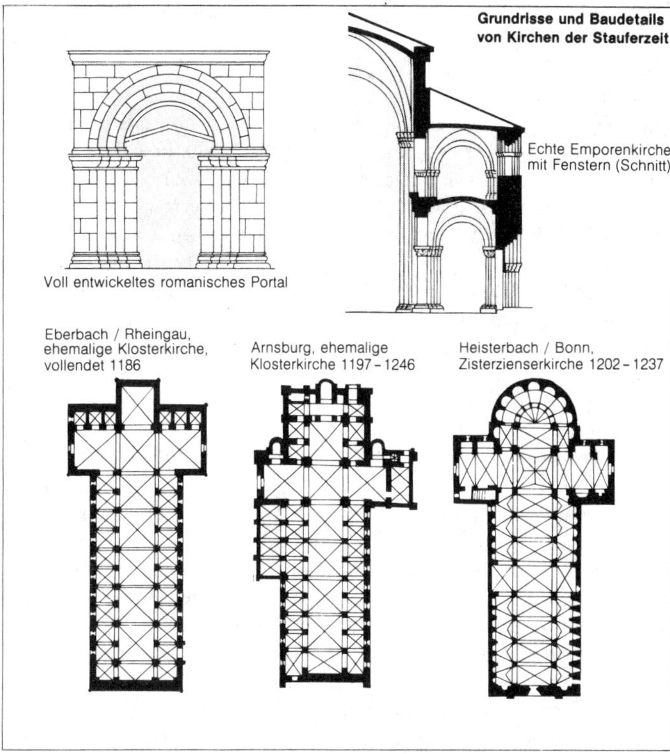

Grundrisse und Baudetails von Kirchen der Stauferzeit

römische Kaiserzeit oder später der Absolutismus gekannt haben. In den 130 Jahren zwischen der Wahl Konrads III. 1138 und der Enthauptung Konradins 1268 hat die deutsche Kunst eine hohe Blüte erlebt; doch der unmittelbare Anteil der Kaiser war eher bescheiden. Gewichtiger war die Rolle der Kirche und der Geistlichkeit, das Mäzenatentum der Landesfürsten und die Macht der aufstrebenden Städte. Zu Friedrich Barbarossas Zeit tat sein Gegenspieler Heinrich der Löwe entschieden mehr für die deutsche Kunst als der Hohenstaufe selbst; ebenso übertraf später der Landgraf Hermann von Thüringen die herrschenden Staufer. Kaiser Friedrich II. verband mit der außerordentlichen Reife der deutschen Plastik um 1235 nur die allgemeine Gleichzeitigkeit, doch keine persönliche Beziehung; er selbst war in keiner Weise für ein solches Werk verantwortlich. Weit mehr verdankt ihm dagegen die süditalienische Kunst im ›Südreich‹ der Staufer. Nur

im übertragenen Sinn kann also das künstlerische Schaffen der Epoche als »staufische Kunst« bezeichnet werden; die Formulierung »Kunst der Stauferzeit« entspricht eher den historischen Gegebenheiten. Prägend für die Kunst dieser Zeit waren die Ritter.
Die deutsche Kunst der späten Stauferzeit, insbesondere die Baukunst, erschien Vertretern früherer Kunstgeschichtsforschung noch als ein im Traditionellen verharrender Übergangsstil. Schon seit der Mitte des 12. Jahrhunderts hatte sich im Kernland des erstarkenden Königreiches Frankreich die gotische Kunst entwickelt und von dort rasch ausgebreitet. Das romanische Stilgefühl war offensichtlich so eng deutschem Empfinden verbunden, daß sich Deutschland – wie freilich aus anderen Gründen auch Italien – trotz mancher befruchtender Begegnung mit dem französischen Kathedralstil nur allmählich und zögernd der neuen Kunstrichtung öffnete.

Beharrung und Neuansatz: Baukunst im Zeitalter der Staufer

Spricht man von »staufischer Kunst« denkt man – unbewußt verengend – an die künstlerisch glanzvolle Endzeit der Epoche, in der die Westchöre der Dome in Mainz und Worms, die Dome in Bamberg und Naumburg, die schmuckreichen Kirchen Kölns, der Ostteil des Straßburger Münsters entstanden sind. Sie gelten als charakteristischer Ausdruck dieser Zeit und ihrer künstlerischen Ziele. Überblickt man jedoch die Architektur der Zeit insgesamt, so fällt stärker als in vielen anderen Epochen das Nebeneinander überkommener Elemente und das gleichzeitige Auftauchen neuer Formen und Inhalte auf. So hält man vielerorts bis in das 13. Jahrhundert an der überlieferten flachgedeckten Pfeilerbasilika fest. 1138 wird am Niederrhein die Abteikirche Knechtsteden begonnen. Sie ist eine der ersten vollständig gewölbten großen Kirchen im deutschen Bereich, sieht man ab von den Domen in Speyer und Mainz. Dagegen verzichtet man in der Klosterkirche zu Jerichow in der Altmark, einem hervorragend schönen Backsteinbau, zu dem ein Jahr später der Grundstein gelegt wird, auf eine Wölbung. Gewiß wurde die strenge Kastenform dieses Raumes schon damals nicht nur als ehrwürdig, sondern auch als schön empfunden. Ähnlich gesellt sich den glanzvollen Gewölbebauten des spätromanischen Köln die einfache Pfeilerbasilika der ehemaligen Damenstiftskirche St. Cäcilien – erbaut um 1150 bis 1170 – bei; und die Stiftskirche St. Suitbertus in Kaiserswerth, errichtet zwischen 1180 und 1240, bildet in ihrer kargen Schlichtheit den vollendeten Gegensatz zu St. Quirin auf der anderen Rheinseite in Neuss.

Als besonders ›staufisch‹ gelten heute Bauten, wo der runde Bogen, Charakteristikum des romanischen Stils, sich auch die dritte Dimension erobert und ein steinernes Gewölbe die massive Raumhülle abschließt. Dies geschieht zunächst nahezu ausschließlich mit der Kreuzgratwölbung, die durch den Zwang zum quadratischen Grundriß die klare Ordnung des »gebundenen Systems« (siehe auch Band 1 und 2) noch anschaulicher macht. Allmählich weicht diese Schlichtheit einem malerischen Reichtum; der Spitzbogen tritt auf, Rundstäbe und profilierte Rippen begleiten die Gewölbegrate; Lisenen, Gesimse, vielfache Ornamente wie »Sägezahn«, der »normannische« Zickzackfries, das »deutsche« Band usw. summieren sich zum glanzvollen Schmuck der Bauten. Den hohen Reiz einer solchen Bauskulptur bezeugt etwa die Walterichskapelle in Murrhardt – um 1230 –, deren Apside mit Prunkfenster, eigenwillig geformten Blendarkaden und Löwenfiguren ein üppiges Glanzstück romanischer Ornamentfreude darstellt. Höhepunkt dieser festlichen Baugestaltung ist der Ostchor des Bamberger Doms, Baubeginn um 1215/20, der mit seiner reichen Bauzier in seiner strahlenden Erscheinung einmalig für Franken ist und vom Oberrhein her geprägt und beeinflußt wurde.

Drei Kulturlandschaften – Drei Bauschulen

Deutlicher treten jetzt in der Baukunst auch regionale Sonderungen hervor. Drei Landschaften gewinnen vor allem größere Bedeutung. In Köln setzt um 1150 eine besonders rege, bis zum Ende der Stauferzeit anhaltende kirchliche Bautätigkeit ein. Die *rheinische Baukunst,* deren Denkmäler von Andernach bis nach Xanten, von Maastricht bis Werden in beeindruckend großer Zahl erhalten sind, kennzeichnet eine Mannigfaltigkeit der Baugliederung, der auch eine Bereicherung des Grundrisses entspricht. Die Wände werden in Nischen und Laufgänge aufgelöst, der Grundriß der Ostteile als stark zentralisierender *Dreikonchenschluß* ausgebildet, was der weichen, raumbildenden Grundhaltung aller Einzelformen entspricht. Die bedeutendsten Schöpfungen sind die Dreikonchenchöre von Groß St. Martin (1172 geweiht) und St. Aposteln (begonnen 1192) in Köln, während St. Quirin in Neuss den gleichen Baugedanken fast ins Manierierte übersteigert.

Die Architektur der *oberrheinischen Tiefebene* steht im Schatten der großen Kaiserdome, von denen der Wormser völlig, der zu Mainz großenteils sein Gepräge in spätromanischer Zeit erhielt (siehe auch Band 2). Hier finden wir nicht zierhafte Auflockerung, sondern betonte plastische Massigkeit und Strenge. Die beiden Chöre des Worm-

ser Domes, erbaut um 1150–1181, gehören zu den unvergeßlichen Eindrücken staufischer Baukunst: das mächtige, zwischen zwei prallen Rundtürmen mit gerader Wand schließende Altarhaus im Osten, und das turmartig sich aufbauende Polygon des Westchores, innen und außen durch versetzte Anordnung der Geschosse und Aufbrechen der Horizontalen, durch reich profilierte Gewände der hohen Fenster und riesige Fensterrosen von einer Bewegung erfüllt, die man gerne als »spätromanischen Barock« bezeichnet hat.
Eine eigenständige Rolle spielte die Baukunst im heutigen *Westfalen.* Früh und auf eine besondere Weise hat man sich hier mit dem Gewölbebau vertraut gemacht. Neben der Gewölbebasilika, etwa St. Patroklus zu Soest, geweiht 1166, wird hier die zukunftsweisende Form der Hallenkirche entwickelt, die in kommenden Jahrhunderten gerne in gotischem Stil errichtet wurde (siehe Band 4).

Mit freundlicher Genehmigung des Autors; nach Werner Meyer: »Deutsche Burgen«, Weidlich

»Übergangsstil«: Staufische Romanik trifft auf kapetingische Gotik

In den ersten Jahrzehnten des 13. Jahrhunderts vollzog sich in Deutschland ein tiefgreifender Wandel in der Architektur. Jetzt tritt sie in eine engere Beziehung zur gotischen Baukunst, wie sie sich seit etwa 1140 im Norden Frankreichs entwickelt hatte und um 1200 dort bereits ihrem Höhepunkt zustrebte. Äußere Umstände, wie etwa Tätigkeit und Expansion des Zisterzienserordens – man denke an Maulbronn –, haben diesen Vorgang begünstigt. Bereits seit dem späten 12. Jahrhundert dringen gotische Formen vermehrt in die deutsche Baukunst ein, doch blieb deren Grundcharakter bis gegen die Mitte des 13. Jahrhunderts noch dem Romanischen verhaftet. Die Strenge freilich, wie sie die salische Zeit geprägt hatte, löste und bereicherte sich; die Bauten

Der schönste romanische Turm Deutschlands: *Stiftskirche St. Patroklus in Soest/ Westfalen, nach den Zerstörungen des 2. Weltkriegs exakte Rekonstruktion. – Links die Petrikirche, eine Gewölbebasilika aus dem 12./13. Jahrhundert.*

Hochromanische Dome. *Ein Wahrzeichen Kölns ist die um 1150 begonnene Kirche Groß St. Martin mit dem mächtigen Vierungsturm (links oben); 1237 wurde der Dom in Bamberg geweiht; hier der wuchtige Ostchor (rechts oben); reicher plastischer Bauschmuck am Westchor des Wormser Domes: Lisenen, Radfenster und Zwerggalerien (unten).*

Dreikonchenanlage. *Spätromanische Baukunst am Niederrhein in höchster Entfaltung: Stiftskirche St. Quirinus/Neuß, dekoriert mit Gesimsstreifen, Rundbogenfriesen, Blendarkaden und blumenförmigen Fensteröffnungen.*

***Wie eine Gottesburg** erhebt sich der Mainzer Dom über den Dächern. Beherrschend der westliche Vierungsturm mit nach oben immer reicherem Schmuck. Das oberste Geschoß wurde nach einem Brand im 18. Jahrhundert errichtet.*

***Reichtum und Fleiß der Zisterzienser** spiegelt die einzigartige, guterhaltene Klosteranlage in Maulbronn/Württemberg: im abseits gelegenen Salzachtal entstand im 12. Jahrhundert eine vollständige Klosterstadt mit Kirche,*

Klostergebäuden, Gasthaus, Wagnerei, Schmiede, Mühle, Bäckerei, Küferei, Kelter, Ställen usw. (Luftaufnahme, freigegeben vom Innenministerium Baden-Württemberg, Nr. 2/5820, Luftbild Albrecht Brugger, Stuttgart.)

***Frühgotische Kircheninnenräume.** Der Dom in Limburg/Lahn ist stark von der frühgotischen Architektur Frankreichs beeinflußt (Vierung, links), ebenso wie der Dom in Worms (Westchor, rechts).*

werden vielfältiger gegliedert und geschmückt, ein Spiel von Licht und Schatten belebt die Mauerflächen. Dennoch bestimmen romanische Grundformen weiterhin den Gesamteindruck. Das zeigt sich insbesondere bei der Erneuerung überkommener Bauten, wie etwa beim Neubau des Bamberger Domes, der um 1215/20 noch einmal kaum verändert den Grundriß des ottonischen Domes aufgreift.
Vermehrt werden seit etwa 1200 dem gotischen Reservoir Formen entnommen, die der Auflockerung des Bauens dienen konnten. Das eindrucksvollste Beispiel solcher Übernahmen bei gleichzeitiger Umdeutung ist die siebentürmige, dem heiligen Georg geweihte Stiftskirche in Limburg (1120–1235). Ein in Frankreich geschulter Werkmeister benutzte hier die Vielfalt rheinischer Baudekoration, das französische System der Wandgliederung durch Emporen- und Triforiengang, und das spitzbogige, »gotische« Gewölbesystem, um eines der großartigsten und genialsten Werke aus deutsch-romanischem Geist zu schaffen.

Vollendete Kunst von Baumeister und Steinmetz. *Dreifach gestuftes Portal mit reichen Ornamentfriesen an der Walterichskapelle (ehemalige Klosterkirche Murrhardt), eine der schönsten Schöpfungen deutscher Spätromanik.*

Um 1250 endete mit der staufischen Herrschaft fast abrupt auch die spätromanische Architektur. Die Abteikirche in Werden, die bis 1275 in der Formenwelt der rheinischen Spätromanik verharrt, ist eine seltene Ausnahme. In Magdeburg entschließt man sich bereits 1209 zu einem Neubau des Domes nach dem Vorbild französischer Kathedralchöre; in Naumburg wurde um 1250 der Westchor durch einen Baumeister errichtet, der Reims kannte; am Münster in Straßburg hatte bereits um 1220 eine in Chartres geschulte Werkstatt die Bauführung nach Vollendung der Ostteile übernommen. Gleichzeitig werden in der Liebfrauenkirche in Trier wie in der St. Elisabethkirche in Marburg um 1230/40 gotische Formen aus der Champagne aufgegriffen.
An keinem Ort dokumentiert sich jedoch der Bruch mit staufischer Tradition deutlicher als in Köln. Der Domneubau, zu dem 1248 der Grundstein gelegt wurde, sollte eine gotische Kathedrale nach französischem Vorbild werden. Als der Chor 1322 geweiht wurde, lag das Ende der staufischen Herrschaft weit zurück; der deutsche Kirchenbau wird fortan von den Formen einer »Sondergotik« beherrscht, die vorwiegend vom Bürgertum der Städte getragen wird.
Zum Gesamtbild der staufischen Architektur gehören auch die wehrhaften Burgen und die festlichen Pfalzen wie die Wildenburg bei Amorbach, die Wartburg, der Trifels, die Kaiserpfalzen zu Gelnhausen, in Goslar, die Burgkapellen in Nürnberg und Eger.

Die Plastik – Abschied von ›romanischer Archaik‹

Die spätromanische Zeit, insbesondere die erste Hälfte des 13. Jahrhunderts, ist die einzige Epoche abendländischer Kunst, in der die Plastik den Vorrang vor allen Künsten hatte. In dieser Zeit gewinnt die Bildhauerkunst den Rang einer eigenständigen klassischen Haltung und wird damit der griechischen vergleichbar. Dafür war vor allem entscheidend, daß die Lehren des Christentums inzwischen eine Synthese zwischen Weltfeindlichkeit und Daseinsfreude zugelassen hatten. Thomas von Aquin hielt das sinnfällige Schöne für den Ausdruck des Guten und verdammte es nicht als höllisches Teufelswerk wie frühere Kirchenlehrer. Aufgrund dieser ›Liberalisierung‹ konnte die Bildkunst um 1200 die Schönheit der antiken Klassik wiedergewinnen und sie zugleich durch eine tiefere Beseelung übertreffen.
Anders als in Frankreich ist die deutsche Plastik dieser Zeit nicht in gleich starkem Maße wie dort an die Architektur gebunden. Hier müssen sich die Figuren, frei stehende Einzelbildwerke im Innenraum der Kirchen, gegen einen sie umgebenden Raum behaupten, »eine Tatsa-

Säulen und Kapitelle. *Figürliche Darstellung an einem Kapitell der Wartburg (rechts); geduckte Rundstützen mit kräftigem Konsolenkranz entsenden Rippenwulste in die Gewölbefelder: Kapitelsaal, Kloster Bebenhausen (Mitte); zweischiffig, gedrungen und durch Säulenpaare rhythmisiert: Laienrefektorium im Kloster Maulbronn (unten).*

Perfekte Schmiedekunst. *Zwei reich verzierte Rauchfässer (oben links aus dem Rhein-Maasgebiet, um 1200, rechts Rheinland, um 1150) und ein Kerzenleuchter aus dem 13. Jahrhundert (unten).*

Zeitlos und ausdrucksstark. *Der vergoldete Bronzevogel entstand zur Zeit Friedrichs II. in Süditalien. New York, The Cloisters Collection, Purchase 1947, Inv. Nr. 47.101.60.*

che, die die strenge und feierliche Monumentalität ihrer Erscheinung, ihre blockhafte Form und ornamentale Stilisierung verständlicher macht«, erklärt der Kunsthistoriker W. Clasen.
Von daher wird es auch verständlich, daß in der deutschen Plastik nicht selten kleinformatige Figuren, beispielsweise Goldschmiedearbeiten, den Anfang einer Entwicklung bezeugen. So stehen mit Friedrich I. Barbarossa die bedeutendsten Arbeiten einer Aachener Werkstatt in Verbindung. Zu diesen gehören der vergoldete Bronzeleuchter, den er 1165 zum Andenken an die Heiligsprechung Karls des Großen in das Münster zu Aachen stiftete, und die eindrucksvolle Porträtbüste des Kaisers in der Schloßkirche zu Kappenberg – früher Versuch eines Porträts, das über die stereotype Formel des Herrscherbildes hinausgeht.
Den denkbar schärfsten Gegensatz zu diesem persönlichen Herrscherdenkmal von individueller Prägung bildet das symbolhafte Monument, z. B. der in Bronze gegossene Löwe, den der Welfe Heinrich 1162 vor seiner Burg Dankwarderode in Braunschweig aufstellen ließ. Die Idee dieses freistehenden Denkmals geht auf antike Vorbilder zurück; als Vorstufe des Löwen müssen jedoch die kleinformatigen Aquamanile (Gießgefäße) in Tierform gelten, deren abstrahierende Formgestaltung dann ins Monumentale übersetzt wurde.
Denkmalhafter Charakter kommt auch dem Relief des thronenden Kaisers Friedrich I. am Portal des Domes in Freising zu, das um 1200 entstanden ist. Es beansprucht freilich in seiner handwerklichen Ausführung ebenso wie die »Bestiensäule« in der Krypta des gleichen Domes mehr durch den Inhalt denn als künstlerische Leistung unser Interesse. Auch ein Lesepult, vermutlich aus Alpirsbach stammend und um 1150 entstanden, das sich heute in der Stadtkirche in Freudenstadt befindet, zeigt sich in seinem Ernst, in der dekorativen Behandlung der Köpfe und in der Verhüllung der Körper durch geometrische, spitzwinklige Falten einer älteren Tradition verpflichtet.
Vielfältig sind die historischen Voraussetzungen für den grundlegenden Wandel, den die Skulptur um 1200 erfährt. Aus einem neugewonnenen Verhältnis zur Antike wird die Plastik mit neuem Leben erfüllt und vermenschlicht. Jetzt wird die menschliche Gestalt für würdig befunden, Übermenschliches durch sich selbst auszusprechen. Zum erstenmal ist diese neue, revolutionierende Einstellung im Werk des aus Lothringen stammenden Goldschmieds Nikolaus von Verdun zu finden. 1181 schuf er den – heute veränderten – Ambo in Klosterneuburg bei Wien, ein Werk, das in seiner neuen Typologie, die das Alte Testament durch das Neue erklärt, theologisch und kunstgeschichtlich am Anfang der Gotik steht. In den Jahren 1181–1191 entwarf Nikolaus

Höhepunkt staufischer Plastik. *Mit verbundenen Augen, herabfallender Krone und zerbrochenem Stab ist die »Synagoge«, (um 1200) am Straßburger Münster Sinnbild für das Alte Testament.*

von Verdun den Gesamtplan für den Dreikönigsschrein des Kölner Domes, der, um 1230 vollendet, den Neubau des Chores auslöste. Bei den Propheten und Aposteln dieses Schreines handelt es sich um unverwechselbare Persönlichkeiten; sie »sprechen« unmittelbar durch Blick, Haltung und Bewegung zum Betrachter, der gleichsam als Partner angeredet wird.
Hier wird ablesbar, daß die Plastik der staufischen Zeit ihrem Höhepunkt entgegenreift. Auf dem Gipfel stehen die Skulpturen am Straßburger Münster: Gerichtspfeiler, Marientod, Ekklesia und Synagoge, schließlich die Plastiken des Bamberger Domes: Chorschranken, die Heimsuchungsgruppe und der berühmte Reiter. Ihre Form erwuchs aus der befreienden Lösung aus romanischer Archaik. An ihrem Gehalt hat neben dem christlichen der ritterliche Geist teil. Im Idealbild des christlichen Ritters war eine Synthese von Welt und Überwelt gefunden, ihm entspricht die Einheit von Leib und Geist, die sich nun in der körperhaften Skulptur darstellt.

***Die klugen Jungfrauen** vom Paradiesportal des Magdeburger Domes, beliebtes Motiv an Kirchen der Stauferzeit. Das ›eingefrorene‹, sardonische Lächeln einer der klugen Jungfrauen (rechts) ist charakteristisch für Bildwerke der Zeit und findet sich beispielsweise bei den Portalfiguren des Bamberger und Magdeburger Doms.*

Die törichten Jungfrauen, *ebenfalls an der Magdeburger Paradiespforte, Gegenstück zu den klugen. Alle zehn symbolisieren richtiges und falsches Verhalten der Menschen im Hinblick auf die Wiederkunft Christi am Jüngsten Gericht. Nur wer gerüstet ist, erspart sich den Schmerz, von der »Hochzeit« mit dem Menschensohn ausgeschlossen zu sein (links).*

Bei den Stifterfiguren des Westchores am Naumburger Dom ist der entscheidende Schritt vom Typologischen zum Individuum vollends getan. Wie der Meister im Laub seiner Kapitelle jede Pflanze in ihrer Besonderheit schildert, so hat er in den Stiftern, gleichwohl sie längst Verstorbene darstellen, Charaktere und deren Schicksale geschildert. Doch die Mienen dieser Menschen zeigen nicht mehr die Lebensfülle und heitere Gelassenheit der Bamberger Gestalten, die Gewänder sind nicht mehr von vielfältiger Bewegung durchrieselt, sondern fallen in wenigen, schweren Röhrenfalten.
Schon im Abgesang der ›Klassik‹ erscheint die Passion, die bisher kaum dargestellt wurde, am Westlettner des Naumburger Domes. Vom Meister der Stifterfiguren geschaffen, wird dieses Geschehen erstmals als ein menschliches Schicksal begriffen. Christus ist nicht mehr – wie in salischer Zeit – als der am Kreuz triumphierende König dargestellt, der jenseits allen Leidens steht. Hier wird er als duldender Mensch gesehen. Die Abkehr vom klassischen Ideal der Vollendung des Menschen, wie er sich im Bamberger Reiter dargestellt hat, wird hier deutlich und die Rückwendung zu der urchristlichen und urmenschlichen Sehnsucht nach Erlösung.

Literatur

Dehio, Georg/Bezold, Gustav von: Die kirchliche Baukunst des Abendlandes, 2 Textbde., 5 Atlasbde., Stuttgart 1887–1901

Frankl, Paul: Die frühmittelalterliche und romanische Baukunst (Hdb. der Kunstwissenschaft), Potsdam 1926

Gall, Ernst/Schmidt-Glassner, Helga: Dome und Klosterkirchen am Rhein, München 1956

Hahn, Hanno: Die frühe Kirchenbaukunst der Zisterzienser, Berlin 1957

Jantzen, Hans: Der Bamberger Reiter, Stuttgart 1964

Keller, Harald: Der Engelspfeiler im Straßburger Münster, Stuttgart 1957

Kubach, Hans Erich/Bloch, Peter: Früh- und Hochromanik, Baden-Baden 1964

Panofsky, Erwin: Die deutsche Plastik des 11. bis 13. Jahrhunderts, Florenz/Leipzig 1924

Reitzenstein, Alexander von: Deutsche Plastik der Früh- und Hochgotik, Königstein i.T. 1962

Sauerländer, Willibald: Die Skulptur des Mittelalters, Frankfurt/Berlin 1963

WERNER DETTELBACHER

Alltagsleben im Hochmittelalter

Tägliches Leben und agrarische Produktion – Je nach Jahreszeit und Arbeit: Dauer und Intensität von ›Müh und Plage‹ – Ernährung, Mahlzeit und Kochen – Geschlechtsspezifische Aufgabenverteilung – Mensch und Umwelt – Kindheit, Jugend und Volljährigkeit – Der Mythos von der ›Großfamilie‹ – Auch im Bauernstand gibt es soziales Gefälle – Bevölkerungswachstum, Ernährungsprobleme und Tauschhandel – Die Großfamilie als verlorene Lebensform – Frömmigkeit als Schutz vor Gefahren.

Da um 1200 mindestens neunzig Prozent der Bevölkerung auf dem Lande wohnte, direkt oder indirekt als Schmiede, Müller und Wagner zur agrarischen Produktion beitrugen, wozu auch die in den Kleinststädten tätigen Ackerbürger zu zählen sind, wird der Alltag dieser erdrückenden Mehrheit geschildert. Da der Adel eigens behandelt wird, bleiben hier nur Seitenblicke auf die Handwerker und den Kaufmannstand übrig, um das gesamte mittelalterliche Gesellschaftsgefüge kennenzulernen und einen Eindruck vom täglichen Leben in dieser Zeit zu gewinnen.

Arbeitszeit und Arbeitstag

Eine nach Stunden geregelte Arbeitszeit für den Tag oder die Woche war im Unterschied zu heute gänzlich unbekannt, denn Arbeit, was in dieser Zeit wörtlich »Mühe, Plage« hieß, war nur während der Tageshelligkeit möglich, die im Hochsommer bis zu 16 Stunden, im tiefsten Winter aber nur sechs bis sieben Stunden betrug. Daß die Nutzung der Sommerstunden nicht bis zur totalen Erschöpfung des Bauern und seines Knechtes oder Sohnes führte, hing damit zusammen, daß die Arbeit nicht in meßbare Aufwandszeiten zerlegt war, sondern vom Wachstum seiner Pflanzen und vom Lebensrhythmus seiner Tiere abhängig war. Zwischen den Tagen und Wochen, da er pflügen, eggen, säen, jäten, ernten und dreschen mußte, gab es auch Zeiten, da nur Arbeiten im Viehstall und Obst- oder Weingarten anfielen, die weniger Zeit erforderten. Nach Stunden wurde nie gerechnet, dazu fehlten schon die Kirchturmuhren. Nur in den Klöstern waren Tag und Nacht durch die regelmäßig zu verrichtenden Gebete gleichmäßig gegliedert.

***Bäuerliche Arbeit im Frühling.** Einen pflügenden Bauern mit zwei vorgespannten Pferden zeigt ein Kalenderblatt des 14. Jahrhunderts für den Monat März. München, Bayerische Staatsbibliothek.*

Für den Bauern galten Essenspausen als Tagesmarkierungen. Die harte Arbeit mit einfachem Gerät wie Hacke, Spaten und Sichel erforderte neben warmem Mittag- und Abendessen drei kleinere Mahlzeiten, wie den Morgenbrei nach Sonnenaufgang, auch die Stärkung auf dem Feld und das Vesper am Nachmittag, nach dem Läuten der Vesperglocke so genannt. Wo Schmalhans Küchenmeister war, fielen die Zwischenmahlzeiten knapp aus oder wurden übersprungen.

Nahrung, Kleidung, Hausarbeit

Wenn nicht gerade durch die Ernte unmöglich gemacht, nahmen alle auf dem Hof Lebenden an den großen Mahlzeiten gemeinsam teil. In kleineren Betrieben saßen Bauernfamilie und Gesinde an einem Tisch, aßen mit dem Löffel gemeinsam aus den Schüsseln, die nach und nach aufgesetzt wurden. War die Hofhaltung von größerem Zuschnitt, dann saßen Bauer und Knecht getrennt, aßen jedoch dasselbe, nur daß das Familienoberhaupt als erster sich schöpfte und die Bratenstücke vorschnitt. Die Vorbereitung des Essens war Sache der Hausfrau, der ihre Töchter oder auch Mägde zur Hand gingen, schon um Wasser zum Kochen vom Ziehbrunnen oder der gefaßten Quelle zu holen. Da Brot und Brei die wichtigsten Nahrungsmittel waren (erst später wurde der Fleischverzehr größer), hatte die Hausfrau rechtzeitig für das Ausbak-

ken der Brotlaibe zu sorgen, die in der Regel sechs Pfund schwer waren, was gerade für zwei Personen pro Tag ausreichte. Kleinbauern buken schon damals ihren Wochenvorrat im Gemeindebackofen aus. Frauensache waren der Unterhalt von Hühnern, Gänsen und Enten, deren Hut man vier- bis sechsjährigen Knaben anvertraute. Im Viehstall wurde Fütterung und Mistung von Männern besorgt, Melken, Buttern und Käsebereitung aber von den Töchtern und Mägden. Beim Schlachten der Rinder, vor allem der Schweine, hatten alle zuzugreifen und erhielten, ein seltener Fall durchdachter Arbeitsteilung, verschiedene Aufgaben zugeteilt. Schlachtungen, Höhepunkte des Alltags, gab es in der Regel im November, um genügend Fleisch und vor allem Fett für die kalte Jahreszeit zu haben, und im April, wo allerdings die Hauptmasse des Fleisches gepökelt oder geräuchert werden mußte, damit es in der Sommerhitze nicht verfaulte.
Die ganze Vorratshaltung war Sache der Frau, die genügend Sauerkraut einzuschneiden, Eier in Kalk einzulegen, Obst zu dörren, Wein zu keltern, Honig zu schleudern hatte, damit die Familie bis zur nächsten Ernte ausreichend ernährt werden konnte. An den Wintertagen wurde dann Flachs gesponnen oder Stoff für die Kleidung gewebt, oft von solcher Qualität, daß zwei Generationen die Gewänder trugen, ehe sie zerschlissen waren. Abendlieder, Gesang und Kurzweil in den Spinnstuben gehören einer viel späteren Zeit an, denn im Hochmittelalter waren Kerzen aus Wachs oder Talg zu rar, als daß man sie dutzendweise für Unnützes verbrannt hätte. Für die wenigen Tätigkeiten in Stall und Haus nach Einbruch der Dämmerung genügten blakende, rußende Öllämpchen. Mit den Hühnern ging man schlafen, mit ihnen stand man auch wieder auf.

Freizeit und Lebenszeit

Im Unterschied zum heutigen Arbeitnehmer, der in der Regel durch Leistungssteigerung oder Übernahme größerer Verantwortung auch ein höheres Entgelt erzielen kann, war der Bauer des Hochmittelalters den Umweltbedingungen völlig ausgeliefert. Landstrich und Klima, Bodengüte und Wetter bestimmten den Erfolg seiner Mühen. Ein einziger Hagelschlag konnte die kostbare Getreideernte vernichten, eine Viehseuche den Stall leeren, Schädlinge seinen Obstgarten oder Weinberg vernichten. Keine Versicherung sprang da ein. Das Risiko konnte er nur etwas durch den Anbau vieler Früchte mindern, so daß nach dem Verlust des Getreides z. B. wenigstens Rüben und Hülsenfrüchte gediehen, das Kleinvieh von einer Rinderseuche verschont blieb.

Geschirr und Gerät für den Alltag. *Holzgefäße aus dem 13. Jahrhundert fand man 1949/50 in einer mittelalterlichen Abfallgrube am Domplatz in Würzburg (oben); aus Lübeck stammen die zwei Grapen aus Bronze, die Waagschale und die Pferdetrense (12. und 13. Jahrhundert, unten).*

Diese Mischkultur erforderte aber den Einsatz aller auf dem Hof Lebenden, deren Arbeitskraft täglich so beansprucht war, daß eine Freizeit nicht entstand. Die Abende wie auch der arbeitsfrei gehaltene Sonntag wurden in der Regel zum Ausschlafen benutzt, sofern nicht das Vieh gefüttert, die Milchkühe gemolken werden mußten. Die freie Zeit mit Unterhaltung, Bildung oder Wirtshausbesuch zu füllen, fehlten die Mittel, denn es gab keine Vergnügungsindustrie, die Bauern waren Analphabeten und tranken ihren Obst- und Traubenwein zu Hause. An Urlaub, gar in fernen Ländern, war nicht zu denken, denn Arbeit fiel das ganze Jahr an, und die Abgaben waren in der Regel so reichlich, daß keine Ersparnisse gebildet werden konnten und daß jeder schon froh war, Dürre und Hitze, Dauerregen und Hagel, späten Frost und frühen Wintereinfall überlebt zu haben. Hinzu kam, daß Bildung damals kein ›Wert‹ an sich war wie heute und Reisen wegen ihrer Beschwerlichkeit und Gefährlichkeit sowieso fast so sehr gefürchtet wurden wie die Pest.

Heute glorifiziert, damals wenig idyllisch: Kindheit und Alter

Der frühe Arbeitseinsatz der Bauernsöhne, weniger der Töchter, ließ die Kindheit nach vier bis sechs Jahren enden, denn dann mußten sie als Hirten oder Stalljungen zu arbeiten beginnen. Die ›Jugend‹ dauerte dann nur weitere acht bis zehn Jahre. Nach dem salischen (fränkischen) Recht war man mit 14 Jahren volljährig, konnte in ein Kloster eintreten oder durfte heiraten. Die etwas verächtlich als »Kinderheiraten« abqualifizierten Ehen unter Jugendlichen waren nicht nur in Fürstenhäusern zur Wahrung und Mehrung des Besitzes und Einflusses üblich, sondern auf dem Lande gang und gäbe, denn auch hier konnte so durch Mitgift und Schwägerschaft Boden und Ansehen hinzugewonnen werden. Fügt man zur frühen physischen Arbeitsleistung und zur frühen Ehe mit zahlreichen Kindbetten der Frauen noch die zahlreichen Krankheiten, die man nicht zu bekämpfen wußte, dann überrascht nicht, daß das durchschnittliche Lebensalter für das 12./13. Jahrhundert mit 34 bis 37 Jahren angegeben wird.

Wer dieses Alter überschritt, gar 50 oder 70 Jahre alt wurde, dem zollte man nicht nur Achtung aus der Pflicht des vierten Gebotes heraus, sondern weil er, dank längerer Lebenszeit, mehr beobachtet, erlebt und erfahren hatte als die Generation seiner Söhne und Enkel. Wissenschaftliche Erkenntnisse und deren technische Umsetzung für die Landwirtschaft gab es nicht, nur die überlieferte und durch eigenes

Dorfformen seit dem Mittelalter

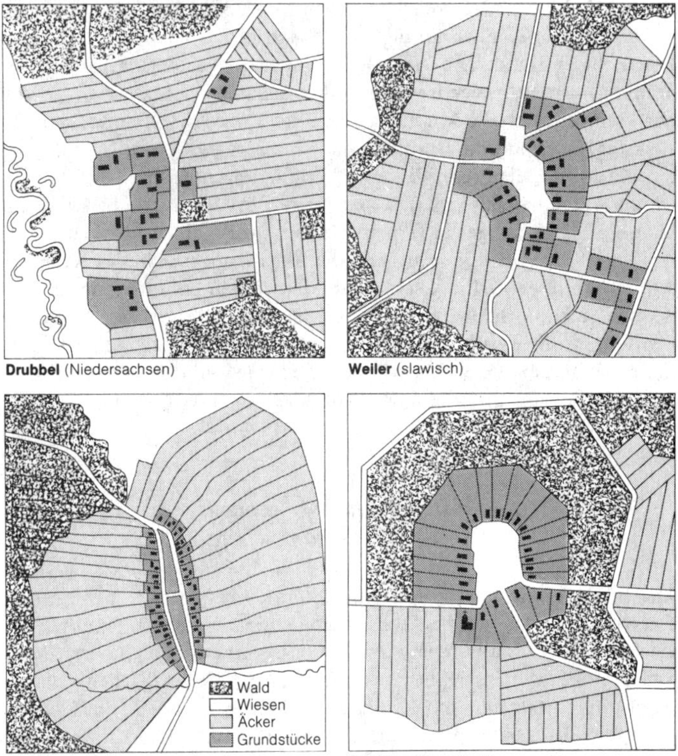

Drubbel (Niedersachsen) **Weiler** (slawisch)
Waldhufendorf **Rundling** (Wendland)

Tun erworbene Erfahrung, die kostbar war, von der eigenen Familie und den Nachbarn beansprucht wurde. Die Großmutter wurde in Ehren gehalten, denn sie verstand sich auf die Krankheiten der Menschen wie des Viehs, sammelte Heilkräuter, mästete die Gänse, kümmerte sich um die Erziehung der Enkel, kannte vor allem Verwandtschaft und dörfliche Sitten ausgezeichnet.

Die Großeltern, von schwerer Arbeit entlastet, kramten nahe und ferne Geschichten aus ihrem Gedächtnis, vermittelten der Jugend ohne Schule etwas allgemeine Kenntnisse, die bestenfalls in der Sonntagspredigt erweitert wurden. Alte Leute allerdings gab es wenige, denn man starb damals früh – der Spruch von Großmutter, Mutter, Tochter und Kind ist eine sehnsuchtsvolle Wunschvorstellung des 19. Jahrhunderts. Die mittelalterliche »Großfamilie« war nie so komplett, da viele Frauen schon im Kindbett sterben mußten.

Dorfformen seit dem Mittelalter

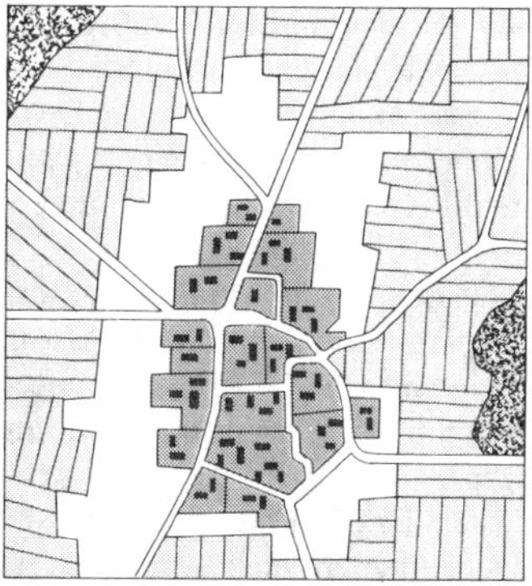

Haufendorf-Weiler (Wendland)

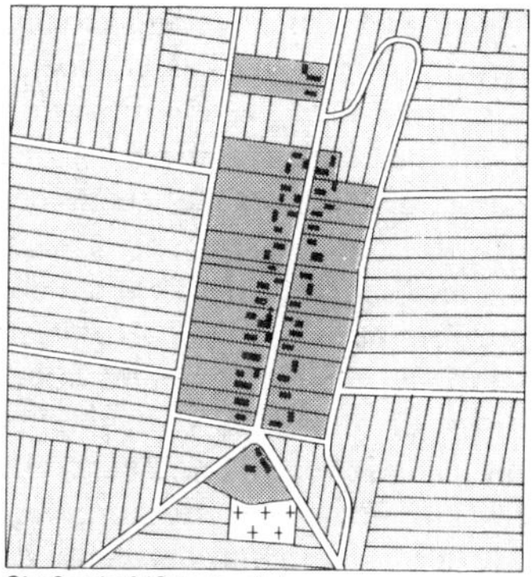

Straßendorf (Ostpriegnitz)

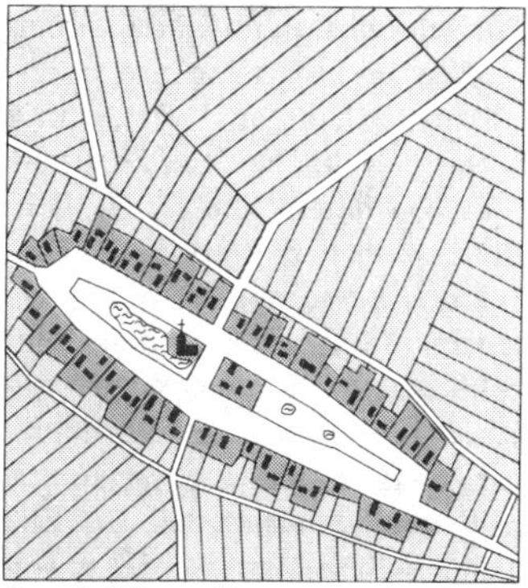

Angerdorf (Neumark)

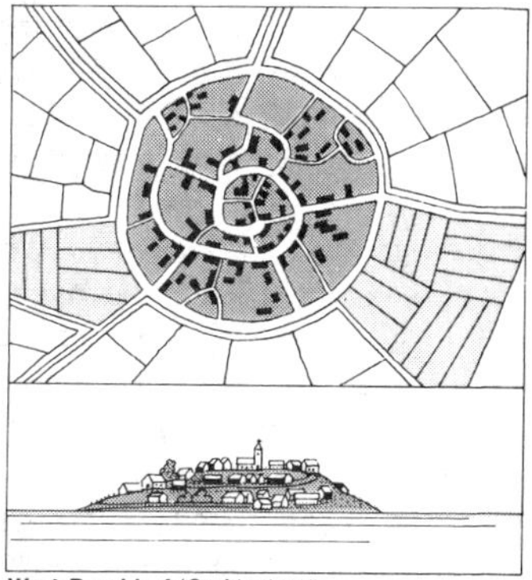

Wurt-Runddorf (Ostfriesland)

Viele Abstufungen im Bauernstand

Den einheitlichen, gleichmäßig bedrückten Bauernstand, wie er kurz vor den Bauernkriegen im 15. und 16. Jahrhundert als unterster und nährender Stand dargestellt wurde, gab es 300 Jahre vorher noch nicht. Neben den wenigen Landstrichen Deutschlands, in denen noch freie Bauern lebten, den Marschgebieten etwa, dem Münsterland, den Alpentälern, vor allem dem Land Tirol, gab es Bauern, deren Abhängigkeit vom Grund- oder Dorfherrn recht unterschiedlich war. Da gab es die großen Hofbauern, vor allem in Gebieten mit der strikten Erbfolge des ältesten (selten des jüngsten) Sohnes, die nur mit wenigen Zinsen dem Grundherrn aufzuwarten hatten; da gab es Bauern, die nur im Erbfall zinsen mußten, dann allerdings mit dem »Besthaupt«, dem besten Stück Vieh; und da gab es schließlich Kleinbauern, die mit einer

Vielzahl von Abgaben und Frondiensten (Herrendiensten) belastet waren und nicht viel besser leben konnten als die Hörigen oder die Knechte. Allen gemeinsam war der »Zehnt«, jener zehnte Teil der Ernte, der an den Landesherrn abzugeben war; dieser sorgte jetzt auch dafür, daß der zweite Zehnt regelmäßig an die Kirche abgeliefert wurde.

Da die Einholung des Zehnten den Lehnsnehmern übertragen war, oft mehrere in einem Dorf Abgaben zu fordern hatten, wimmelte es zur Getreide-, Obst-, Wein- und Rübenernte von sogenannten »Zehntmessern«, die darauf zu achten hatten, daß nicht minderwertige Ware in die Zehntscheuern und Zehntkeller geriet. Da sie nicht auf allen Arealen zugleich »messen« konnten, wurden Felder und Weinberge in »Lose« (Abschnitte) eingeteilt, die nacheinander, auch wenn Unwetter drohten, abzuernten waren. Aber auch unterm Jahr waren die Verwalter und deren Knechte beständig in den Dörfern unterwegs, denn da schuldeten die Bauern Fastnachtshühner und Martinsgänse, Osterwecken und Ostereier, Kerzenwachs und Besthäupter, Lämmer und Schweinehälften, Johanniswein und Käse: weltliche und geistliche Herren mit ihrem zahlreichen Personal wollten schließlich vom Bauernstand ernährt werden. Wer die zahlreichen Verpflichtungen, die oft von seinen Vorfahren nach Mißernten eingegangen worden waren, nicht erfüllen konnte, der mußte sich pfänden lassen, dann sein restliches Eigentum aufgeben und sank deshalb zur Schicht der Hörigen herab, die *direkt* einem Herrn und seinem Recht unterstanden, an die Scholle gebunden waren und sogar zur Heirat das Einverständnis ihres Herrn benötigten. Dabei herrschte der Grundsatz, daß die Ehe mit einem minder- oder unfreien Partner selber minder- oder unfrei machte, egal welchem Stand man angehörte.

Naturalwirtschaft und Bevölkerungsanstieg

Die Verwalter und deren Knechte führten nun keineswegs ein Herrenleben, denn sie hatten für den Erhalt der Naturalien zu sorgen, Körner umzuschaufeln, Vorratskammern zu lüften, faule Früchte auszulesen, Fleisch zu salzen: der größere Teil der Naturaleinkünfte war ja nicht zum Verzehr, sondern zum Tausch bestimmt. Da kaum Silber-, geschweige denn Goldmünzen umliefen und die wenigen emsig für Notzeiten und Pfändungen zurückgelegt wurden, konnte ein Ritter ein Turnierpferd, eine neue Rüstung nur erwerben, wenn er dem Händler oder Plattner (Rüstungsschmied) dafür genügend Felle, Häute, Rinderhälften oder Fuder Wein anbot, die jener dann wieder gegen Eisen,

Halsbrecherisches Reisen im Gebirge. *Ähnlich mag auch der Übergang über die Finstermünz, eine Felsenenge im Inntal, im Mittelalter ausgesehen haben. Die Türme von Altfinstermünz stammen aus dem 15. Jahrhundert.*

Brennholz oder andere Nahrungsmittel tauschte. Die Wochenmärkte und Messen erleichterten diesen enormen Tauschhandel zwischen Kaufleuten, Handwerkern, Herren und Bauern, die zumindest Salz, Tuche und Geräte einhandeln mußten, die sie nicht erzeugen konnten. Da die Bevölkerung bis zum Ausbruch der Schwarzen Pest um 1347/50 in Deutschland stark zunahm, wuchs der Lebensmittelbedarf stärker an, als durch Landesausbau, Kolonisation der Ostgebiete und geringer Ertragssteigerungen dank verbesserter Anbaumethoden an Mehrertrag gewonnen wurde. Die Preise für alle Lebensmittel, voran Brotgetreide, stiegen. Die Bauern mit größerem Landbesitz und kleinen Abgaben verwendeten ihre Mehreinnahmen häufig dazu, die drückenden Lasten der Fronwirtschaft mit Geld abzulösen. Vor allem die Hand- und Spanndienste, die lästige Pflicht also, womöglich zur Zeit der eigenen Ernte mit Knecht und Wagen die Ernte auf den herreneigenen Feldern einzufahren, wurden jetzt mit den Gewinnen abgelöst, die man hungernden Städtern abgefordert hatte. Vor allem die

Allmende

Der Teil der Gemeindefläche, der bei der Besiedlung als Gemeineigentum genossenschaftlich genutzt wurde: Weide, Wald, Ödland, Gewässer. Der Adel versuchte im Spätmittelalter oft, diese Gebiete an sich zu reißen, obwohl ihm dafür jegliche Rechtsgrundlage fehlte.

Pflicht des Bauern, persönlich zu pflügen oder Gräben zu ziehen, wurde mit Geld abgefunden, das die Herren, die auf Kreuzzügen Ehre, Seelenheil und reiche Beute suchten, zur Finanzierung so dringend benötigten. Aber auch manchem kleinen Bauern gelang es, seine Zinsen, die zunächst in Naturalien abzuliefern waren, in fixe Renten zu verwandeln. Mit dem Steigen der Getreidepreise im 13. Jahrhundert und den Münzverschlechterungen des 14. Jahrhunderts nahm seine Leistung ab, verlor der Herr, ob Graf, ob Kloster, an Einkommen. Dafür hielt sich der Herr schadlos an Wald und Wild, die allein sein Eigentum geworden waren unter Ausschaltung der *Allmende (K, oben)*, ja er vermochte zum Teil auch die Weiden und Gewässer an sich zu ziehen. Sobald findige Bauern eine Sonderkultur einrichteten, so den Anbau von Erbsen und Linsen oder die Anlage von Fischteichen, war der Grundherr mit neuen Abgaben zur Hand, um sich keine Finanzierungsquelle für seine gesteigerten Bedürfnisse entgehen zu lassen.

Verankerung in Familie, Verwandtschaft und Nachbarschaft

Geborgenheit in der Jugend, Tätigkeit als Erwachsener und Versorgung im Alter gewährte allein die Familie, denn es gab weder Erziehungsheime noch Fürsorgeunterstützung, noch eine Altersrente. Es war damals selbstverständlich, daß die Eltern im Alter von denen versorgt und auch gepflegt wurden, die sie großgezogen hatten. Diese Familien waren eine Art von »Großfamilien«, die im Idealfall – soweit keine allzu frühen Todesfälle eintraten – drei Generationen umfassen konnten und im Unterschied zur heutigen Kleinfamilie besonders den ledigen Brüdern und Schwestern des Hofbesitzers Versorgung im Haus boten. Auch das Gesinde zählte zur Familie und erhielt für seine Arbeit die gleichen Entschädigungen wie Geschwister und Großeltern. Bei den Handwerkern in der Stadt war es nicht anders; Gesellen und Lehrlinge waren im Haus des Meisters untergebracht und wurden wie seine Familie verköstigt und gekleidet.

Häuser der Reichen. *Sie ähnelten Burgtürmen und lassen die ursprüngliche Verteidigungsfunktion erkennen. Regensburg, romanischer Hausturm aus dem 12. Jahrhundert.*

Das Oberhaupt der Familie hatte in Jahren guter wie schlechter Ernte zusammen mit der Hausfrau gleichmäßig für Nahrung und Unterhalt aller im Familienverband Lebenden zu sorgen und ein gerütteltes Maß an Verantwortung für Dutzende von Köpfen zu tragen. Daraus leitete der Hausvater allerdings auch ein Verfügungsrecht über seine Schutzbefohlenen ab, das sich vor allem bei der Heirat der nachgeborenen Brüder und aller Schwestern äußerte. Solange sie im Hause blieben, waren sie billige Arbeitskräfte, machten sie sich aber selbständig, pochten sie auf ihr Erbanteil oder eine Mitgift. Da war es schon günstig, wenn die eigene Frau aus dem gleichen oder Nachbarort stammte und eine ordentliche Mitgift einbrachte, aber auch wünschenswert, daß die Geschwister in diesem Umkreis blieben, damit der Verlust durch eine Heirat in der nächsten oder übernächsten Generation wieder wettgemacht werden konnte. Zwar ging gelegentlich ein Sohn oder eine Tochter ins Kloster, doch erwarteten die Benediktiner und Zisterzienser einen Anteil am Erbe; erst die Bettelorden taten dies nicht.

Weben, Schustern, Fischfang und Jagd.
Grundlegende mittelalterliche Handwerksarten zeigt das Reuner Musterbuch um 1210 in allen wichtigen Details.

Daß die Ehe ein unauflösbares Sakrament war, kam dem bäuerlichen Erwerbssinn entgegen, denn welche Vermögensumschichtungen und Gütertrennungen hätten Scheidungen in einer Zeit ohne Grundbuch, Vermessung und Familienrecht nach sich gezogen!
Die von Predigern wie Dichtern vom Schlage eines Neidhart von Reuenthal stets gerügten ausgiebigen Bauernhochzeiten, die mindestens drei Tage lang für Saus und Braus und Völlerei, Tanz und Geschrei sorgten, waren nicht nur Ausbruch aus einem bedrückenden

Alltag, sondern auch Freude über hinzugewonnene Verwandtschaft. Schwiegereltern, Schwäger und Schwippschwäger verpflichteten sich ohne Urkunde und Siegel zur Solidarität mit der angeheirateten Sippe. Zwar durften damals die Bauern schon keine Waffen mehr tragen, doch gab es genug andere Notfälle, wo die Schwägerschaft einspringen konnte, so bei Brand, Viehseuche, Erpressung und Vergewaltigung, ungerechter Erbteilung und Gestellung als Ersatzmann, um den Hoferben vor Kriegsdienst zu bewahren. Zumindest waren sie Pate und Patin bei der Taufe und versuchten, ihr Patenkind hilfreich durchs Leben zu begleiten. Waren die Paten kinderlos, so fiel ihr persönliches Eigentum, soweit es von Herrenrechten frei war, an die Patenkinder. Deshalb baten bei der grassierenden Kindersterblichkeit besorgte Väter gleich mehrfach um Patenschaft.

Nachbarschaftshilfe, Gemeinschaftsaufgaben und Schutz der Schwachen

Bei dringender Hilfe war der Hausvater auf die Nachbarn angewiesen, die (bedenkt man die zahlreichen Heiraten im oder nahe beim Heimatdorf durch Generationen) alle mehrfach, wenn auch entfernt verwandt waren. Ging es ums Aufrichten eines neuen Dachstuhls, die Erbohrung eines Brunnens oder um Saatgut, dann konnte man mit der Hilfe der Nachbarschaft rechnen, denn Zimmerer, Brunnenbauer und Saatguthändler arbeiteten in der Stadt, verlangten für Arbeit auf dem Lande zu viel. Natürlich revanchierte man sich dann reihum beim Kalben einer Kuh, half mit Geräuchertem aus und besorgte beim nächsten Markt- und Messebesuch die gewünschten Artikel fürs halbe Dorf. Gemeinschaftsleistungen wie Brandbekämpfung oder Herrichten der Dorfstraße gelangen bei gutem Einvernehmen leichter. Wer niemandem etwas schuldig blieb, konnte sonntags nach der Kirche ebenso unbekümmert mitreden wie beim Flurgang, der die alten Grenzen immer wieder ins Gedächtnis rief. Damit auch die nachfolgende Generation diese Marken merke, schrieben viele Dorfrechte vor, daß den Knaben an den Wendepunkten kräftige Maulschellen zu verabreichen seien. Verwandte wie Nachbarn sollten bei jähem Tod des Hofbauern die Witwe und die Halbwaisen schützen. Die Befürchtung, daß sich Verwandte aufs Erbe werfen würden, scheint groß gewesen zu sein, denn der Schutz der Witwen und Waisen ist nicht nur ein häufiges Predigtthema, sondern auch im Gelübde enthalten, das der Edelknappe vor dem Ritterschlag abzulegen hatte. Wer nämlich den Schutz der Familie verlor, wer aus seinem Vaterhaus vertrieben wurde, war recht- und

Waffen der Stauferzeit

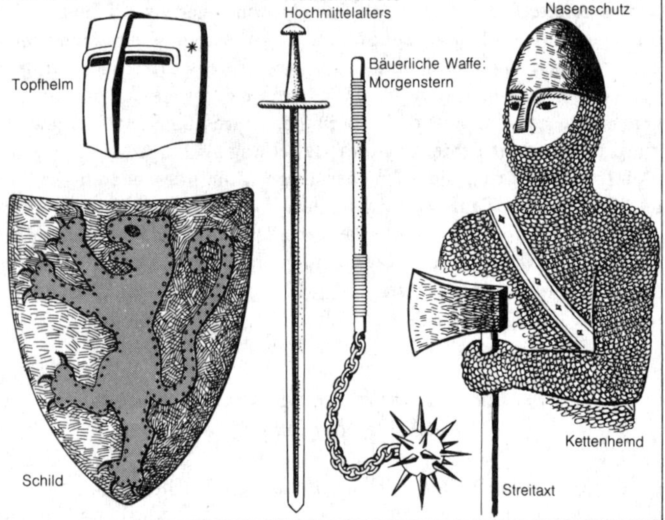

wehrloser als ein Höriger, den sein Herr in der Regel wegen seiner Arbeitskraft vor ungerechten Angriffen in Schutz nahm. Der ebenso geläufige Hinweis auf die Werke der Barmherzigkeit, die Schilderungen von Krüppeln und Schwachsinnigen, die wie Bettler die Kirchentüren der Städte und großen Dörfer belagerten, läßt ebenfalls schlechte Behandlung der »Mühseligen und Beladenen« vermuten, doch kann man von dieser öffentlichen Schaustellung nicht auf alle Haushaltungen schließen. In der Regel wird man auch im Gebrechlichen den Verwandten gesehen haben, den man »um Christi willen« mitzuschleppen hatte, auch wenn dies schwer oder lästig fiel.

Mit Gottes und der Nachbarn Hilfe gegen alle Gefahren des Lebens

Bei den kräftigen Abgaben, die viele leisten mußten, waren die Bauern auf gutes Wachstum und eine reiche Ernte angewiesen, denn Rücklagen konnten nur wenige anhäufen. Wochenlange Dürre oder wochenlanger Regen, Hagelschlag und Schädlinge konnten Familien an den Bettelstab bringen. Mit Flur- und Bittprozessionen wollte man Gottes Ohr erreichen, der doch nicht zulassen konnte, daß seine geplagtesten

Geschöpfe in Not gestürzt würden. Die Quellen und Brunnen, das Vieh und die Scheunen, den Hof und die Felder ließ man segnen und mit geweihtem Wasser besprengen, denn wenn man fromm und gerecht war, konnten die Plagen nur von Dämonen, nur vom Teufel selbst angestiftet worden sein. Mit mehrfachem Gebet am Tage, mit Weihwasser und Amuletten, mit Gelübden und Anruf der Wetterheiligen versuchte man einen Damm gegen die Naturkatastrophen aufzubauen. Wendete sich ein Unheil, dann mußten alle Versprechen eingelöst werden, die von Wachsspenden bis zu dem Gelöbnis reichten, einen der Söhne in ein Kloster zu geben.

Verheerender wirkten in Stadt wie Land Brände, die immer wieder an offenen Herdstellen, nicht nur bei Schmieden, ausbrachen und rasend um sich griffen, da die Häuser fast ausschließlich aus zundertrockenem Holz aufgerichtet waren, nur reiche Kaufleute sich steinerne Stadtburgen hatten bauen lassen, wie sie z. B. in Regensburg noch zu besehen sind (siehe Band 5). Mit seinem Haus verlor der Bauer wie Handwerker nicht nur seinen Wohnraum, sondern auch seine Betriebsräume. Nur mit Hilfe von Verwandten und Nachbarn konnte er beides wieder aufbauen, Geräte wie Vieh zum Start geliehen erhalten. Fehlte diese Hilfe, so konnte er nur noch die Gnade des Grundherrn anrufen, denn einen Bankkredit für einen Bauern gab es nicht.

Daher waren die scharfen Strafen verständlich, die gegen Brandstifter und Plünderer, aber auch gegen Wettermacher verhängt wurden. Diese Strafen vollzog man durchweg öffentlich, damit sich schon die Jugend einprägte, wie mit existenzbedrohenden Verbrechern verfahren wird. Aber auch leichte Vergehen wie Beleidigung und üble Nachrede wurden durch stundenlanges Prangerstehen des Delinquenten je-

Literatur

Ariès, Philippe: Geschichte der Kindheit, München 1975

Bächtold-Stäubli, Hanns: Handwörterbuch des deutschen Aberglaubens, 10 Bde., Berlin/Leipzig 1927–1942

Beuys, Barbara: Familienleben in Deutschland. Neue Bilder aus der Deutschen Vergangenheit, Reinbek 1980

Bosl, Karl: Frühformen der Gesellschaft im mittelalterlichen Europa, München/Wien 1964

Sprandel, Rolf: Gewerbe und Handel 800–1500. In: Handbuch der deutschen Wirtschafts- und Sozialgeschichte, hg. von H. Aubin und W. Zorn, Band 1, Stuttgart 1971

Weber-Kellermann, Ingeborg: Die deutsche Familie, Frankfurt 1975

***Alarm bei Brand und Angriff,** aber auch Ersatz für die Uhr und Erinnerung an Gebet und Gottesdienst stellte die Kirchenglocke sicher. Dodelinus-Glocke, um 1200 gegossen. Bremen, Focke-Museum.*

dermann kund. Das Vorgehen war in den einzelnen Dörfern verschieden, die Schuldsprüche wurden mündlich weitergegeben und erst im 14. Jahrhundert aufgezeichnet. Diese »Weisthümer«, von den Brüdern Grimm zwischen 1842 und 1878 veröffentlichte Dorfrechte, sind wohl die besten Zeugnisse für den Alltag des hohen Mittelalters.

HORST HÜBEL

Technik und Verkehr im hohen Mittelalter

Bevölkerungsexplosion als Folge der landwirtschaftlichen Revolution – Eisen wird Gebrauchsmetall – Wasser- und Windmühle – Zögernde Fortschritte im Straßenbau – Schiffahrt und Handel – Technikbegeisterung im Mittelalter, eine zweischneidige Angelegenheit.

Das hohe Mittelalter ist keine Zeit der spektakulären technischen Erfindungen, zumindest nicht in Deutschland. Fast alle Verfahren, Geräte und Maschinen, die in dieser Zeit zu Bedeutung gelangen, sind entweder schon seit der Antike bekannt, werden aber erst jetzt verbessert und wirtschaftlich genutzt oder werden aus dem Osten importiert. Im hohen Mittelalter bahnen sich dennoch bedeutende technische Revolutionen an und erreichen ihren Höhepunkt. Vor allem aber kann man sagen: *Die landwirtschaftliche Revolution des Frühmittelalters wird jetzt abgeschlossen.*
Die Bedeutung des schweren Räderpflugs, des Hufeisens, des Pferdekummets und der Tandemanspannung für mehrere Pferde ist schon im Frühmittelalter erkannt worden. Es dauert aber bis zum 11. und 12. Jahrhundert, bis sich als Zugtier das Pferd gleichzeitig mit der Dreifelderwirtschaft durchsetzen kann. Die Folge ist eine gewaltige Steigerung der Transportkapazität und der Produktivität in der Landwirtschaft, die erst die Bevölkerungsexplosion des hohen Mittelalters und das Entstehen der Städte ermöglichen.

Die ›zivile‹ Eisenzeit beginnt: Eisen wird zum Gebrauchsmetall

Im Frühmittelalter geht Eisen hauptsächlich in die Waffenproduktion und noch im 14. Jahrhundert ist dieses Metall in manchen Ländern so kostbar, daß etwa die eisernen Bratpfannen des englischen Königs Eduard III. eigens im Inventar des Kronschatzes aufgeführt werden müssen. In Deutschland gibt es aber reichliche Erzfunde, so daß sich vielerorts eine *Eisenproduktion* *(K, Seite 182)* als bäuerliches Nebengewerbe in kleinem Rahmen entwickeln kann.

Eisenproduktion im Mittelalter

Der Rennprozeß ist das primitive Verfahren zur direkten Erzeugung von Schmiedeeisen aus Eisenerz. Dazu wird das zerkleinerte Erz in Holzkohleöfen erhitzt, deren Temperatur nie die Schmelztemperatur von Eisen erreicht. Beim Glühen nimmt die Holzkohle den Sauerstoff des Erzes auf; der größte Teil der Gesteinsbeimengungen fließt in Form von Schlacke ab. Zurück bleibt ein ungeschmolzener Klumpen von porösem und kohlenstoffreichem Eisenschwamm, die Luppe, die noch mit Schlacke vermengt ist. Sie wird nun abwechselnd gehämmert und in der Esse erneut erhitzt. Dabei verbrennt der Kohlenstoff, und der Eisenschwamm wird zum kohlenstoffarmen und deshalb schmiedbaren Eisen, das durch Hämmern verdichtet und von der Schlacke befreit wird. Endprodukt sind Stangen oder Barren aus Schmiedeeisen. Ein sehr früher Ofen soll in acht- bis zehnstündigem Betrieb etwa 15 Kilogramm Luppe erzeugt haben. Dazu mußten mehr als 150 Kilogramm Erz und 100 Kilogramm Holzkohle eingesetzt werden. Beim indirekten Verfahren des Spätmittelalters wird zunächst in Hochöfen mit höherer Temperatur kohlenstoffreiches und deshalb hartes und sprödes Roheisen erschmolzen, das sich weder walzen noch schmieden läßt. In einem zweiten Prozeß, dem Frischen, wird nun ein Teil des Kohlenstoffs im erneut geschmolzenen Roheisen durch Luftzufuhr verbrannt. Erst jetzt entsteht wieder Schmiedeeisen. Auch beim Eisenguß muß das Roheisen ein zweites Mal geschmolzen werden.

Im Hochmittelalter wird Schmiedeeisen immer noch im primitiven »Rennprozeß« (Erhitzung der Erze zusammen mit Holzkohle) hergestellt. Die Temperaturen reichen einfach noch nicht aus, um Eisen zu schmelzen. Seitdem man aber durch handbetriebene oder von Ochsen getretene Blasebälge die Luftzufuhr verbessert, kann man wenigstens die größeren oberirdischen Schachtöfen einsetzen. Sie erzeugen schon so große Klumpen Eisenschwamm, daß man die Vorderwände der Öfen aufbrechen muß, um diese schwere »Luppe« herauswuchten zu können.
Häufiger werden nun Wasserräder, Tretmühlen (mit großen drehbaren Trommeln, in denen Menschen oder Tiere laufen, um sie zu drehen) oder Ochsengöpel (Antrieb, bei dem Ochsen im Kreis laufen und dabei einen Hebel mitbewegen, der eine Welle dreht) eingesetzt. Um 1010 ist in der Oberpfalz, in Schmidmühlen, die erste Eisenmühle nachgewiesen, wohl ein wasserbetriebener Stielhammer. Im Rheinland sollen schon vor 1227 Wasserräder sogenannte »Pochhämmer« zum Zerkleinern von Erz angetrieben haben; durch ein Wasserrad be-

***Kunstvolle Metallverarbeitung.** Kettenhemd, Topfhelm und halblanges Gewand: das Ritter-Aquamanile (Gießgefäß für rituelle Waschungen) ist Zeugnis für zunehmendes handwerkliches Können. Kopenhagen, Nationalmuseum.*

triebene Blasebälge gibt es hier mit Sicherheit seit 1311, wenig später treten sie in allen Zentren der Eisenindustrie auf. Diese wird durch die Wasserkraft entscheidend verändert: Zunächst werden die Öfen aus den Bergwäldern an die Flußläufe verlegt, was auch dem Eisenhandel zugute kommt. Mit den wirkungsvolleren Gebläsen lassen sich noch ergiebigere Öfen bauen und höhere Temperaturen erzielen. Gelegentlich kommt es so schon während des hohen Mittelalters vor, daß als gefürchtetes Abfallprodukt *hartes* geschmolzenes Roheisen entsteht. Zur Erfindung des Gußeisens und des wirkungsvolleren indirekten Verfahrens zur Eisengewinnung im späten Mittelalter ist nur mehr ein kleiner Schritt.

Bronzewaffen waren erst verdrängt worden, nachdem die Schmiede gelernt hatten, das weiche Schmiedeeisen in harten Stahl zu verwandeln. Im Mittelalter beginnt nun das Eisen Werkzeuge aus Holz zu verdrängen. Dies geschieht erst, nachdem man gelernt hat, Eisen immer wirtschaftlicher in immer größeren Mengen herzustellen, und als auch die zunehmende Bevölkerung nach immer wirkungsvolleren Werkzeugen verlangt. Der schwere Räderpflug ist ohne eiserne Pflugscharen nicht denkbar; erst die Erfindung einer neuen eisernen Axt im 10. Jahrhundert erlaubt das schnelle Roden der Wälder für zusätzliche Äcker. Ohne den Schutz des Hufeisens wäre das Pferd für den Bauern wertlos. So hat jedes Dorf seinen Schmied, der Werkzeuge herstellt und Pferde beschlägt. Die Schmiede in den Städten erzeugen Messer,

Handwerkskunst in Vollendung. *Um 1220 entstand das prächtig verzierte Bronzetaufbecken in der Dombauhütte des Hildesheimer Domes. Die vier knienden Männer mit Wasserkrügen versinnbildlichen die Paradiesströme.*

Waffen, Rüstungen, Nägel und Drähte und arbeiten sogar für den Export. Sogar im arabischen Raum sind die Schwerter aus Köln, Regensburg oder Passau begehrt. Weder staatliche Exportverbote noch päpstliche Banndrohungen können die Versorgung der Sarazenen mit Waffen aus dem Westen gänzlich verhindern.

Die Verfahren für die Herstellung der Schwerter sind größtenteils seit der Römerzeit bekannt: Durch Einsatzhärten, Kalthämmern oder Abschrecken in kaltem Wasser wird das Gefüge verfestigt. Hinzu kommt noch eine Art Nitrierhärtung, bei der die Werkstücke mit Hühnermist behandelt werden oder im stickstoffhaltigen Urin von Ziegenböcken abgeschreckt werden. Ob sich hierfür auch der Harn kleiner rothaariger Knaben eignet, wie der Mönch Theophilus Presbyter aus Helmarshausen schreibt, war sicher schon damals mehr als zweifelhaft.

Die Wassermühle löst eine ›industrielle‹ Revolution aus

Im frühen Mittelalter arbeitet fast die gesamte Bevölkerung für ihren persönlichen Bedarf oder den des Grundherrn. Erst als die Landwirtschaft so wirtschaftlich arbeitet, daß Arbeitskräfte freigestellt werden können, als die Warennachfrage der Städter und Bauern steigt und als eine zahlungskräftige Schicht von Kaufleuten und Grundherren entsteht, die die teuren Investitionen für Maschinen finanzieren kann, bildet sich eine frühe Form industrieller Massenproduktion heraus, die natürlich nicht mit unserer heutigen gleichgesetzt werden darf.
Nordfrankreich, Flandern und die Gegend um Köln werden – begünstigt durch die Nähe der englischen Wolle – Zentren der *mittelalterlichen Tuchherstellung (K, unten).* In der Bodenseegegend wird Leinen erzeugt. Eine Eisenindustrie entsteht im heutigen Ruhrgebiet, im Siegerland, bei Lüttich, in der Oberpfalz und in der Steiermark. Ende des 13. Jahrhunderts sollen in Brügge von 200 000 Einwohnern 30 000 in der Wollmanufaktur beschäftigt sein, und Hartmann von Aue beschreibt eine Tuchfabrik mit 300 allerdings sozial hochstehenden Arbeiterinnen in erbärmlichen Arbeitsverhältnissen.
Die Drehbewegung von Wasserrädern wird schon lange zum Antrieb von Getreidemühlen benutzt, besonders, nachdem man gelernt hat, die antiken Kenntnisse von Zahnradübersetzungen anzuwenden, um auch an langsam fließenden Bächen Drehbewegungen jeder gewünschten

Mittelalterliche Tuchherstellung

Die Wolle erwachsener Schafe wird zunächst mit Öl, Butter oder Schmalz geschmeidig gemacht und dann mit eigens hierzu angebauten Kardendisteln gekämmt. Dadurch werden die Fäden ausgerichtet und Knoten aufgelöst. Die Wollefasern werden nun mit der Hand gesponnen, zu Garn verdrillt und aufgespult. Im Mittelalter wird ein Rahmenwebstuhl verwendet, über den die Kettfäden horizontal gespannt werden. Durch sie wird der Querschuß zunächst noch mit der Hand gefädelt. So können nur einfache Muster entstehen. Das fertige Gewebe wird nun in einem Walkbottich mit verschiedenen seifigen Mixturen behandelt, die immer Walkerde, meist auch Urin enthalten, und tüchtig mit den Füßen getreten oder mit Hölzern gestampft. Dadurch sollen die Fasern verfilzen, der Stoff soll gleichmäßiger und flauschiger und vom Fett befreit werden. Nach dem Ausbessern kleiner Schäden und dem Rauhen mit der Kardendistel kommt das Tuch in die Färberei, die meist pflanzliche Farbstoffe aus Blättern, Wurzeln oder Rinden verwendet.

Arbeitserleichterung im 12. Jahrhundert. *Der Handwebstuhl wird vom Trittwebstuhl abgelöst, Tuch kann schneller und müheloser hergestellt werden. Der abgebildete Trittwebstuhl hat zwei Schäfte.*

Geschwindigkeit zu erzielen. Die entscheidende Neuerung kommt aus der Toscana. Dort gelingt es 983 das erste Mal, eine Drehbewegung mit Hilfe eines Nockens (Erhebung auf der Welle oder Scheibe) in eine Auf- und Abbewegung umzuwandeln: ein Stempel wird dabei durch einen Nocken auf einer rotierenden Welle angehoben. Beim Herabfallen stampft er Tuche in einem Walkbottich. Getreide- und Walkmühlen findet man von da an zu Tausenden in England, Frankreich und Deutschland. Im 11. Jahrhundert kommt auf 50 Haushalte in England eine Wassermühle, ähnlich sind wohl auch die Verhältnisse in Deutschland. Wassermühlen werden schnell zur beherrschenden Antriebsmaschine. Sie brechen Hanfstengel zur Leinenherstellung, zerquetschen die Blätter des Färberwaids zur Gewinnung des blauen Farbstoffs, pressen Öl und auch Eichenrinde zur Herstellung der Gerberlohe, zerkleinern Erz, hämmern Eisen, betreiben die Blasebälge der Schmelzofengebläse und stampfen Biermaische.
Die Mechanisierung bleibt nicht ohne soziale Folgen: Auch wenn

noch im 12. Jahrhundert Razzien in den slawischen Gebieten befohlen werden, um Sklaven für den Export zu gewinnen, so wird doch Sklavenarbeit in Deutschland mehr und mehr überflüssig. Die Kapitalgeber für die großen Mühlen, Klöster und andere Grundherren, setzen gegen den erbitterten Widerstand der Bauern ein Verbot der Handgetreidemühlen durch. Walken der Tuche mit Hand und Fuß wird verboten. Die Produktion der Stoffe wird an die Flüsse verlagert. Seit 1223 ist eine Walkmühle in Speyer bekannt; 1298 ist hier Handarbeit beim Walken schon völlig verdrängt.

Weitere Mechanisierungen – Zunehmender Handel

Noch einmal wird in der Tuchindustrie mechanisiert, als im 13. Jahrhundert das Spinnrad eingeführt wird und sich Trittwebstuhl und Zugwebstuhl einbürgern, beides möglicherweise ägyptische Erfindungen. Die Speyerer Tuchmacher versuchen noch 1298, sich vor dem Spinnrad durch Verbote zu schützen. Dann wird es zunächst für Tuche minderer Qualität zugelassen. Bei den neuen Webstühlen öffnet der Weber durch Fußtritt oder Handzug ein Fach zwischen den Kettfäden. Er hat dann beide Hände frei, um den Schützen mit dem Schußfaden im Fach quer zu den Kettfäden hin- und herzuwerfen.
In den Ebenen an der Nordseeküste mit langsam fließenden Flüssen übernimmt die Rolle der wassergetriebenen Korn- und Schöpfmühlen bald die Windmühle. Ob sie eine eigenständige europäische Erfindung ist oder auf tibetanische Gebetsmühlen zurückgeht, ist ungeklärt. Jedenfalls wird 1105 die erste Windmühle in Frankreich erwähnt, von da an breitet sie sich in Europa aus. Köln errichtet 1222 die erste Windmühle.
Das schwierigste Problem für den mittelalterlichen Maschinenbauer ist es, eine Drehbewegung in eine hin- und hergehende Bewegung umzuwandeln. Der Nocken ist, wie wir gesehen haben, eine Lösung; im 13. Jahrhundert kommt ein federnder Baum zur Konstruktion einer Säge hinzu. Die Drehung eines Mühlrads nimmt die Säge in eine Richtung mit und spannt dabei die Feder, die ihrerseits nun für die Rückwärtsbewegung sorgt. Das umgekehrte Prinzip wendet man bei der Holzdrehbank mit Wippe im 13. Jahrhundert an. Für den Drillbohrer wird die Drehleier erfunden, die sich aus der Kurbel entwickelt hat. In allen Bereichen der Technik versucht man nun zu mechanisieren.
Die Verfahren der Tuchherstellung sind überall ähnlich. Doch die Rezepte für die Tinkturen der Färberei werden geheimgehalten. So kommt es, daß die verschiedenen Gegenden auf bestimmte Farben spezialisiert sind. England exportiert schwarze Tuche, das Rheinland

graue, Flandern und Nordfrankreich farbenprächtige rote, blaue und purpurne Stoffe. Die Farbstoffe sind schon früh wichtige Handelsgüter. Sie kommen, wie der blaue Indigo, bis aus Indien. Flandern kann im 13. Jahrhundert über die rückständigen Deutschen witzeln, zu denen die modernen Färbemittel noch nicht vorgedrungen sind.

Deutschland wird ein Land des Handels und des Verkehrs

Die gesteigerte Kaufkraft infolge von zunehmender Silbergewinnung im Harz (im Rammelsberg seit dem 10. Jahrhundert) und in Sachsen regt im hohen Mittelalter den Importhandel an; das aufblühende Handwerk drängt mehr und mehr auf Export. So kommen indische Gewürze und Farbstoffe, chinesische Seide und andere orientalische Luxuswaren über Byzanz und die Donauländer oder über Rußland und die Ostsee nach Deutschland. Später werden sie von den Venezianern und Franzosen gegen deutsche Tuche, Leinenwaren oder Waffen gehandelt und gelangen über die Alpenpässe oder über Wien und Regensburg in unseren Raum. Leinenwaren werden nach Genua und Marseille verkauft, von wo aus sie bis nach Persien vertrieben werden. England liefert Wolle und schwarze Tuche und erhält dafür Getreide, Wein und Eisenwaren. Der slawische Raum exportiert außer Sklaven Honig und Pelze.
Auch im Hochmittelalter reisen die Kaufleute gewöhnlich noch bewaffnet und in Gruppen, um die vielen Straßenräuber abwehren zu können. Die Bauern liefern ihre Produkte auf zweirädrigen Karren oder vierrädrigen Pferdewagen in die nahe Stadt; die meisten Lasten werden aber durch Träger befördert. Reisende Metzger, wandernde Gesellen und Mönche, fromme Pilger auf dem Weg über den Brenner nach Rom oder Jerusalem (siehe auch Band 2) und kaiserliche Heere bevölkern die Straßen. Der Kaiser zieht mit seinem Gefolge von Pfalz zu Pfalz. Noch immer reichen ja die Transportmöglichkeiten nicht aus, daß die Fronbauern den Hofstaat an einer zentralen Residenz versorgen könnten.
Für die Verpflegung der Reisenden ist gesorgt: bei den Bischofskirchen und an den Alpenpässen werden geistliche Hospize errichtet, die Klöster gewähren einzelnen Reisenden und wandernden Bauhütten (siehe Band 4) ein Dach über dem Kopf. Vorschriften müssen verhindern, daß die Anrainer von den Reisegruppen zu sehr geschädigt werden: Der Reisende darf nur soviel Futter aus der Saat schneiden, wie er, mit einem Fuß auf dem Weg stehend, mit einer Sichel oder einem Schwert erreichen kann.

Mühsam über Stock und Stein

Der »Sachsenspiegel« legt die erste Straßenverkehrsordnung fest: leere Wagen müssen danach z. B. beladenen ausweichen. Aber was besagt das schon: Das Reisen bleibt extrem beschwerlich. Von den alten Straßen der Römer ist in Deutschland nicht viel übriggeblieben: die Anrainer hatten sie teilweise als Steinbruch benutzt. So sind sie häufig von Schlammlöchern übersät oder nur notdürftig durch Sand, Reisig oder Schotter, durch »Stock und Stein« repariert. Wer für ihren Unterhalt aufzukommen hat, ist klar festgelegt; doch kümmert sich niemand darum. Aus der Römerzeit haben auch die Straßenzölle überlebt, doch werden sie nur mehr als willkommene Quelle zur Bereicherung angesehen.

Geistliche Herren pflegen die Straßen schon eher, aber erst gegen Ende des 13. Jahrhunderts achten auch die Städte darauf, daß in ihrem Umkreis gute Straßen entstehen. Die neugegründeten Städte verbindet bald ein dichtes Verkehrsnetz. Vom 11. Jahrhundert an werden immer mehr Fähren angelegt, ein Jahrhundert später kann man, wie in Regensburg oder Passau, viele Flüsse auf dauerhaften Steinbrücken überqueren. In England, Frankreich, aber auch in Passau gibt es geistliche Bruderschaften, die es für ihr Seelenheil besonders vorteilhaft halten, Brücken zu bauen und zu unterhalten.

Die neuen Straßen sind meistens Schotterstraßen. Steinpflaster kennt man seit dem 12. Jahrhundert, doch werden die Straßen in den meisten deutschen Städten erst seit dem 14. Jahrhundert gepflastert.

Weniger beschwerlich und für den Transport von Massengütern geeigneter ist die Binnenschiffahrt. Selbst kleine Flüsse werden schiffbar gemacht. Abwärts getrieben werden die Boote durch die Strömung, am Ziel angekommen werden sie zerlegt und als Bauholz verkauft oder auf sogenannten »Treidel-« oder »Leinpfaden« an einem Seil wieder aufwärts gezogen.

Manchmal behindern Mühlen die Schiffahrt auf kleinen Flüssen; an den großen Flüssen sind es die Zollstellen, die zu Handelshindernissen werden. Am Rhein hält durchschnittlich alle zehn Kilometer eine Zollstelle die Schiffe auf, an der Donau alle 15 Kilometer und an der Elbe alle 14 Kilometer. Allein zwischen Ehrenfels und Koblenz verteuert sich die Ware so um zwei Drittel. Wie billig der Transport einer Ware sein kann, wenn er nicht durch Zölle behindert wird, ist aus England bekannt, wo sich im 13. Jahrhundert Wolle alle 80 Kilometer um 1,5 Prozent verteuert, Getreide allerdings um 15 Prozent.

Im Flachland legt ein Pferdegespann täglich 22 bis 35 Kilometer zurück. Reisende ohne Gepäck bringen es auf 40 bis 50 Kilometer.

In Nord- und Ostsee verhilft seit dem 13. Jahrhundert die Kogge, ein bauchiges Schiff mit Kiel und Heckruder, das bei entsprechender Segelstellung sogar gegen den Wind segeln kann und so keine Ruderer braucht, den deutschen Kaufleuten zur Monopolstellung (siehe auch die »Hanse«, Band 4). Die Schiffe segeln in Küstennähe und orientieren sich an Kirchtürmen. Der Kompaß ist im 13. Jahrhundert überall bekannt, doch wird er lange als Teufelswerkzeug gefürchtet.

Vorboten der naturwissenschaftlichen Revolution

Wind- und Wasserrad lösen einen regelrechten ›Mechanisierungsschub‹ aus. Überall beginnt die Phantasie, sich mit neuen Maschinen zu beschäftigen. Im Alexanderroman des 12. Jahrhunderts ist die Rede von Unterseebooten und Flugapparaten; in England soll es sogar frühe Flugversuche gegeben haben. Roger Bacon hat dort auch die Vision von einem Wagen ohne Pferde, und Albertus Magnus besitzt einen »Püsterich« zum Anfachen eines Feuers, offensichtlich einen frühen Vorläufer der Dampfmaschine. Er besteht aus einem Wassergefäß in Form eines Menschenkopfes, unter dem ein Feuer zur Dampferzeugung entzündet wird. Aus Byzanz und aus dem arabischen Raum kommen immer wieder Nachrichten von kunstvollen Spielzeugautomaten mit bewegten Figuren oder zwitschernden Vögeln. Der Phantasie sind nur dadurch Grenzen gesetzt, daß sich vieles einfach noch nicht realisieren läßt. Aber es gibt schon Himmelsmodelle mit mechanisch bewegten Ringen als Himmelssphären. Kaiser Friedrich II. erhält ein solches Planetarium vom Sultan von Damaskus. Man beginnt, sich die Welt als Uhrwerk vorzustellen.

Ende des 13. Jahrhunderts wird in Italien die Brille erfunden. Neue Werkzeugmaschinen, Wurfgeschütze und Belagerungsmaschinen erscheinen, aber auch – Folterinstrumente. Konradin, der letzte Staufer, wird mit einer Maschine hingerichtet. Das Zeitalter der Erfindungen hat begonnen.

Literatur

Feldhaus, Franz Maria: Kulturgeschichte der Technik, Hildesheim 1976
Singer, Charles (Hrsg.): A History of Technology. Vol. 1, Oxford 1956
White, Lynn: Die mittelalterliche Technik und der Wandel der Gesellschaft, München 1968

WINFRIED STADTMÜLLER

Die deutsche Ostsiedlung

Trecks nach Osten, Trecks nach Westen – Gutnachbarliche Verhältnisse zwischen Slawen und Baiern – Das Deutsche Reich wird nach Osten vergrößert – Fehlschläge und Neubeginn – Soziale und wirtschaftliche Umwälzungen verursachen den großen Drang nach Osten – Organisatorische Abwicklung einer Ansiedlung – Spezielle Techniken der Kultivierung garantieren große Erfolge – Der Anteil der Orden am Siedlungswerk – Stadtgründungen – Unterschiedlich starke Integration.

Das »Rad der Geschichte« dreht sich bisweilen an seinen Ausgangspunkt zurück. – Im Frühjahr 1945 fluteten endlose Flüchtlingsströme aus dem Osten in die zerbombten westlichen Regionen des Deutschen Reiches; knapp 800 Jahre zuvor waren von hier aus die Vorfahren jener Menschen teilweise auf denselben Straßen nach Osten gezogen. Auf den ersten Blick mochten sich die gegenläufigen Trecks gar nicht so sehr unterscheiden: auf großen oder kleinen Wagen wurden die Habseligkeiten mitgeführt, obenauf saßen die Kinder. Waren die Menschen ab dem 12. Jahrhundert als willkommene Arbeitskräfte in eine neue Heimat gerufen worden, so wurden ihre Nachfahren von dort mit Gewalt vertrieben oder mußten fliehen. – Die wahnwitzige Politik Hitlers hatte u. a. in kürzester Zeit zum Verlust dieses in Jahrhunderten entstandenen Siedlungswerks geführt! Übrig blieb auf beiden Seiten nur unermeßliches Leid.

Die Schweigsamen und die Stummen

»Slavan«, Slawen, nannten die Germanen diese Nachbarn: »die Schweigsamen«, Menschen also, mit denen man sich nicht verständigen konnte. Wie die Germanen bildeten die Slawen eine große Völkerfamilie. Ihre Herkunft ist umstritten, wahrscheinlich dürfte die slawische Urheimat im Gebiet der Pripjat-Sümpfe, zwischen Dnjepr und Weichsel zu suchen sein. Als die germanischen Stämme im Laufe der Völkerwanderung ihre Wohnsitze zwischen Ostsee und Schwarzem Meer aufgaben, rückten die Slawen allmählich in die freigewordenen Räume ein: die Russen wandten sich nach Norden und Süden, die Slowenen und Kroaten wanderten bis an die Donau und zu den Alpen.

Die Völkerschaften der Westslawen, die Polen, Sorben, Tschechen, Slowaken, Abodriten, schoben sich langsam über Weichsel und Oder vor und erreichten um 650 Elbe und Saale. In diesem riesigen Gebiet mit seinen großen Wäldern, seinen Heideflächen und Mooren lebten die Slawen in weitverstreuten weilerartigen Siedlungen als Bauern: mit einfachen Geräten bestellten sie die leichten Böden, im Wald sammelten sie Honig. In zeitgenössischen Berichten werden die Wenden, wie die Westslawen jetzt auch genannt werden, als friedfertige Menschen geschildert; von den großen Schlachtfeldern haben sie sich jedenfalls ferngehalten. Wenngleich sie mit den Germanen Tauschhandel trieben – Pelze und Bienenwachs gegen Werkzeuge oder Schmuck –, war der Kontakt zu ihnen offensichtlich nicht sonderlich eng: bezeichnenderweise nannten die Slawen ihre westlichen Nachbarn »Niemcy – die Stummen«!

Daß es Verständigung zwischen Germanen und Slawen gab, beweisen die Baiern, die als erster deutscher Stamm mit ihnen ›zusammenrückten‹. Als in der Völkerwanderungszeit große Teile der romanischen Bevölkerung ihre Siedlungen im Alpenraum verließen, sickerten die Bajuwaren von Westen her, die Slowenen von Osten in die verlassenen Gebiete ein. In den Haupttälern der Alpen stießen sie aufeinander: Im zähen Ringen um den Boden setzten sich die Baiern schließlich durch, ohne indes die Slawen zu unterdrücken oder zu vertreiben. Es entstand hier eine »slawisch-germanische Wohngemeinschaft« (Hermann Schreiber) mit fast gutnachbarlichem Verhältnis. Ohne Zwang, wie es scheint, ließen sich die Alpenslawen von baierischen Mönchen taufen und nahmen deren überlegene Bewirtschaftungsmethoden an.

Noch im 8. Jahrhundert drangen Baiern über den Alpenkamm nach Kärnten, in die Steiermark, nach Südtirol und bis zum Wiener Wald vor. Zweihundert Jahre später, als eben die Ungarngefahr gebannt war, wurden hier durch Bischöfe und Klöster, wie etwa Tegernsee oder Metten, baierische Bauern angesiedelt. »Ostarrîchi« – Österreich – ist das Werk baierischer Kolonisation: die Sprache verrät es bis auf den heutigen Tag!

Weiter nördlich hielten ursprünglich Saale und Elbe Germanen und Slawen stärker auf Distanz, wenn man von den wendischen besiedelten Gebieten im heutigen Niedersachsen (»Wendland«) absieht. Durch militärische Sicherung der Elbe-Saale-Linie hatte Karl der Große eine gut zu verteidigende Grenze geschaffen und einem erneuten Vordringen von Wenden vorgebeugt. Der Verfall der karolingischen Macht führte dann jedoch zu immer neuen, das Grenzgebiet beunruhigenden Zusammenstößen zwischen Deutschen und Slawen. So fühlten sich die deutschen Könige aus dem sächsischen Hause schließlich veranlaßt, ein Glacis, ein militärisches Vorfeld, im Osten der Elbe zu schaffen und den Grenzsaum bis zur Oder vorzuschieben, um so das Reich frühzeitig verteidigen und Einfluß auf die Slawen nehmen zu können. Heinrich I. ließ in dem slawisch bewohnten Gebiet Fluchtburgen als militärische Stützpunkte anlegen, Otto der Große baute die Grenzbefestigungen zu »Marken« aus und siedelte in ihrem Bereich deutsche ›Wehrbauern‹ an. Es ging jedoch keineswegs darum, die Slawen zu verdrängen: sie sollten für das Christentum gewonnen werden. Als Zentrum der Mission erhob der Papst Magdeburg zum Erzbistum. Kaum ein halbes Menschenalter später brach jedoch das Christianisierungswerk in einem großen Slawenaufstand weitgehend zusammen; die Reichsgrenze mußte an die Elbe zurückverlegt werden.

Machtvolle Expansion nach Osten im 12. Jahrhundert

Erst nach hundertjähriger Pause nahmen die deutschen Könige wieder die »aktive Ostpolitik« auf. Kaiser Lothar III. von Supplinburg – als ehemaliger Sachsenherzog vorzüglicher Kenner der Verhältnisse – konnte in harten Kämpfen die deutsche Oberherrschaft über die slawischen Stämme durchsetzen. Den Schutz der neugewonnenen Grenzgebiete vertraute er tüchtigen Fürsten an – sie wurden die Begründer und ersten Träger der deutschen Ostsiedlung: Graf Adolf I. von Schauenburg erhielt Holstein und erschloß den Raum um die Lübecker Bucht; dem Geschlecht der Wettiner wurde die Mark Meißen übertragen, das Kernland des heutigen Sachsen; der Askanier Albrecht der Bär wurde mit der Nordmark (Altmark) belehnt und erbte von einem slawischen Fürsten das Land an der Havel, das spätere Brandenburg; der Sachsenherzog Heinrich der Löwe schließlich errang die Oberhoheit über Mecklenburg und (Vor)Pommern. Eine militärische Grenzsicherung, wie sie von den Ottonen betrieben worden war, hatte sich als untauglich erwiesen: Wollten die neuen Herren ihre Gebiete wirklich in die Hand bekommen und auch daraus Nutzen ziehen, mußten sie Deutsche ansiedeln, die sich dort integrierten. In seiner »Slawenchronik« berichtete Helmold von Bosau: »Weil aber das Land menschenleer war, sandte der Graf Boten aus in alle Lande, [...] auf daß alle, die von der Landnot bedrückt wurden, mit ihren Hausgenossen kämen, um schönsten Boden, weiten Raum, reich an Früchten, überreich an Fischen und Fleisch und einladend durch üppige Weiden, zu empfangen.«

Solche Einladung kam zur rechten Zeit: In Deutschland war der Ak-

***Dietrich der Bedrängte, Markgraf von Meißen** zu Pferde. Ungewöhnlich ist Dietrichs Darstellung ohne Helm und die wenig kriegerische Pose des mächtigsten Landesfürsten zwischen Saale und mittlerer Elbe.*

kerboden knapp geworden. Seit der Jahrtausendwende war die Bevölkerung rasch angestiegen, jedes Stück Boden mußte deshalb ausgenutzt werden. Um 1100 war schließlich alles rodungsfähige Waldgebiet erschöpft, an der Nordseeküste hatten überdies verheerende Sturmfluten weite Flächen fruchtbaren Ackerlandes vernichtet. Adelige konnten jetzt auf ihren kleinen Lehen nicht mehr standesgemäß leben; das schmale Erbe der jüngeren Bauernsöhne ernährte nicht mehr den Mann, geschweige denn eine ganze Familie. In dieser Lage bot das Umsiedeln in den Osten manchem eine letzte Chance! Andere mochte

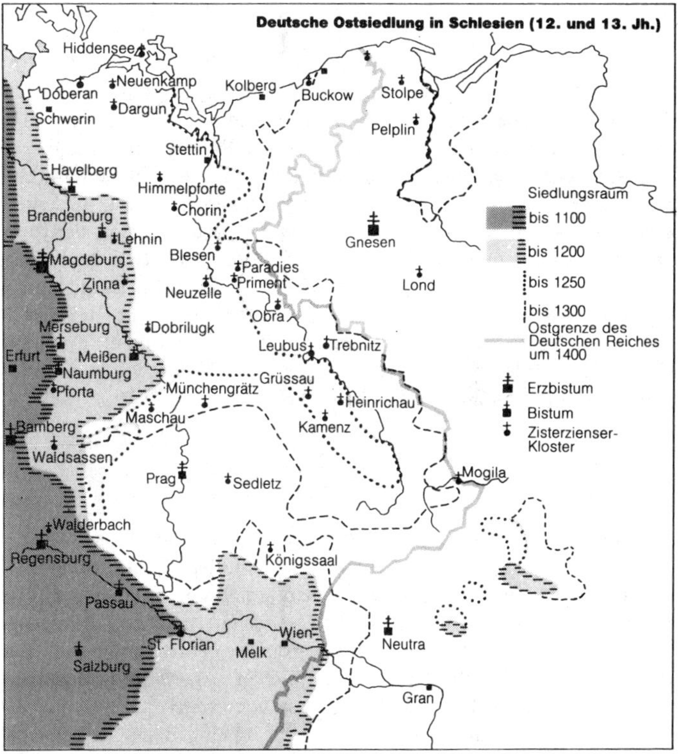

mehr die Aussicht locken, auf diese Weise grundherrlicher Bedrükkung zu entfliehen oder ihre Schuldenlast abschütteln zu können. Sicher waren bei vielen religiöser Eifer und Abenteuerlust mit im Spiel: Jetzt konnte sich auch der »tumbe« Bauer das ›Kreuzzug-Erlebnis‹ gönnen! Geschickt haben die ostfälischen Herren ihren Aufruf von 1108 darauf abgestimmt: »[. . .] damit alle zum Krieg für den Heiland eilen und den Streitern Christi zu Hilfe kommen. [. . .] Deswegen, Sachsen, Franken, Lothringer, Flamen, ihr berühmten Weltbezwinger, auf! Hier könnt ihr euer Seelenheil erwerben und, wenn es euch so gefällt, noch das beste Siedlungsland dazu.«

In der Tat vermochten die Grundherren in den östlichen Grenzgebieten zwischen Elbe und Oder mit Vorteilen zu werben, von denen der mittelalterliche deutsche Bauer nur träumen konnte: Sie boten ausreichend Land; sie gewährten vor allem die persönliche Freiheit und das Verfügungsrecht über den Besitz. »Die Grundstücke überlassen wir ihnen zu erblichem und freiem Recht, so daß sie die Befugnis haben sollen, sie zu verkaufen und nach ihrem Willen darüber zu verfügen«, heißt es in einer Kolonisationsurkunde. Die Anwerbung der Neusiedler wurde einem sogenannten »Lokator« (lat., Vermieter) – meist ein Adeliger oder ein kapitalkräftiger Bürger – übertragen: er war der Vermittler zwischen dem Grundherrn und dem Bauern. Die »Lokatoren«, auch »burmester – Bauermeister« genannt, wickelten das ganze Ansiedlungsunternehmen ab: sie besuchten mit den Versprechungskatalogen die übervölkerten Dörfer, schlossen die Siedelverträge und stellten schließlich die Trecks zusammen. Damit unterscheidet sich die Ostsiedlung des 12. Jahrhunderts von der Landnahme, die vorher stets der militärischen Eroberung folgte. Jetzt stellt sie sich als fast ›vertragsähnliches‹ Unternehmen dar zwischen Landgeber (Grundherr) und Siedler bzw. Bürger.

». . . da ist eine bessere Stätt«

Der Zug nach Osten war sicher der gefahrvollste Teil der Auswanderung: Wochenlang mußten die Kolonnen unter großen Strapazen durch oft unwegsames Gelände ziehen. Im holpernden Planwagen wurden der gesamte Hausrat und die Gerätschaften mitgeführt, an den Holmen war das Vieh angepflockt, und unter dem Dach spielte sich das tägliche Leben ab. An den abendlichen Lagerfeuern mag wohl auch das »Lied der Ostlandfahrer« entstanden sein, das damals in aller Munde war: »Nach Ostland wollen wir reiten, / nach Ostland wollen wir mit, / frisch über die grüne Heiden, / da ist eine bessere Stätt.«
Als die Siedler jedoch jenseits der »grünen Heide« ankamen, fanden sie zumeist nur Urwälder und sumpfige Ebenen vor. Der »Lokator« teilte den Bauern ihr neues Land zu, meist 20 bis 30 Hektar – immerhin doppelt soviel, wie die meisten zu Hause besessen hatten! Die einzelnen Höfe wurden längs der Straße oder eines Baches aneinandergereiht, die Felder schlossen sich in breiten Streifen hinten an die Wohngebäude und Stallungen an; einen über die ganze Flur verstreuten Besitz wie in der alten Heimat gab es hier nicht. Die Siedlungen in den Ostgebieten erhielten so die charakteristische Form des oft kilometerlangen Straßendorfs, in der Mitte lag der Anger mit der Kirche und dem Wirtshaus. Im gefährdeten Grenzland wurden anfangs auch sogenannte Rundlinge mit einer einzigen Zufahrt angelegt, in denen sich die Bewohner bei slawischen Überfällen »einigeln« konnten.
Von der Wildnis, die die ersten Ansiedler vorfanden, bis zu den sprich-

Kirchenbau auf neubesiedeltem Gebiet. *Die künstlerischen Leistungen standen dem Altreich in nichts nach: Lettner und Kreuzgruppe in der Stiftskirche Wechselburg (links) und Ostchor des Doms in Magdeburg (rechts).*

wörtlich sauberen und wohlhabenden Dörfern im Osten war es jedoch ein weiter und mühevoller Weg. Das Leben der ersten Generationen bestand nur aus harter Arbeit. »Der Vater findet den Tod, der Sohn hat noch Not, erst der Enkel das Brot«, lautete die bittere Weisheit eines alten Siedlerspruchs. Die Grundherren haben die Bauern bei der Kultivierung des Bodens nach Kräften unterstützt: In den Anfangsjahren waren die Höfe von Abgaben frei, später mußte nur ein geringer Zins entrichtet werden. In besonderer Weise wurden die »Lokatoren« für Aufwand und Mühe bei Gründung und Leitung des Ortes belohnt. Sie erhielten das größte und schönste Grundstück und das Recht, die Mühle und den Dorfkrug zu betreiben. Als Inhaber des erblichen Schulzenamtes verkörperten sie die Dorfobrigkeit.

Die Zisterzienser: Askese und Kaufmannsgeist

Ohne die Cluniazenser keine Zisterzienser – so läßt sich die Entstehungsgeschichte des Ordens überschreiben: Nach asketischem Beginnen im Zeichen der Kirchenreform gelangten die Cluniazenser (siehe Band 2) zu Reichtum. Fette Speisen, edle Kleidung, prunkvolle Liturgie und teure Architektur stießen auf Kritik. Einige, die an den Regeln des heiligen Benedikt (siehe Band 1) strenger festhalten wollten, verfaßten Streitschriften und Polemiken. Als dies nicht half, zog man aus nach Cîteaux (zwischen Langres und Chalon), dem namengebenden Ort. Mehr noch als unter der Ägide des Gründungsabtes Robert von Molesme florierte das neue Klosterunternehmen unter dem bekannten Kreuzzugsprediger Bernhard von Clairvaux (siehe Band 2). Kontemplation, Weltabkehr, Askese, Andacht und Arbeit war für viele offenbar Reiz genug, sich anzuschließen – 700 Zisterzen (Einzelklöster der Zisterzienser) in Deutschland, England und Frankreich sind im 14. Jahrhundert Beweis genug.

Blütezeit des Ordens war das 12., das »zisterziensische« oder »bernhardinische« Jahrhundert, Erfolge in Landwirtschaft und Handel ihre Ursache. Nachahmer fanden sie schon im 12. Jahrhundert in den Ritter-, im 13. Jahrhundert in den Eremiten- und Bettelorden. Diese griffen Elemente der Ordensverfassung auf, die eigenwillig komponiert war aus genossenschaftlichen und hierarchischen, zentralistischen und föderalistischen Elementen.

Autarkie	*sollte die Freiheit von der Welt sichern – landwirtschaftliche Produktion war nötig, Keltereien, Kornmühlen und Brauereien wurden gebaut zur Verarbeitung der agrarischen Produkte. Stauwehre dienten der Energieversorgung durch Wasserkraft.*
Märkte	*waren trotzdem unentbehrlich zum Erwerb von Dingen, die nicht jedes Kloster produzierte, wie Salz oder Eisen. In den Besitz von Bargeld kam man durch den Verkauf eigener, oft sehr begehrter Produkte: Wein, Wolle, Pferde. Der Transport erfolgte auf klostereigenen Schiffen, Rhein und Mosel hinab.*
Stadthöfe:	*Häuser und eigene Grundstücke in den Bischofsstädten mußten sich die Ordensleute zulegen, weil sie schon bald stark in die rege Warenzirkulation verstrickt waren: Vorratslagerung (Getreide und Brot), Bier- und Weinausschank, Fleischverkauf und Beherbergung von Angehörigen. Diese »Stapelhaus«-Funktionen wurden im 13. und 14. Jahrhundert erweitert: Verwaltung des umliegenden Klosterbesitzes, Zinseintreibung und Aufbewahrung des Zehnten.*

Bodenschätze	*nutzte man aus, soweit möglich: Steinbrüche, Eisenabbau, Kupferverhüttung, Silberabbau und Salzgewinnung.*
Geldanlage	*war nach erfolgreichen Handelsjahren ein Gebot der Stunde geworden: Kauf von Silberminenanteilen, Investitionen in Mühlenbau oder Kauf gewinnbringender Objekte wie Salinen.*
Das Ende der Askese	*rückte mit der starken Integration einzelner Zisterzen in den städtischen Handel näher. Erwarb man ursprünglich auf dem Markt nur das notwendigste, so kam im Spätmittelalter das Bedürfnis nach exotischen Gewürzen, Südwein und feinem Tuch auf. Zisterzienser und städtischer Handel waren mittlerweile aufeinander angewiesen. Die Verstrickung der Klosterbrüder in die Ware-Geld-Zirkulation wurde überall sichtbar: Jahrmärkte vor den Klostertoren, ab 1395 ist der Himmeroder der größte Jahrmarkt der Eifel, Orden als Pfandleiher und Zinseintreiber – Verstöße gegen das kirchliche Zinsverbot und 1136 von Papst Alexander III. als Wucher verboten; doppelte Buchführung, Überschußproduktion, Bedarfsplanung, Rentenkäufe und Vermietungen!*
Zisterziensische Kunst und Architektur	*hingegen sind noch lange vom Armutsideal geprägt: kleine, schlichte Kirchen ohne aufwendige Türme, einfache Chöre mit geradem Abschluß, Querschiffe mit Einzelkapellen verbaut zu Kontemplation und Bußübung. Malerei, Plastik und farbige Fenster waren verboten, dafür gab es einfache Holzkreuze.*

Frauenklöster duldete der Orden zunächst nicht, obwohl im 12. Jahrhundert viele Adelige und vermögende Bürgerliche in die Orden strömten. Um 1200 geben die Zisterzienser ihre starre Ablehnung Nonnen gegenüber auf; um 1230 Welle von Frauenklostergründungen (in den Erzbistümern Mainz 33, Köln 25, Trier 11, Konstanz 15).
Alle Frauenzisterzen lehnten die Vogtei ab; zu ihrem Schutz versicherten sie sich königlicher Hilfe. Besonders die Staufer ergriffen diese Chance, da die Klöster damit den Zielen der Reichsfürsten entzogen waren und der eigenen Territorialpolitik dienstbar gemacht werden konnten. Fast allen Klöstern ging es wirtschaftlich gut, denn oft waren ehemalige Benediktinerinnen oder Beginen, Angehörige wohlhabender Geschlechter oder Bischöfe die Gründer. Erst allmählich verbürgerlichten die ursprünglich rein adeligen Ordensunternehmen. Beschäftigung der Nonnen: Buchmalerei, Arzneiherstellung, Sticken, Weben. Für schwere Arbeiten: Laienschwestern.

Überlegene Techniken – Erfolgsgarantie der Siedler

Letztlich ausschlaggebend für den Erfolg des Kolonisationswerkes war die deutsche Kultivierungstechnik. Bei der Trockenlegung der Sümpfe und bei der Eindeichung der Flüsse konnten die Friesen und Niederländer ihre heimatlichen Erfahrungen verwerten. Auch die bäuerlichen Bewirtschaftungsmethoden waren denen der slawischen Nachbarn eindeutig überlegen. Konnte der hölzerne Haken oder der Steinpflug der Slawen den Boden nur oberflächlich aufreißen, so erlaubte der Räderpflug mit eiserner Schar – jeder deutsche Bauer sollte drei mit ins Land bringen! – eine tiefgründige Bearbeitung auch schwerer und steiniger Felder. Ernteten die Slawen noch mit der Sichel und schroteten das Getreide in der Handmühle, so schnitten die Neusiedler mit der Sense und bedienten sich schon der Wasser- oder Windmühle. Rasch haben sich die Slawen die neuen Verfahren angeeignet.
Maßgeblichen Anteil an der Erschließung des Landes im Osten hatten die Mönchsorden der *Zisterzienser (K. Seite 198)* und Prämonstratenser. Die Zisterzienser kamen ursprünglich aus dem Einödkloster Cîteaux in Burgund und betonten besonders den geistlichen Wert der körperlichen Arbeit. »Brüder unseres Ordens sollen ihren Unterhalt durch ihrer Hände Arbeit erwerben, durch Gewinnung von Kulturland und Viehzucht«, forderte ihre Regel. So wurden sie zu *den* Rodungsspezialisten des Mittelalters. Das Land östlich der Elbe überzogen sie mit einem Netz von Klöstern: Doberan in Mecklenburg, Lehnin und Chorin in Brandenburg waren die bedeutendsten. Von hier aus legten die »grauen Mönche«, wie sie ihrer schafwollenen Kutten wegen auch genannt wurden, die sumpfigen Niederungen – die Brüche – trocken, machten die Wälder urbar und gewannen so wertvolles Kulturland. Mit ihren Musterwirtschaften wurden sie zu Lehrmeistern der deutschen und slawischen Bauern. Die Zisterzienser waren die eigentlichen ›Entwicklungshelfer‹ der deutschen Ostkolonisation – gleichsam ›nebenbei‹ verbreiteten sie geistige Kultur und Christentum.

Planmäßige Stadtgründungen vollenden den Landesausbau

Mit den dörflichen Ansiedlungen entstanden im östlichen Raum auch deutsche Städte als Marktorte oder Niederlassungen für den Fernhandel. 1143 gründete Graf Adolf II. von Schauenburg an der Trave in der Nähe des slawischen Liubice den Hafen Lübeck und Markgraf Johann I. nach 1220 an einem Spreeübergang Berlin (erste Nennung 1244). Bei vielen dieser Städte, Rostock oder Stralsund etwa, ist die

planmäßige Gründung noch an der schachbrettartigen Anlage des heutigen Stadtbildes erkennbar. Da Natursteine in dieser Landschaft weitgehend fehlten, mußten die großen Bauten, die Rathäuser, Kirchen und Klöster – das Holstentor oder die Marienkirche zu Lübeck, Chorin und Doberan – aus rotgebrannten Ziegeln errichtet werden. Die »Backsteingotik« hat der Architektur der östlichen Städte ihr unverkennbares Gepräge gegeben.
Mit wirtschaftlichen Anreizen und großzügigen Privilegien warben die Landesherren unternehmungsfreudige Kaufleute und Handwerker für die Städte an: sie gewährten das Marktrecht und Zollfreiheit im ganzen Land, erließen in den ersten Jahren alle Abgaben und stellten unentgeltlich Bauholz zur Verfügung. Die neuen Bürger brachten mit den Namen ihrer Heimatstädte – Frankfurt, Rothenburg, Straßburg – vielfach auch das dort gültige Stadtrecht mit. Schließlich setzte sich das Recht von Magdeburg, an der Küste das von Lübeck durch. Diese Städte wurden damit zu gerichtlichen Oberinstanzen: in allen Zweifelsfällen wandte man sich an den Magdeburger »Schöppenstuhl«.
Schon am Ende des 12. Jahrhunderts war jenseits von Elbe und Saale ein fast 100 Kilometer breiter Streifen von der Ostsee bis zum Erzgebirge mit Deutschen besiedelt worden. Dabei wurden nur in wenigen Fällen Ansässige verdrängt; friedliches, teilweise konkurrierendes Nebeneinander war die Regel. Assimilierungsprozesse verliefen langsam und stetig, welche Seite sich durchsetzte, wurde von wirtschaftlichen und politischen Umständen und nach dem Zahlenverhältnis entschieden. Oft blieb auch Zweisprachigkeit bestehen.
Die Beteiligung aller deutschen Landschaften spiegeln Familiennamen wie Franke, Baier, Sachs, Döhring (Thüringer), Hesse oder Schwab.

›Entwicklungshelfer‹ für Polen, Böhmen, Ungarn

Die Ostbewegung wurde nicht allein von deutschen Herren gelenkt, auch slawische Könige und Fürsten riefen Siedler nach Böhmen, Polen, Ungarn, Pommern: sie wollten ihre Länder ausbauen lassen, Anschluß gewinnen an die fortgeschrittenere Kultur des Westens, ihren Wohlstand vergrößern und ihre politische Macht stärken.
Als zu Beginn des 13. Jahrhunderts der Piaste Heinrich I., Herzog des polnischen, aber dem Reich lehnspflichtigen Schlesien, die baierische Prinzessin Hedwig – die spätere Heilige – heiratete, kamen in ihrem Gefolge auch Kaufleute, Handwerker und Bauern aus Franken und Baiern an den Hof nach Breslau. Hedwig rief die Zisterzienser, die von

Text der Zeit

Die Erbauung der Stadt Lübeck 1143
Aus der Slawenchronik des Helmold von Bosau

Nachdem alles geordnet war, begann Adolf [Graf Adolf II. von Schauenburg und Holstein], die Burg Segeberg wieder aufzubauen und umgab sie mit einer Mauer. Da aber das Gebiet menschenleer war, schickte er Boten aus in alle Lande, nach Flandern und Holland, nach Utrecht, Westfalen und Friesland und ließ alle, die dort zu wenig Land besaßen, auffordern, mit ihren Familien hinzukommen. Sie würden dann das schönste und geräumigste, Fisch und Fleisch im Überfluß bietende Land und günstige Weiden erhalten.
Den Holsten und Sturmarn ließ er sagen: »Habt ihr nicht das Land der Slawen unterworfen und es mit dem Blut eurer Väter erkauft? Warum wollt ihr es als letzte in Besitz nehmen? Wandert als erste in dieses schöne Land, bewohnt es und genießt seine Gaben; denn da ihr es aus Feindeshand entrissen habt, gehört euch das Beste davon.«
Diesem Aufruf folgte eine große Zahl aus den verschiedensten Stämmen. Sie kamen mit ihren Familien und ihrer Habe in das Land des Grafen nach Wagrien, um die Äcker in Besitz zu nehmen, die er ihnen versprochen hatte. Zuerst erhielten die Holsten Wohnsitze an den geschütztesten Orten westlich von Segeberg an der Trave, in der Ebene Schwentinefeld [Bornhöved] und alles, was sich von der Schwale bis zum Grimmelsberg und zum Plöner See erstreckt. Die Westfalen bezogen das Darguner Land, das Eutiner die Holländer und Süsel die Friesen. Das Plöner Land blieb noch unbewohnt. Aldenburg, Lütjenburg und die anderen Küstengegenden gab er den Slawen, die ihm zinspflichtig wurden.
Danach kam Graf Adolf an einen Ort namens Bucu. Dort fand er den Wall einer verlassenen Burg, die einst Cruto, der Feind Gottes, erbaut hatte, sowie eine sehr große, von zwei Flüssen umgebene Insel: an der einen Seite die Trave, an der anderen die Wakenitz, die beide ein sumpfiges, unwegsames Ufer besitzen. An der Landseite aber liegt vor dem Burgwall ein schmaler Hügel. Da der umsichtige Mann erkannte, wie günstig die Lage und wie trefflich der Hafen war, so begann er dort eine Stadt zu erbauen, die er Lübeck nannte. [...]
Danach sandte er Boten an Niclot, den Fürsten der Obodriten, um mit ihm Freundschaft zu schließen. Er gewann auch alle Vornehmen des Landes durch Geschenke, und sie wetteiferten, ihm gefällig zu sein und dem Land die Ruhe zu bewahren.

Aus: Helmoldi presbyteri Chronika Slavorum (Chronik der Slawen des Helmold. Er lebte etwa von 1125 bis 1177 und war Pfarrer in Bosau am Plöner See.) Kap. 57.

Herzog Heinrich I. von Schlesien gründet 1250 die Stadt Brieg und stattet sie urkundlich mit Privilegien aus

Wir haben dem Schultheißen Heinrich von Reichenbach unsere Stadt [. . .] nach deutschem Recht zum Ansetzen von Siedlern übergeben [. . .], und zwar nach dem Recht, das für die Gründung und Besiedlung von Neumarkt galt.
1. Wer in der Stadt wohnen will, genießt sechs Freijahre. Er wird weder zur Steuer noch zur Heerfahrt gezwungen, außer bei unmittelbarer Gefahr für die Landschaft.
2. Die Lokatoren erhalten jeden sechsten Hof mit seinen Einkünften, ein Drittel der Gerichtsfälle [. . .].
3. Wir gewähren freien Fischfang innerhalb einer Meile, freies Bauholz, freie Niederjagd, beiderseits der Oder sechs große Hufen als Weide.
4. Die Siedler können ihre Geschäfte in unserem Land ohne Zoll und Abgaben treiben.
5. Polen und Einwohner anderer Sprachen, die in der Stadt ein Haus besitzen, genießen deutsches Recht.
6. In der Stadt hält der Herzog zehn Fleischbänke, der Richter und die Bürger die übrigen. Sie werden ihnen vom Richter zugewiesen.
7. Wir erlauben die Anlage von Mühlen.
8. Bänke für Schuh- und Brotverkauf können unbeschränkt aufgeschlagen werden. Wir erlauben einen Jahrmarkt.
9. Innerhalb einer Meile soll keine Schenke errichtet werden.
10. Alle Dörfer in der Meile nehmen ihr Recht von der Stadt.
11. Wir versprechen, die Stadt innerhalb zweier Jahre zu befestigen. [. . .]

Aus: Cod. dipl. Silesiae IX (eine Sammlung diplomatischer Urkunden aus Schlesien), S. 219.
Übers.: K. H. Quirin

ihren Klöstern Leubus und Trebnitz aus Schlesien landwirtschaftlich kultivierten. Deutsche Ansiedler halfen auch die Wunden schließen, die die furchtbare Mongolenschlacht von 1241 bei Liegnitz, in der ein polnisch-deutsches Ritterheer unter Herzog Heinrich II. durch die Mongolen vernichtet wurde, dem Land zugefügt hatte. Innerhalb weniger Jahrzehnte wurde Schlesien zu einer fast deutschen Landschaft, in knapp 150 Jahren waren hier 1200 Dörfer und 120 Städte gegründet worden.

In Polen blieb deutscher Einfluß weitgehend auf die *Städte* beschränkt: in Posen und Gnesen gab es starke deutsche Bürgerkolonien, die Krakauer Stadtbücher wurden lange Zeit nur in deutscher Sprache geführt, und in Lemberg beherrschten Deutsche die Zünfte bis ins 15. Jahrhundert.

Ähnlich lagen die Verhältnisse in Böhmen und Mähren: Leitmeritz, Aussig, Pilsen, Budweis, Olmütz, Brünn, Iglau waren deutsche Städte; Prag erhielt 1235 deutsches Stadtrecht. *Bäuerliche* deutsche Siedlungen entstanden fast ausschließlich in den Rodungsgebieten der Randgebirge.

Bergleute aus Freiburg in Sachsen beuteten die Silberminen des Erzgebirges aus und machten den böhmischen König zum reichsten deutschen Fürsten; Glasbläser aus Hessen begründeten schon früh in den Waldgebirgen die berühmte böhmische Glasherstellung.

Als Grenzschutz gegen die Steppenvölker und um Kriegsschäden wieder zu beheben, warben ungarische Könige Bauern aus dem Rhein- und Moselgebiet an. Auf dem »goldenen Boden« Siebenbürgens, im Karpatenbogen, entwickelte sich eine wohlhabende deutsche Inselsiedlung. Die Befestigungen und wuchtigen Kirchenburgen der »Siebenbürger Sachsen« bildeten über Jahrhunderte ein östliches »Vorwerk der Christenheit« gegen Mongolen und Türken.

Am weitesten ist der Deutsche Orden nach Osten vorgedrungen: von der bäuerlichen und bürgerlichen Ostsiedlung unterschied sich sein straff gelenktes Kolonisationswerk jedoch grundlegend.

Eine Bilanz

Um 1350 riß der Zustrom deutscher Siedler nach Osten fast schlagartig ab; der Bevölkerungsdruck im Westen hatte nachgelassen. Die Bilanz von 250 Jahren Ostkolonisation ist beachtlich: das Gebiet des Deutschen Reiches war um die Hälfte vergrößert worden, der deutsche Sprachraum hatte sich verdoppelt; Österreich, Schlesien, Mecklenburg, Pommern, die böhmischen Randgebirge waren jetzt deutsche

HEDWIG VON SCHLESIEN

Hedwig, 1174 in Andechs geboren, stammte aus der einflußreichen Familie der Andechs-Meranier. Als sie zwölf Jahre alt war, wurde sie aus dynastischen Gründen mit dem Herzogssohn Heinrich aus dem Hause der Piasten vermählt. Ihm gebar sie, 13 Jahre und 13 Wochen alt, das erste von sechs Kindern.
Zum katholischen Glauben und seinen Vorschriften, Regeln und Verboten hatte Hedwig eine besonders enge Beziehung. Ganz im Sinne der geforderten Verhaltensweisen überredete sie nach über zwanzigjähriger Ehe ihren Gatten, vor dem Bischof Laurentius zu Breslau die ewige Keuschheit zu geloben. Dies war nur eine *der Stationen ihrer besonders strengen Askese, wozu auch gehörte, daß sie unter ihren Prachtgewändern stets ein Büßerhemd und einen rauhen Gürtel aus Roßhaar trug, im Winter stundenlang barfuß im Freien betete, die letzten vierzig Jahre ihres Lebens auf Fleisch und in Fett zubereitete Speisen verzichtete, sich zur Buße geißelte und 13 Arme nicht nur versorgte, sondern auch unablässig in ihrer Nähe hatte.*
Dabei lebte sie aber nicht weltabgewandt und zurückgezogen, sondern spielte im politischen Geschehen eine entscheidende Rolle. So unterstützte sie ihren Gatten Heinrich I., den Bärtigen, bei der Kultivierung des südlichen Großpolens und Krakaus, wohin deutsche Siedler und Kaufleute gerufen wurden. Sie, die schon im ersten Kindbett Polnisch gelernt hatte, hatte keinerlei Interesse an gewaltsamer Assimilierung der Polen. Ihre Sorge galt vielmehr unterschiedslos den Armen, den Waisen und Witwen, den Ordensleuten und Studenten. Zusammen mit ihrem Gatten gründete sie das Zisterzienserinnenkloster Trebnitz, die Augustinerpropstei Naumburg/Bober, die Templer-Kommende Klein-Oels, das Hospital zum Heiligen Geist in Breslau und ein Hospital für aussätzige Frauen bei Neumarkt. 1243 starb sie beim Wiederaufbau Breslaus und wurde 1267 heiliggesprochen.

(W.D.)

Herren im neuen Siedelland. *Ähnlich wie Graf Ernst von Gleichen – mit seinen beiden Ehefrauen – ließen sich wohlhabendere Landesherren zumeist auf ihrem Grabstein verewigen: in üppigen Gewändern, so als gingen sie zu einem Fest.*

Romanisches Tympanon. *David und Bathseba zieren das nördliche Westportal der Klosterkirche Trebnitz (oben); die Muttergottes als Schutzherrin der Sandkirche Breslau (unten).*

Landschaften. Nicht »der große Appetit«, wie der französische Historiker Le Goff meinte, hatte diese gewaltige Ausweitung zuwege gebracht – drückende Not hatte deutsche Bauern und Bürger in die dünnbesiedelten Gebiete jenseits der Elbe getrieben!
Mit dem Ende der Ostkolonisation wurde auch ihre Problematik sichtbar: Ohne ›Nachschub‹ konnten zahlreiche Niederlassungen nicht behauptet werden, ohne politischen Schutz waren die deutschen Inselsiedlungen dem Schicksal nationaler Minderheiten preisgegeben.
Aber auch das Verhältnis zu den Slawen blieb problematisch. War die deutsche Ausbreitung nach Osten anfänglich noch von kriegerischen Aktionen begleitet, so erfolgte die Ostsiedlung der Bauern und Bürger durchweg friedlich. Deutsche und slawische Dörfer lagen nebeneinander, teilweise sind sie zusammengewachsen. Dennoch regte sich bald auch Widerstand gegen die Deutschen:
Jakob Swinka, der Erzbischof von Gnesen, beklagte sich 1285 in einem Brief an römische Kardinäle, daß »das polnische Volk durch sie unterdrückt, von ihnen verachtet« werde. Die bevorzugte Stellung der deutschen Bevölkerung, auch nationale Überheblichkeit, vor allem gegenüber Tschechen und Polen, belasteten das Verhältnis von Slawen und Deutschen bis in unsere Tage.
Letztlich haben aber auch die slawischen Völker von der Ostsiedlung profitiert. Die östlichen Nachbarn waren vor dieser Zeit zwar keineswegs »im Zustand der Tierheit«, wie der Historiker Heinrich von Treitschke im vergangenen Jahrhundert in nationalistischer Verblendung annahm, dennoch bestand in manchen Bereichen ein merkliches Kulturgefälle: die Aneignung der fortschrittlicheren Bewirtschaf-

Literatur

Aschenbrenner, Viktor (Hrsg.): Die Deutschen und ihre östlichen Nachbarn, Frankfurt/Main 1967
Gause, Fritz: Die mittelalterliche deutsche Ostsiedlung, Stuttgart 1969
Kuhn, Walter: Die deutsche Ostsiedlung in der Neuzeit, 2 Bde., Köln/Graz 1955
Quirin, Karl Heinz (Hrsg.): Die deutsche Ostsiedlung im Mittelalter, Göttingen 1954
Schlesinger, Walter (Hrsg.): Die deutsche Ostsiedlung im Mittelalter als Problem der europäischen Geschichte, Sigmaringen 1975
Schreiber, Hermann, Land im Osten, Düsseldorf 1961
Stadtmüller, Georg: Geschichte Südosteuropas, München 1950

tungsmethoden hat den Ausbau der slawischen Länder wesentlich gefördert; die Übernahme des deutschen Stadtrechts, das seinen Geltungsbereich bis nach Rußland hinein ausdehnte, hat auch die Freiheiten des slawischen Bürgers erweitert. Unstreitig wurden die Slawen durch die Ostsiedlung stärker mit der europäischen Völkerfamilie verklammert.

Daß die Ostkolonisation »die größte Leistung des deutschen Volkes im Mittelalter« gewesen ist, kann mit Fug bezweifelt werden. Gleichwohl war sie eine der ganz wenigen Unternehmungen – vielleicht die einzige! – bei der alle Stämme und Stände, Adel und Geistliche, Bürger und Bauern, zusammenwirkten: das Werk hatte immerhin bis ins 20. Jahrhundert Bestand.

Herrschersymbol seit der Antike. *Einen sitzenden Adler ließ Friedrich II. in seinen »Augustalis« (geprägte Goldmünze) seit 1231 schlagen.*

ROLAND VOCKE

VON KAISER HEINRICH VI. BIS ZUM TRAGISCHEN ENDE DER STAUFISCHEN HERRSCHAFT

Die anfänglichen Schwierigkeiten Heinrichs VI. – Der englische König in der Gefangenschaft des Kaisers – Heinrich VI. gewinnt das Königreich Sizilien – Die verhängnisvolle Doppelwahl von 1198 entzweit das Reich – Otto IV., ein Kaiser aus dem welfischen Haus – Ein französischer Sieg entscheidet im deutschen Thronstreit – Papst Innozenz III. festigt seine Macht – Friedrich II. setzt sich politisch energisch im Reich durch – Er gewinnt Jerusalem kampflos – Das Wirken des Kaisers in Italien und Deutschland – Der Mongolensturm – ›Endkampf‹ zwischen Kaiser und Papst – Der Untergang der Staufer – Araber, Normannen und Deutsche – Berührungspunkte und Kulturaustausch – Geschichtsschreibung und Dichtung: die Staufer und die Nachwelt – Die Entwicklung der Ostmark zum Herzogtum Österreich unter den Babenbergern – Staats- und Herrschaftsideologie der Staufer – Herrschaftssicherung und Herrschaftsbegründung – Römisches Recht und Gottunmittelbarkeit.

Im Frühling des Jahres 1189 versammelte sich in Regensburg das Kreuzfahrerheer, mit dem Kaiser Friedrich I. Barbarossa, um sein Lebenswerk zu krönen, das Heilige Land für die Christen zurückgewinnen wollte. Bei ihm waren zwei seiner Söhne, von denen Friedrich, der jüngere, dazu ausersehen war, den Vater zu begleiten. Der ältere, Heinrich VI., der bereits als kleines Kind zum König gekrönt worden war, empfing aus der Hand des Vaters die Reichskleinodien. Er sollte während der Abwesenheit des Vaters die Regentschaft und nach dessen Tod die Herrschaft im Reich antreten. Nachdem der alte Kaiser ›sein Haus bestellt‹ hatte, brach er zur letzten großen Fahrt auf, von der weder er noch sein Sohn zurückkehren sollte.

Eine zwiespältige Persönlichkeit

Heinrich VI. (1190–1197), damals knapp 25 Jahre alt, war längst zu einem erfahrenen Politiker herangereift, der sich in allen wichtigen Fragen mit dem Vater einig wußte. Das war aber auch alles, worin sich die beiden glichen. Heinrich war von Gestalt allenfalls mittelgroß, mager und schwächlich, sein Gesicht nachdenklich, hager und bleich. Nichts hatte er von der gewinnenden Art seines Vaters, nichts von dessen kriegerischem Talent. Heinrich VI. war politischer Denker und Planer von ungewöhnlich scharfem Verstand, Dichter von Liebesliedern, aber auch außergewöhnlich rücksichtslos, wenn es galt, einen Vorteil zu nutzen.

Bereits im ersten Regierungsjahr hatte der junge Herrscher Gelegenheit, seine Gaben unter Beweis zu stellen. Heinrich der Löwe hielt im Herbst 1189 die Gelegenheit für günstig, unter Bruch seines Eides aus der Verbannung zurückzukehren und einen Teil seines ehemaligen sächsischen Herzogtums zurückzuerobern. Doch die Attacke des alten Löwen – so störend sie auch war – wurde für Heinrich VI. in dem Augenblick zur Nebensache, als im November 1189 König Wilhelm II. von Sizilien mit 36 Jahren kinderlos verstarb. Seine rechtmäßige Erbin war Konstanze, die Tante des Verstorbenen und Gemahlin Heinrichs VI., und ihre Erbansprüche galt es jetzt durchzusetzen.

Die Hoffnung, dieses Erbe einst für die staufische Dynastie zu gewinnen, mochte Barbarossa schon gehabt haben, als auf seine Initiative hin im Januar 1186 in Mailand die Ehe zwischen dem 19jährigen Heinrich und der um elf Jahre älteren normannischen Prinzessin aus Sizilien geschlossen worden war. Daß allerdings dieser Erbfall schon nach knapp drei Jahren eintreten sollte, konnte damals keiner ahnen.

Zunächst schienen jedoch die glänzenden Aussichten auf das Reich im

Süden in weite Ferne zu rücken, weil eine stauferfeindliche Partei in Sizilien mit päpstlicher Duldung Tankred von Lecce, einen Halbbruder des verstorbenen Königs, auf den Thron hob. Finanzielle Unterstützung fand Tankred bei seinem Schwager, dem englischen König Richard Löwenherz, der sich eben auf dem Weg ins Heilige Land befand und in Messina überwinterte (1190/91). Angesichts dieser bedrohlichen Koalition schloß Heinrich VI. eilends Frieden mit Heinrich dem Löwen, um freie Hand für einen Italienzug zu haben, der um so dringender geboten war, als seine Kaiserkrönung in Rom noch ausstand. Der Welfe durfte einen Teil seiner Eroberungen behalten, mußte aber – was im Mittelalter nicht unüblich war – einen seiner Söhne als Geisel dem König ausliefern.

Heinrichs VI. erster Italienzug stand unter ungünstigen Vorzeichen. Finanzielle Schwierigkeiten verzögerten zunächst den Marsch; und während Heinrich VI. und Konstanze noch auf dem Weg nach dem Süden waren, starb Papst Clemens III., der die Krönung zugesichert hatte. Der Nachfolger, Cölestin III., ein uralter, in allen Winkelzügen der Politik erfahrener Kardinal, weigerte sich zunächst, die Krönung vorzunehmen. Erst als König Heinrich VI. Bereitschaft zeigte, das kaisertreue, verbündete Städtchen Tusculum, eine Gegnerin Roms, der Wut der Römer preiszugeben, lenkte Cölestin III. ein. Die Krönung fand statt, und Tusculum wurde zerstört. Die Bedenkenlosigkeit, mit der Heinrich VI. hier seine Anhänger opferte, erregte unter den Zeitgenossen Entsetzen. Daß er damit, wie ein Zeitgenosse bemerkte, »leider das Ansehen des Kaisertums« schädigte, scheint ihn wenig gekümmert zu haben, denn für ihn galt es jetzt, Unteritalien und Sizilien in den Griff zu bekommen, wo entscheidende (Adels-)Gruppen seine Gegner waren.

Doch dieser Feldzug endete katastrophal. Schon vor Neapel scheiterte der Kaiser, und als dann in seinem Heer eine Seuche ausbrach, an der er selbst so schwer erkrankte, daß sich das Gerücht von seinem Tod verbreiten konnte, war an eine Fortsetzung des Kampfes nicht mehr zu denken. Zu allem Unglück geriet Kaiserin Konstanze in die Gefangenschaft einiger apulischer Ritter, aus der sie erst auf päpstliches Gebot wieder freikam. Doch damit nicht genug. Angesichts der Niederlage vor Neapel ließ der Papst die Maske fallen und belehnte Tankred von Lecce mit dem Königreich Sizilien, ohne Konstanzes Ansprüche wenigstens formal zu respektieren. Inzwischen hatte der Sohn Heinrichs des Löwen das kaiserliche Heer verlassen und war nach Deutschland vorausgeeilt, um gegen den Kaiser den Aufruhr zu schüren, was ihm um so leichter fiel, als dieser mit einem Mordfall in Verbindung gebracht wurde, der ganz Nordwestdeutschland gegen ihn mobilisierte.

Aufenthaltsorte Heinrichs VI.
Nordhausen 2
Aachen
Altenburg 3
Fulda
Gelnhausen 8
Mainz 6
Worms 11
Eger 2
Kaiserslautern 7
Würzburg 9
Nürnberg 3
Hagenau 8
Regensburg 3
Ulm
Besançon
Bozen
Mailand 5
Piacenza 5
Genua 2
Siena 2
Rom
Bari 2
Messina 4
1- 4 Aufenthalte
5- 8 Aufenthalte
9-14 Aufenthalte

Löwenherz in der Falle

Nahezu hoffnungslos erscheint die Lage Heinrichs VI., bedenkt man die Zahl und die Stärke seiner Gegner. Die nordwestdeutsche Opposition und Heinrich der Löwe mit seinen Söhnen durften auf die Unterstützung durch Richard Löwenherz rechnen, der wiederum mit Tankred verschwägert und verbündet war. Vor allem aber ermutigte der Papst alle Gegner des Kaisers, denn ihm drohten enorme Macht- und Einflußeinbußen von einer Vereinigung Deutschlands mit Sizilien, geographisch und politisch eine Umklammerung des Kirchenstaates. Nur einen Fürsten gab es, der, wenn auch aus ganz anderen Gründen, Heinrichs VI. Gegnerschaft gegen Richard Löwenherz teilte, und das war König Philipp II. August von Frankreich.

Die beiden Herrscher beschlossen entgegen allem Brauch und Recht, den englischen König bei der Heimfahrt vom Kreuzzug in Palästina abzufangen und sich seiner Person zu politischen Zwecken zu bedienen. Um den französischen Häschern nicht in die Falle zu gehen, versuchte Richard Löwenherz, als Pilger verkleidet, höchst abenteuerlich über Deutschland in die Heimat zu gelangen. Dabei geriet er ungewollt nach Österreich und damit auf das Gebiet des Babenberger Herzogs Leopold V., des Mannes, der ihn am meisten haßte. Ihn hatte Richard aufs schwerste beleidigt, indem er nach der Eroberung Akkons den Befehl gab, die Fahne Leopolds V. in den Kot zu treten und den Österreichern ihren gerechten Beuteanteil zu verweigern.

Der Zufall fügte es, daß Richard Löwenherz erkannt wurde, obwohl er alles tat, um nicht aufzufallen. In Knechtsgestalt briet er eigenhändig sein Hühnchen überm Feuer, aber er hatte vergessen, seinen kostbaren Ring vom Finger zu ziehen. Daran erkannte ihn einer der Diener Leopolds V., der auch vor Akkon gelegen hatte, und meldete seine Entdekkung dem Herzog. Man darf dem Chronisten, der diese Geschichte überliefert, glauben, wenn er weiterfährt, daß Leopold V. sich sehr »über die Anwesenheit des Königs« freute und den hohen Gast in ein enges Verlies werfen ließ, um ihm die Beleidigungen zu vergelten.

Der Kaiser kommt zu Geld
Lösegelder in ungekanntem Ausmaß

Heinrich VI. nutzte die Gunst der Stunde geschickt. Er kaufte dem Österreicher den kostbaren Gefangenen, der auf der Burg Dürnstein saß, kurzerhand ab und ließ ihn auf die Reichsburg Trifels in der Pfalz bringen, um ihm dort den Prozeß als Reichsfeind zu machen. Obwohl

***Richard Löwenherz, in Österreich erkannt und gefangen.** Den »Fang« des Jahrhunderts, einen Glücksfall für Heinrich VI., hält die Chronik des Petrus de Ebulo im 13. Jahrhundert fest. Bern, Burgerbibliothek.*

die Öffentlichkeit über dieses Verfahren gegen einen Kreuzfahrer empört war, preßte der Kaiser den englischen König durch immer neue Forderungen unbarmherzig aus. Mit der Drohung, ihn an Frankreich oder an seinen Bruder Johann, der den englischen Thron beanspruchte, auszuliefern, zwang er Richard Löwenherz schließlich, sein Reich gegen einen hohen Zins von ihm zu Lehen zu nehmen, sein Bündnis mit Tankred von Lecce zu lösen und eine Summe von 150000 Mark Silber, d. h. über 35000 Kilogramm (!), zu bezahlen. Als diese Bedingungen erfüllt waren, wurde Richard Löwenherz im Februar 1194 aus der Haft entlassen.

Im folgenden Jahr starb Heinrich der Löwe, der alte Gegner des staufischen Hauses. Eine staufisch-welfische Hochzeit und Ausgleichsbemühungen von Richard Löwenherz entzogen der innerdeutschen Opposition jede Grundlage. Das Silber aus Englands Schatztruhen erlaubte es dem Kaiser, bereits im Mai 1194 zu einem zweiten Zug nach Italien aufzubrechen, und diesmal unter günstigen Vorzeichen.

Großmachtpläne Heinrichs VI.

Tankred von Lecce war im Februar 1194 gestorben, und sein Nachfolger, Wilhelm III. war noch im Kindesalter. Mühelos wurde deshalb von den kaiserlichen Truppen der Kirchenstaat besetzt, Süditalien fiel ohne nachhaltigen Widerstand, und der Sieg bei Catania über das sizilianische Heer öffnete Heinrich VI. den Weg nach Palermo, der Hauptstadt des Reiches im Süden.
Der Einzug des Kaisers in die festlich geschmückte Stadt gestaltete sich zu einem wahren Triumphzug. Damit die rauhen Krieger aus dem Norden angesichts des Reichtums dieser Stadt nicht übermütig wurden, bedrohte er jede Disziplinlosigkeit mit dem Verlust der Hände. Er selbst, der Kaiser, nahm sich aus den normannischen Schätzen den Krönungsmantel König Rogers II., um ihn unter die Reichskleinodien einzureihen. Am Weihnachtstag des Jahres 1194 ließ sich Heinrich in Palermo zum König von Sizilien krönen, und am 26. Dezember, dynastisch nicht weniger wichtig, gebar ihm Konstanze, damals bereits vierzigjährig, den erhofften Thronerben, der nach seinen beiden gekrönten Großvätern den Namen Friedrich Roger erhielt. Als Kaiser führte er später den Namen Friedrich II.
Die strenge Disziplin der Truppen und die zunächst recht glimpfliche Behandlung des jungen Königs Wilhelm deuten darauf hin, daß Heinrich VI. eine Politik kluger Zurückhaltung zu betreiben gedachte. Er suchte der sizilianischen ›Nationalpartei‹ (d. h. antistaufische Verfechter süditalienischer Selbständigkeit) auch in anderen Fragen, so bei der inneren Verwaltung des Reiches, entgegenzukommen. Es ließ sich indessen nicht vermeiden, daß Deutsche an wichtige Schalthebel der Macht gelangten und daß Sizilianer weichen mußten. Mancher normannische Adelige wurde auch von seinen Gütern vertrieben, um einem Deutschen Platz zu machen.
Ehe Heinrich VI. nach Deutschland zurückkehrte, stellte er die Weichen für die geplante Vereinigung Siziliens mit dem Reich. Auf einem Reichstag in Bari setzte er seine Gemahlin Konstanze als Regentin über das Königreich Sizilien ein und gab ihr einen seiner Vertrauten zur Seite. Sein Bruder Philipp und die Reichsministerialen Heinrich von Kalden und Markward von Annweiler erhielten Schlüsselpositionen in Italien.
Vermutlich um die gleiche Zeit beschäftigte sich Heinrich VI. auch mit dem Gedanken an einen neuen Kreuzzug. Der Kreuzzug von 1189 hatte nach dem Tod Barbarossas mit einem Mißerfolg geendet, Jerusalem und die anderen heiligen Stätten waren noch immer in der Hand der Moslems, und Heinrich VI. war auch aus machtpolitischen Grün-

Deutsche und europäische Geschichte in Daten

	Deutschland	Europa
1190–1197	Heinrich VI., König und Kaiser	
1192		Herzogtum Steiermark zum babenbergischen Herzogtum Österreich
1192–1194	Fürstenopposition in Deutschland	
1196	›Erbreichsplan‹	
1197	Tod Kaiser Heinrichs VI.	
1198	Doppelwahl: Otto IV. und Philipp von Schwaben	
1198–1208	Philipp von Schwaben	
1199–1216		Johann ohne Land, König von England
1202–1204		Vierter Kreuzzug
1204		England verliert die Normandie an Frankreich; Sieg der Venezianer und Kreuzfahrer über Konstantinopel
1208	König Philipp ermordet	
1208–1215	Otto IV. von Braunschweig	
1208–1333		England und Irland Papstlehen des Johann ohne Land (gegen Tribut!)
1209–1229		Albigenserkriege in Frankreich
1212		Sieg der spanischen Christen bei Navas de Tolosa über die Mauren
1212–1250	Friedrich II., König und Kaiser	
1213–1276		Jakob I., König von Aragonien; erobert die Balearen und Königreich Valencia von Mauren
1214		Schlacht bei Bouvines
1215		Magna Charta in England

	Deutschland	Europa
1217–1225		Ferdinand III., König von Kastilien, entreißt den Arabern Córdoba und Sevilla
1220	Abkommen mit den geistlichen Fürsten	
1224		Mongolen unter Dschingis Khan erobern Südrußland bis zum Dnjepr
1226–1270		Ludwig IX. (»der Heilige«), König von Frankreich
1228–1229	Friedrich II., König von Jerusalem	
1230–1253		Wenzel I., König von Böhmen
1231	Gesetz zugunsten der Fürsten	Konstitutionen von Melfi
1234	Empörung König Heinrichs (VII.)	
1235	Mainzer Reichslandfriede	
1237	Sieg Friedrichs II. bei Cortenuova über den Lombardenbund	
1241	Deutsch-polnisches Heer von den Mongolen bei Liegnitz besiegt	
1245	Konzil zu Lyon	
1246–1247	Heinrich Raspe, Gegenkönig	
1247–1256	Wilhelm von Holland, Gegenkönig	
1248–1254		Sechster Kreuzzug
1250–1273	Interregnum	
1250–1254	Konrad IV., König	
1251–1278		Österreich, später Steiermark und Kärnten in der Hand des Königs von Böhmen Ottokar II.
1268	Hinrichtung Konradins	Karl von Anjou wird Erbe des Stauferreiches in Italien

den am östlichen Mittelmeerraum interessiert. Die Heirat seines Bruders Philipp mit einer byzantinischen Prinzessin bot zugleich den Gesandten Heinrichs VI. die Gelegenheit, den Kaiser Alexios III. unter Druck zu setzen und ihn zur Zahlung des ungeheuerlichen Jahrestributs von 16 Goldtalenten (entspricht ca. acht Zentnern) zu zwingen. Angesichts von so viel Rücksichtslosigkeit beeilten sich die Könige von Kilikien und von Zypern, ihre Reiche von Heinrich VI. zu Lehen zu nehmen. Einmischungsversuche in die Staatenwelt des westlichen Mittelmeerraumes rundeten diese Politik ab.

Doch bevor Heinrich VI. das Wagnis eines Kreuzzugs unternahm, baute er die staufische Hausmacht in Deutschland systematisch aus. Dann suchte er die Frage der Nachfolge zu klären: Die deutsche Krone sollte, wie die Krone Siziliens, nach Heinrichs Plänen *erblich* werden. Um dieses neue und bisher unerhörte Gesetz, wie es ein Zeitgenosse nennt, den Fürsten – die ja mittlerweile ihre Position bei der Königswahl enorm hatten verbessern können – schmackhaft zu machen, bot der Kaiser ihnen die Erblichkeit der Fürstenlehen und den Verzicht auf das Spolienrecht (siehe *K, Seite 71).*

Ein Reichstag in Würzburg 1196 stimmte seinem kühnen und modernen Erbreichsplan zunächst auch zu und votierte damit für eine kontinuierliche Reichspolitik, aber auch für Entmachtung der Fürsten bei der Königswahl. Doch der Widerstand niederrheinischer und westfälischer Fürsten und die ablehnende Haltung des listenreichen greisen Papstes Cölestin III. führten schließlich dazu, daß der Plan im Oktober 1196 scheiterte. Heinrich VI. mußte sich damit begnügen, daß die Fürsten seinen zweijährigen Sohn zum deutschen König wählten. Immerhin war dem staufischen Haus damit wenigstens für die nächste Generation die Krone gesichert, und im übrigen mochte sich Heinrich VI., der damals erst wenig über dreißig Jahre alt war, mit der Hoffnung auf eine spätere, günstigere Gelegenheit trösten.

Indessen war die Vorbereitung für den Kreuzzug in vollem Gang. In den Hafenstädten Unteritaliens und Siziliens versammelten sich die Kreuzfahrer, und die Flotten von Genua und Pisa lagen bereit. Ein Vorauskommando war bereits unterwegs, als ein Ereignis eintrat, das zeigte, wie labil Heinrichs VI. Herrschaft in Sizilien noch war und wie feindselig die Normannen den Deutschen gegenüberstanden.

Eine nationalsizilianische Bewegung unter den normannischen Großen führte zu einer Verschwörung, die es sich zum Ziel setzte, den Kaiser zu ermorden, sich der Deutschen zu entledigen und einen einheimischen König auf den Thron zu erheben. Zeitgenössische Beobachter deuten an, daß von dieser Verschwörung nicht nur der Papst, sondern sogar die Kaiserin selbst wußte. Der Kaiser wurde jedoch gewarnt und

entwich in die treue Stadt Messina, wo er auch den Soldaten des Kreuzfahrerheeres nahe war.
Der Aufstand wurde rasch niedergeworfen, und dann erfolgte ein furchtbares Strafgericht über jene, die lebend in Gefangenschaft gerieten. Angeblich ließ der Kaiser in seiner Rachsucht seine Opfer schinden, pfählen und verbrennen und dem Gegenkönig – im Beisein der Kaiserin – die angemaßte Krone an den Schädel nageln.
So festigte er zwar im Augenblick seine Herrschaft, indem er Entsetzen verbreitete; er festigte aber auch den Haß der normannischen Barone gegen die deutsche Herrschaft und alles, was deutsch war – eine überaus problematische Entwicklung, wie sich bald zeigen sollte. Als scheinbar wieder Ruhe eingekehrt war, Kirchhofsruhe, suchte der Kaiser, wie er es häufig zu tun pflegte, Entspannung bei der Jagd. Die Augusttage waren glühend heiß, die Nächte ungewöhnlich kalt. Da erkrankte der Kaiser, vielleicht an Malaria, vielleicht an Ruhr, und wurde nach Messina gebracht. Nach ein paar Wochen, in denen auch immer wieder Hoffnung aufkeimte, starb er, knapp zweiunddreißigjährig, am 28. September 1197. Seine letzte Ruhe fand er im Dom von Palermo.

Die Katastrophe von 1197 und 1198: Zusammenbruch der Sizilienherrschaft und Krönungsstreitigkeiten

Der Historiker Karl Hampe nennt den frühen Tod Heinrichs VI. »die furchtbarste Katastrophe der mittelalterlichen Geschichte Deutschlands«. Katastrophal waren jedenfalls die Folgen für die staufische Herrschaft in Italien. Zwar hatte der Kaiser auf dem Sterbebett versucht, durch testamentarische Verfügungen die Kontinuität der Herrschaft und die Rechte Konstanzes und seines Söhnchens Friedrich in Sizilien zu wahren, indem er vor allem Nachgiebigkeit gegenüber dem Papst empfahl. Aber die folgenden Ereignisse gingen über die letzten Anordnungen des Sterbenden hinweg. Der Papst, die Normannen, die lombardischen Städte – zu viele Gegner des Kaisers lauerten darauf, sich aus der Hinterlassenschaft in Italien zu bedienen.
Unsicher waren die Verhältnisse auch in Deutschland. Zwar hatten die Fürsten den jungen Friedrich zum König gewählt, aber gekrönt war der Knabe, der im fernen Sizilien lebte, noch nicht. Zudem erhob in diesem Augenblick der Krise wieder die welfische Partei das Haupt, so daß ein erneuter Bürgerkrieg zu befürchten war. Schon nutzten hier und dort Glücksritter die unsicheren Zeiten, indem sie bei den ersten noch unbestätigten, verfrühten Gerüchten vom Tod des Kaisers den

Frieden brachen und zu plündern begannen. Viele Menschen in Deutschland erfüllte eine böse Ahnung von kommendem Unheil. So berichtet ein Chronist aus Köln, daß an der Mosel »ein riesiges Gespenst in Menschengestalt« erschienen sei, angeblich Dietrich von Bern, und für das Reich »viel Elend und Unglück« prophezeit habe.
Wenige Monate nach Kaiser Heinrich VI. starb auch Papst Cölestin III. Er hatte es noch erlebt, wie sich nach dem Tod des Kaisers die Normannen auf Sizilien, an ihrer Spitze die Kaiserin Konstanze, gegen die Herrschaft der Deutschen erhoben und die verhaßten Fremden, darunter Heinrichs VI. Vertrauten Markward von Annweiler, von der Insel vertrieben. Der Aufstand war auch auf dem Festland in vollem Gange, da bestieg am 8. Januar 1198 Innozenz III. den päpstlichen Stuhl.
Er erkannte und ergriff sogleich die Chance, die sich ihm nach dem Tod des Kaisers und angesichts der Auflösung der staufischen Herrschaft bot. Er baute nach und nach den Kirchenstaat in Mittelitalien aus, bis er sich von Meer zu Meer quer über die Halbinsel spannte. Um möglichst für alle Zukunft eine Umklammerung des päpstlichen Territoriums wie unter Heinrich VI. zu verhindern, unterstützte Innozenz III. die Sonderentwicklung, die sich in Sizilien anbahnte. Konstanze durchtrennte alle Verbindungen zum Deutschen Reich. Für Friedrich verzichtete sie auf die Rechte, die aus der Wahl von 1196 resultierten, und ließ ihn 1198 zum König von Sizilien krönen. Kurz vor ihrem Tod (November 1198) machte sie Innozenz III. zum Vormund über Friedrich. Damit übernahm der Papst die Regentschaft über ein Reich, das ohnehin unter seiner Lehnsoberhoheit stand.
Vorübergehend schien es, als müßte Innozenz III. noch einmal um die Herrschaft über Sizilien bangen. Heinrichs VI. ehrgeiziger Paladin Markward von Annweiler kehrte im Einvernehmen mit der staufischen Partei 1199 nach Sizilien zurück. Es gelang ihm, den größten Teil der Insel einschließlich Palermo zu erobern und sogar den kleinen König Friedrich in seine Gewalt zu bringen. Erst als Markward 1202 starb, zerfiel die deutsche Herrschaft auf Sizilien völlig. Auf dem Festland hielten sich hier und dort noch staufische Stützpunkte, spärliche Reste von Heinrichs VI. glanzvollem Reich im Süden.
Wie gelähmt, fast widerstandslos hatte es die staufische Partei, deren Macht in Deutschland zwar bestritten, aber im wesentlichen ungebrochen war, hingenommen, daß Italien so schnell verlorenging. Der Grund dafür war die Doppelwahl des Jahres 1198, nach Heinrichs VI. frühem Tod das zweite katastrophale Ereignis innerhalb eines Jahres. Die staufisch gesinnten Fürsten zeigten keine Neigung, an der Wahl von 1196 festzuhalten und Friedrich von Sizilien erneut zum König zu

INNOZENZ III.

Am 8. Januar des Jahres 1198 wählten die Kardinäle den 37jährigen Lothar von Segni aus dem Geschlecht der Grafen von Campagna zum neuen Oberhaupt der Kirche. Als Innozenz III. wurde er einer der bedeutendsten Vertreter des Papsttums. Der junge Mann hatte, ehe er mit 29 Jahren Kardinal wurde, in Paris Theologie und in Bologna die Rechte studiert, und in beiden Disziplinen leistete er zeitlebens Hervorragendes. Seine theologischen Schriften wurden eifrig gelesen und abgeschrieben; seine Rechtsentscheide sind wichtige Bestandteile des abendländischen Kirchenrechts.

Man rühmt Innozenz III. nach, daß er in jungen Jahren liebenswürdig und auch milde gewesen sei. Selbst in der Frage der Ketzerverfolgung neigte er anfangs zu einer maßvollen Haltung. Seine spätere Politik förderte allerdings die grausame Unterdrückung der Albigenser in Südfrankreich. Unmißverständlich wie keiner seiner Vorgänger formulierte er den Anspruch des Papstes, Stellvertreter Gottes und Statthalter Christi auf Erden zu sein und nicht nur Nachfolger Petri. Daraus leitete sich dann der weltliche Herrschaftsanspruch ab, »Bischof und Kaiser in einer Person« zu sein (Joachim Leuschner). Er verfolgte skrupellos und ganz wie ein weltlicher Fürst seine handfeste Machtpolitik. Die Entscheidung im deutschen Thronstreit, das politische Spiel mit Otto IV. und Friedrich II., die Demütigung des englischen Königs Johann, der schließlich sein Reich vom Papst zu Lehen nehmen mußte – das alles zeigt, daß er weniger um die Seelen der Gläubigen, als vielmehr um konkrete Ausdehnung des Kirchenstaates und Einflußnahme in Europa bemüht war.

Weniger glücklich war Innozenz III. bei seinen Versuchen, die Union mit der Ostkirche zu fördern. Höhepunkt seines Pontifikats war das vierte Laterankonzil von 1215. Acht Monate später starb er in Perugia (16. Juli 1216), bis zuletzt mit neuen Kreuzzugsplänen beschäftigt. *(R.V.)*

wählen. Sie entschlossen sich statt dessen, den jüngsten Sohn Barbarossas, Philipp von Schwaben, zu erheben, der sich, selbst ohne Ehrgeiz, bereit erklärte, für seinen Neffen die Regentschaft zu übernehmen.
Gegen ihn fanden sich die alten Gegner des staufischen Hauses zusammen, die Welfen, die niederrheinische Opposition und schließlich auch Richard Löwenherz, der die Demütigung von Dürnstein und Trifels noch nicht verwunden hatte. Ihr Kandidat war der dritte Sohn Heinrichs des Löwen, der 16jährige Graf Otto von Poitou, der am englischen Hof aufgewachsen, im Reich wenig begütert war und nur dank Richard Löwenherz sich Graf von Poitou nennen durfte.
Beide Bewerber wurden gekrönt, aber beiden Krönungen hafteten Formfehler an, weshalb der ›rechtmäßige‹ König nicht zu ermitteln war: Otto IV. wurde am richtigen Ort, nämlich in Aachen, durch den richtigen Mann, nämlich den Erzbischof von Köln, gekrönt. Philipp dagegen wurde am falschen Ort, in Mainz, gekrönt, und nur durch einen burgundischen Erzbischof, aber er empfing die echten Reichskleinodien, die in staufischem Besitz waren.
Da keine der beiden Parteien zum Einlenken bereit war, kam es zur Machtprobe und zum Bürgerkrieg, der alte Feindschaften wieder aufriß und für das Reich »viel Elend und Unglück« brachte, wie es das Gespenst an der Mosel prophezeit hatte.

Der Papst als Schiedsrichter im deutschen Thronstreit

Papst Innozenz III. verhielt sich angesichts der deutschen Doppelwahl zunächst nach außen hin neutral und vermied es, sich für den einen oder den anderen der beiden Gewählten offen auszusprechen. Er hatte Zeit, seine Stellung in Italien auszubauen und zu festigen. Der Tag, an dem er von den beiden als Schiedsrichter angerufen würde, mußte ohnehin kommen.
Er konnte es sich leisten, das Schreiben Ottos IV., das die Anzeige seiner Krönung enthielt, und die Bitte, den Rivalen Philipp zu bannen, monatelang unbeantwortet zu lassen; das entsprechende Schreiben Philipps wurde überhaupt keiner Antwort gewürdigt.
Erst als eine Versammlung staufischer Parteigänger unter den Fürsten 1199 zu Speyer die päpstliche Politik in Italien zurückwies und den Anspruch Philipps auf die Kaiserkrone unterstützte, erklärte sich Innozenz offen für den Welfen Otto. Gegenüber den Abgesandten Philipps betonte er mit einer seit Papst Gregor VII. und den Tagen des Investiturstreits nicht mehr vernommenen Schärfe den Vorrang des Pap-

stes vor den weltlichen Fürsten: »Dem göttlichen Gesetz gemäß werden wohl die Könige und die Priester gesalbt, aber die Könige von den Priestern, nicht die Priester von den Königen. Wer salbt, ist größer als der, welcher gesalbt wird [. . .].« Damit beansprucht Papst Innozenz III. nicht nur die Schiedsrichterrolle im deutschen Thronstreit, sondern auch in dem noch nicht entschiedenen Machtkampf zwischen England und Frankreich, bei dem es um die Vorherrschaft in Westeuropa ging und der mit dem deutschen Streit durch aktuelle Interessen und überkommene Bündnisse aufs engste verflochten war. Der Papst fühlte sich als Herr über Völker und Fürsten.

Der deutsche Thronstreit in der europäischen Politik

In einer Rede vor den Kardinälen im Jahr 1200 legte Innozenz III. seine Politik im deutschen Thronstreit unverhüllt dar. Er ging dabei von drei gewählten deutschen Königen aus, denn schließlich war ja auch das Kind Friedrich von Sizilien von den Fürsten vor Jahren rechtmäßig erhoben worden. Scheinbar objektiv setzte er sich mit den Ansprüchen und Rechten der drei Bewerber auseinander, erörterte, welcher von ihnen aus welchen Gründen zu unterstützen oder abzulehnen sei, und kam, nicht überraschend, zu dem Schluß, daß es »geziemend und nützlich sei, dem Otto die apostolische Huld zuzuwenden«. Die unmittelbaren Folgen waren die Bannung des Staufers Philipp und seiner Anhänger und ein massives Vorgehen gegen die staufer-freundlichen Bischöfe. Diese schroffe Haltung änderte sich indessen, als sich im Kampf um Deutschland mehr und mehr die staufische Partei durchzusetzen begann. Die Entwicklung wurde begünstigt durch den vorläufigen Ausgang des französisch-englischen Kriegs. Mit der englischen Niederlage in Frankreich und der Flucht des englischen Königs Johann ohne Land, dem Bruder Richard Löwenherz', verloren der Welfe Otto IV. und sein Anhang eine wichtige Stütze, während die französischen Erfolge die staufische Partei ermutigten.
Die Reihen Ottos IV. lichteten sich, die wichtige Geldquelle aus England war versiegt, sein eigener Bruder fiel von ihm ab, und selbst Philipps hartnäckigster Gegner, der Erzbischof von Köln, erklärte sich für den Staufer, wenn er sich nochmals von ihm krönen lasse.
Ottos IV. Stern schien vollends im Sinken begriffen, als Innozenz III. von seiner englandfreundlichen Politik abrückte und ganz offen mit Philipp Verbindung aufnahm. Obwohl Philipp nichts von seinen Rechten in Italien preisgab, gingen die Verhandlungen zügig voran. Es war bereits die Rede von der Lösung aus dem Bann und von der Kai-

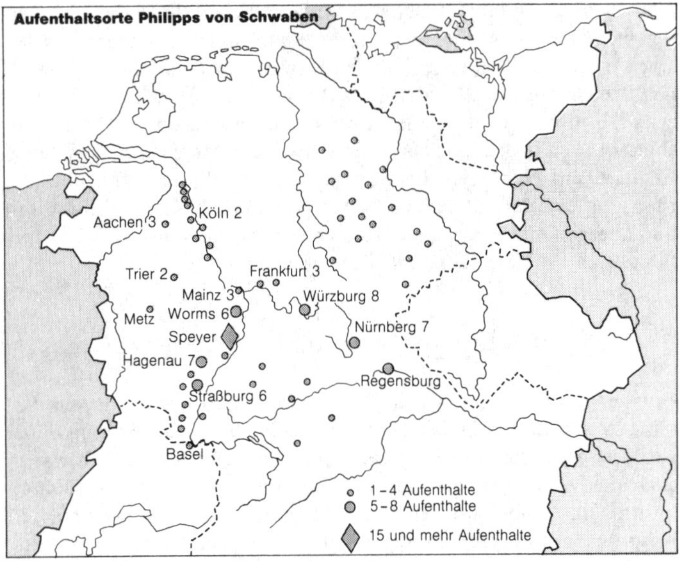

serkrone, und man erwog die Heirat zwischen einem Neffen des Papstes und einer Tochter des Stauferkönigs. Der Ausgleich schien nahe.
Da wurde Philipp, der »junge süeze man«, kaum über 30 Jahre alt, am 21. Juni 1208 völlig überraschend vom Pfalzgrafen Otto von Wittelsbach in Bamberg ermordet – heimtückisch und ohne politische Motive, einzig und allein aus dem Gefühl persönlicher Kränkung, das aus fehlgeschlagener Heiratspolitik herrührte.
Zehn Jahre lang hatte nach der unglücklichen Doppelwahl von 1198 der Bürgerkrieg Deutschland erschüttert und enorme Energie gekostet. Auch die Mächtigen im Land waren kriegsmüde geworden und suchten den Kampf beizulegen. Ebenso waren die meisten staufertreuen Großen friedenswillig und sahen keinen Grund mehr, Otto IV. die Anerkennung zu verweigern. Am 11. November wurde er in Frankfurt noch einmal, diesmal einstimmig, gewählt. Der Friede wurde schließlich besiegelt, indem sich Otto IV. mit Beatrix verlobte, der Tochter des Ermordeten, und damit den generationenalten Hader zwischen den beiden Dynastien aus der Welt schaffte. Wegen der Jugend der Braut wurde erst 1212 geheiratet.
Philipps Waffenmeister Heinrich von Kalden tat seinem toten Herren den letzten Dienst und erschlug dessen Mörder Otto von Wittelsbach. Dann schloß auch er sich dem neuen König an.

***Philipp, der »junge süeze man«.** In gelassener, majestätischer Pose zeigt ihn eine Statue am mittleren Turm der Steinernen Brücke. Regensburg, Museum der Stadt.*

Der Welfenkönig Otto IV. auf den Spuren der Staufer

Auch Papst Innozenz III. mußte mit dieser Wendung der Dinge zunächst höchst zufrieden sein, denn Otto IV. beeilte sich, alle früheren Zugeständnisse in kirchenpolitischer und territorialer Hinsicht zu erneuern und zu erweitern. Dann brach er mit seinem Heer nach Italien auf, um in Rom die ersehnte Kaiserkrone zu empfangen.
Bereits auf dem Weg dorthin zeigte es sich indessen, daß er nicht mehr der gehorsame und fügsame Anhänger des Papstes war. Wie seine

Text der Zeit

Die Ermordung Philipps von Schwaben 1208
Nach dem Bericht des Arnold von Lübeck

Als König Philipp in Bamberg weilte, kam es zu einem beklagenswerten und unerwarteten Zwist zwischen ihm und dem Pfalzgrafen Otto von Wittelsbach. Philipp wollte seine Tochter mit Otto verloben, da dieser aber blutdürstig und grausam war, hatte der König seine Absicht wieder geändert. Als der Pfalzgraf das erfuhr, bemühte er sich um die Hand der Tochter des Herzogs von Polen. [Er erbat sich von Philipp ein Empfehlungsschreiben, das dieser ihm versprach. In Wirklichkeit riet er aber von einer Heirat ab.] Als der Pfalzgraf den Brief empfangen hatte, ging er zu einem seiner Vertrauten und sprach zu ihm: »Öffne mir den Brief, damit ich seinen Inhalt erfahre!« Als dieser den Brief gelesen hatte, erschrak er und sagte: »Ich bitte Euch, zwingt mich nicht, Euch den Brief vorzulesen«, [. . .] doch der Pfalzgraf drang so lange in den andern, bis er endlich den Inhalt erfuhr. Voll Wut sann er nun nur noch auf den Tod des Königs. Vorerst aber verheimlichte er seinen Grimm und kam mit fröhlichen und dankenden Worten zum König. Als nun eines Tages Philipp an beiden Armen zur Ader gelassen war und zurückgezogen in seinem Gemach verweilte, schritt der Pfalzgraf mit entblößtem Schwert scheinbar spielend im Vorzimmer auf und ab. Dann näherte er sich dem Schlafgemach des Königs, klopfte heimlich und trat ein. Doch behielt er auch vor dem König das bloße Schwert in der Hand. Daraufhin sagte Philipp: »Lege dein Schwert ab, denn dafür ist hier nicht der Ort!« Otto aber entgegnete: »Hier ist schon der richtige Ort, und du sollst für deine Treulosigkeit büßen.« Sogleich traf er ihn mit einem Hieb in den Nacken, ohne ihm noch eine weitere Wunde beizufügen. Da die Anwesenden ihn ergreifen wollten, schaffte er sich gewaltsam freie Bahn durch die offene Tür und entfloh.
Philipp aber hatte nicht ohne Grund den Brief verändern lassen; denn das Mädchen, das Otto heiraten wollte, war durch ihre Mutter mit dem König verwandt und daher mißfiel diesem, daß ein so gottloser und unverschämter Mann die Hand einer so hochgeborenen Jungfrau erhalten sollte.

Aus: Arnoldi Chronica Slavorum VII, 14 (Slawenchronik des Arnold von Lübeck).
Bearbeitet nach der Übersetzung von J. C. M. Laurent

staufischen Vorgänger suchte er allenthalben die Rechte des Reiches wieder herzustellen und sich die Einkünfte in Italien zu sichern, ohne sich um seine früheren Zugeständnisse zu kümmern. Den Ermahnungen des Papstes hielt er entgegen, daß diese Zugeständnisse ohne die Zustimmung der Fürsten zustande gekommen und somit allesamt nichtig seien.

Mochte Innozenz III. diese neuen Töne seines früheren Schützlings auch ungern hören; im Augenblick hatte er Otto IV. nichts entgegenzusetzen und sah sich genötigt, die Krönung am 4. Oktober 1209 vorzunehmen.

Wie wenig alle Versprechungen galten, stellte sich bald nach der Kaiserkrönung heraus, als Otto IV. in Italien zu schalten und zu walten begann wie einst die Staufer in den Tagen ihrer Machtfülle. Dem Papst waren die Hände gebunden, denn er konnte sich nicht öffentlich auf fragwürdige Geheimabkommen berufen; er mußte Otto IV. zunächst gewähren lassen und konnte nur hoffen, daß künftige Verhandlungen die Lage erträglicher gestalteten.

Doch damit nicht genug. Bereits gegen Ende des Jahres 1209 knüpfte Otto IV. Beziehungen nach Unteritalien und Sizilien. Vereinzelt hielten sich dort noch immer deutsche Garnisonen in entlegenen Felsennestern, und Pisa bot in der Hoffnung auf günstige Handelsverträge dem Kaiser eine Flotte an.

Als Otto IV. im November 1210 die Grenze nach dem Süden überschritt, regte sich kaum ernsthafter Widerstand. Bis zum Sommer 1211 war Unteritalien bis zur Meerenge von Messina erobert; die Schiffe zur Überfahrt nach Sizilien lagen bereit, und König Friedrich, der Sohn Heinrichs VI. und Konstanzes, rüstete sich, wie es heißt, bereits zur Flucht nach Afrika.

Doch weiter sollte Otto nicht kommen. Mit dem Feldzug gegen Sizilien hatte er einen feierlichen Eid gebrochen, den er bei der Kaiserkrönung in Rom geleistet hatte; er griff nach *dem* Reich, dessen oberster Lehnsherr der Papst selbst war, und war auf dem besten Weg, das deutsch-sizilische Großreich Heinrichs VI. wiederherzustellen, das Innozenz III. als tödliche Bedrohung des Kirchenstaats in Mittelitalien betrachten mußte.

Der Papst hatte seine Gegenmaßnahmen getroffen. Noch vor dem Aufbruch Ottos IV. hatte er mit Philipp II. August von Frankreich, dem alten Feind der welfisch-englischen Partei, und mit deutschen Fürsten Verbindung aufgenommen; und als der Kaiser die Grenze überschritt, schleuderte er den Bann gegen ihn.

Die Erfolge des Kaisers täuschten zunächst über den Ernst seiner Lage hinweg. Während er Apulien und Kalabrien gewann, gelang es der

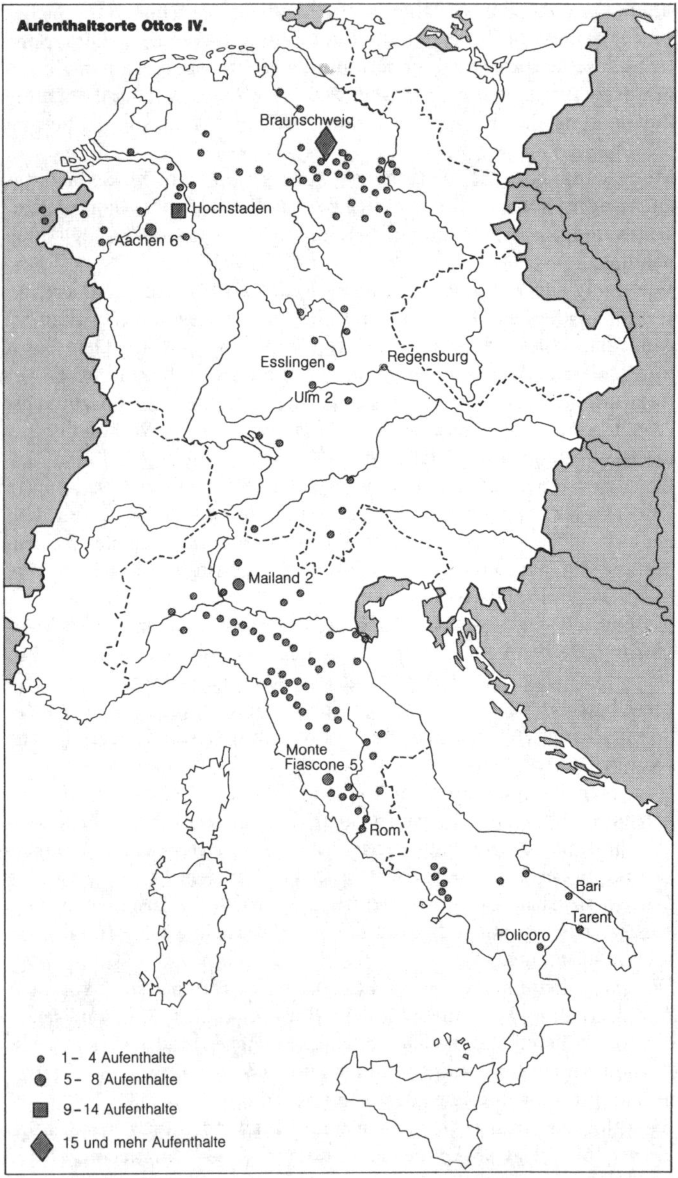
Aufenthaltsorte Ottos IV.
Braunschweig
Hochstaden
Aachen 6
Esslingen
Regensburg
Ulm 2
Mailand 2
Monte
Fiascone 5
Rom
Bari
Tarent
Policoro
1- 4 Aufenthalte
5- 8 Aufenthalte
9-14 Aufenthalte
15 und mehr Aufenthalte

päpstlichen Diplomatie, einige wichtige deutsche Fürsten zu gewinnen. Auf einer Versammlung in Nürnberg sagten sie sich von Otto IV. los und wählten mit der Zustimmung des Papstes den 16jährigen Friedrich II. von Sizilien zum *Kaiser*! Dieser Schritt kam einer kleinen Revolution gleich. Gewiß war es dem Papst nicht leichtgefallen, denn auch Friedrichs II. Erhebung konnte zur unerwünschten Vereinigung des Deutschen Reiches mit Sizilien führen. Aber Friedrichs Position war wenigstens im Augenblick schwach, schwächer als die Stellung Ottos IV., und zudem erkannte er uneingeschränkt die päpstliche Lehnsoberhoheit über Sizilien an. Daß auch Frankreich sich für Friedrich II. einsetzte, bestärkte Innozenz III. in seiner Entscheidung. Da Friedrich II. von seiner um mehr als zehn Jahre älteren Gemahlin Konstanze von Aragon bereits einen Sohn Heinrich hatte, bestand immerhin die Möglichkeit, die Reiche in Zukunft auf Vater und Sohn aufzuteilen. Viele Berater des jungen Königs sprachen sich gegen die Annahme der Wahl aus, und auch Friedrich II. selbst zögerte zunächst. Doch dann entschied er sich für das Wagnis, als Unbekannter in das unbekannte Reich seiner Väter zu ziehen, und der Erfolg gab ihm recht.

Das Kind aus Apulien gewinnt die Herzen

Die Nachrichten von den Vorgängen in Nürnberg erreichten Kaiser Otto IV., als er eben zum entscheidenden Schlag gegen Sizilien ausholen wollte. Unverzüglich brach er den Feldzug im Oktober 1211 ab, um zu Hause zu retten, was noch zu retten war. Noch war nicht alles verloren, denn Otto IV. verfügte über Truppen und über Geld aus englischen Kassen; Friedrich II. dagegen hatte zunächst fast nichts. Doch als er im Frühjahr 1212 auf dem Seeweg nach Rom kam und seinem päpstlichen Gönner huldigte und alle gewünschten Zusicherungen gab, da erhielt er die Geldmittel, die ihm den Weitermarsch ermöglichten. Der war nun freilich nicht ungefährlich, denn die Pisaner und Mailänder hielten zu Otto IV. und lauerten Friedrich II. zu Lande und zu Wasser auf. Einmal konnte er den Mailändern nur dadurch entkommen, daß er sich auf ungesatteltem Pferd in den Fluß Lambro stürzte und sich, wie hinterher spöttisch bemerkt wurde, die Hosen wusch. Auf abenteuerlichem Weg erreichte er die Alpen, wo er auf dem Gebiet der Bischöfe von Trient und Chur endlich in Sicherheit war.
Kaiser Otto IV. hatte den jungen Rivalen, der sich da durch entlegene Alpentäler nach Deutschland stahl, offenbar unterschätzt und als »Pfaffenkaiser« hochnäsig abgetan. Als er aus Thüringen herbeieilte, um Friedrich II. festzusetzen, hatte dieser bereits Konstanz für sich ge-

wonnen, angeblich drei Stunden, ehe Otto vor den Mauern stand. Er soll noch das dem ›amtierenden‹ Kaiser Otto IV. zugedachte Mittagessen eingenommen haben (September 1212).
Nun fielen ihm in kurzer Zeit die Länder am Oberrhein zu, dazu Schwaben, das alte Stauferland, und nach und nach ganz Oberdeutschland. Mächtig wirkte der Zauber seiner Jugend. Die Erinnerungen an Barbarossa und Heinrich VI. waren noch nicht erloschen und wirkten für Friedrich II. Im Dezember wurde er auf einem Fürstentag in Frankfurt noch einmal gewählt und anschließend in Mainz gekrönt.
Unter denen, die Friedrich II. in Deutschland willkommen hießen, war auch der Dichter Walther von der Vogelweide. Bei ihm mischten sich allerdings politische Erwartungen mit persönlichen Hoffnungen auf eine Altersversorgung, die ihm der junge Herrscher bieten konnte. Es wäre jedoch unrecht, Walther als Opportunisten abzutun. Mit seinen politischen Sprüchen, engagierten Kommentaren zum Zeitgeschehen, kämpfte er unerschrocken für das Reich und für den König gegen den Machtanspruch Innozenz' III.

Erneuter staufisch-französischer – welfisch-englischer Kampf

Eine Entscheidung zwischen Friedrich II. und Otto IV. war freilich zu diesem Zeitpunkt noch nicht gefallen. Mochte sich der Staufer in Süddeutschland durchgesetzt haben – im Norden und Nordwesten blieb Ottos IV. Ansehen unbestritten, und seine Beziehungen zu England waren ungebrochen. Auch Friedrich II. sah sich nach einem Bundesgenossen um. Er ließ das alte staufisch-kapetingische Bündnis gegen England und Otto IV. wiederaufleben. Frankreichs König Philipp II. August half dafür mit 20000 Silbermark aus, bitter nötig zur Bestechung mächtiger Reichsfürsten, die für gleiche Summen auch zur Welfenpartei übergegangen wären. Der deutsche Thronstreit war wieder in den Bannkreis des westeuropäischen Machtkampfs geraten. Nicht die deutschen Fürsten entschieden darüber, wer künftig die Krone tragen sollte, und auch nicht der Papst. Letztlich fiel die Entscheidung, sozusagen als Nebenprodukt, im Kampf zwischen England und Frankreich: noch einmal hatte Johann von England im Bund mit Otto IV. und der welfischen Partei seine riesigen Besitzungen in Frankreich zu retten versucht. Bei Bouvines in Nordfrankreich fiel am 27. Juli 1214 die Entscheidung. Philipp II. August behauptete das Feld, während Otto IV. sich nur durch eilige Flucht der Gefangenschaft entziehen konnte. Den vergoldeten kaiserlichen Adler mit zerbrochenen Schwingen, der sich in der Beute des Siegers fand, sandte Philipp II. August an Friedrich II., dem ohne eigenes Zutun der Sieg im Thronstreit zugefallen war. »Seit jener Zeit sank das Ansehen der Deutschen bei den Franzosen«, bemerkte der Chronist von Lauterburg bei Halle. Nach dem Tag von Bouvines lief der restliche Anhang Ottos IV. endgültig zu Friedrich II. über. Der geschlagene Kaiser zog sich auf seine Hausgüter im Braunschweigischen zurück, wo er noch für ein paar Jahre ein unbeachtetes Dasein führte. Im Jahre 1218 starb er und wurde im Dom von Braunschweig bestattet.

Schwächung der Königsmacht Stärkung der Kirche

Nach außen hin schien Friedrich II. nun die gleiche Machtfülle in Händen zu halten wie sein Vater. Aber der Schein trog. Denn in zwanzig Jahren Bürgerkrieg war ein großer Teil der Reichsgüter und der staufischen Hausgüter aufgezehrt oder unwiederbringlich verschleudert worden. Vor allem aber hatte Friedrich II. selbst auf seinem ersten Reichstag in Eger 1213 nach seinen ersten Erfolgen über Otto IV. noch einen Teil der königlichen Rechte geopfert. Offen und unter Zustimmung der Fürsten hatte er der Kirche alle Zusicherungen gegeben, die Otto IV. vorher nur im geheimen zugestanden und dann widerrufen hatte. Fortan verzichtete er auf die königlichen Rechte gegenüber der Kirche in Deutschland, erkannte die päpstlichen »Rekuperationen« (Gebietserwerbungen) in Mittelitalien an, gelobte staatliche Hilfe bei der päpstlichen Ketzerbekämpfung. Daß all diese Konzessionen reichsrechtliche Gültigkeit bekamen, bedeutete den endgültigen und unwiderruflichen Verzicht auf die Möglichkeiten, die das Wormser Konkordat 1122 (siehe Band 2) den Königen gegenüber der Kirche eingeräumt hatte. Auch die Stellung der Fürsten, der geistlichen wie der weltlichen, wurde wesentlich gestärkt.

Erklärlich wird diese Politik der Zugeständnisse, wenn man bedenkt, daß Friedrich II. sich in erster Linie als Herrscher von Sizilien fühlte, und um sich den Rücken freizuhalten, brauchte er Ruhe in Deutschland. Dort mochten die Fürsten schalten und walten, solange er in Italien und auf Sizilien ungestört blieb.

Den Hauptgewinn aus dieser jüngsten Entwicklung zog Innozenz III. Sein Mündel hatte im Kampf triumphiert und war trotzdem bereit, die Kirche und ihr Oberhaupt zu ehren und mit weltlichen Gütern und Rechten auszustatten.

Papst Innozenz III. hält ›Heerschau‹: Das vierte Laterankonzil

Den glanzvollen Höhepunkt der päpstlichen Machtentfaltung brachte das vierte Laterankonzil im Jahre 1215. Für einen geschichtlichen Augenblick war Rom die Hauptstadt der christlichen Welt, gingen die Herrschaftsansprüche Innozenz' III. in Erfüllung. Angeblich kamen 1300 Prälaten und zahllose Gesandte weltlicher Fürsten zusammen, um über Fragen der Kirchenorganisation zu beraten.
Zu den Beschlüssen gehörten der verschärfte Kampf gegen Ketzer und diskriminierende Bestimmungen für Juden. Sie wurden gezwungen, spitze Hüte oder farbige Stoffetzen, eine Art Judenstern, zu tragen.
Darüber hinaus wurden auch die Grundlagen für einen neuen Kreuzzug gelegt. Der Vierte Kreuzzug, der 1202-1204 während des Pontifikats von Innozenz III. stattgefunden hatte, hatte sich als blamables Geschäftsunternehmen im Dienst der Republik Venedig entpuppt und die Kreuzzugsidee aufs schwerste kompromittiert. Gegen den Willen des Papstes war das Kreuzfahrerheer dazu mißbraucht worden, im Interesse Venedigs die Stadt Zara in Dalmatien und anschließend Byzanz zu erobern und zu plündern. (Siehe auch *K: Die Kreuzzüge im Überblick, Seite 284 f.,* Band 2)
Die Chancen für einen neuen Zug ins Heilige Land waren um so größer, als Friedrich II. unmittelbar nach seiner Krönung in Aachen dort am Sarkophag Karls des Großen überraschend das Kreuz genommen und die Mächtigen im Reich aufgefordert hatte, ihm zu folgen. Ob Innozenz III. mit diesem doch recht eigenwilligen Vorgehen ganz einverstanden war, mag bezweifelt werden, denn es ließ weitere Eigenmächtigkeiten Friedrichs II. befürchten.
Diese Befürchtungen betrafen die Situation in Italien. Wenn Friedrich II. die Kronen von Deutschland und Sizilien vereinigte, dann geriet der Kirchenstaat in die Klemme und der Papst konnte zum Werkzeug des Kaisers werden. Bis zuletzt versuchte Innozenz III. diese Vereinigung zu verhindern. Doch als er am 16. Juli 1216 starb, war dieses Problem noch nicht gelöst. Seine Nachfolger mußten, wenn sie die vorläufigen Erfolge des großen Innozenz III. halten wollten, noch einmal zum Entscheidungskampf gegen die Staufer antreten.

Ein Rückblick: Die Jugend Friedrichs II. in Palermo

Ehe wir den Gang der Ereignisse weiterverfolgen, blättern wir noch einmal zurück, um den Mann näher kennenzulernen, der in den näch-

Normannische Prachtentfaltung – arabische Einflüsse. *Der Dom von Palermo entstand im wesentlichen um 1185, Umbauten im 14., 15. und 18. Jahrhundert veränderten die ursprüngliche Fassadengestaltung.*

sten dreieinhalb Jahrzehnten der Gegenspieler der Päpste werden sollte. Wir erinnern uns, daß nach dem frühen Tod Heinrichs VI. Konstanze das dreijährige Kind zum König von Sizilien krönen ließ (1198). Wenig später starb auch sie, nachdem sie dem kleinen König den Papst zum Vormund bestellt hatte. Der Papst konnte allerdings zu dieser Zeit nur wenig für seinen Schützling tun. Zu unübersichtlich waren die Machtverhältnisse auf der Insel, wo sich normannische, sarazenische und deutsche lokale Machthaber um das Erbe stritten. Dabei wurde von interessierter Seite auch immer wieder die Geschichte seiner angeblich zweifelhaften Herkunft verbreitet. Danach soll Konstanze die Schwangerschaft nur vorgetäuscht und dann den Sohn eines Metzgers aus Jesi, wo Friedrich II. geboren wurde, untergeschoben haben; eine Geschichte, die sich später immer wieder eignete, um Friedrich II. in ein schiefes Licht zu rücken.

Es wird berichtet, daß der König von Sizilien in den wirren Jahren seiner Jugend oft genug allein und auf sich selbst gestellt durch Palermo

gestreift sei und wer weiß wohin geraten wäre, wenn sich nicht ein paar Familien aus Gutmütigkeit seiner angenommen und den König mit durchgefüttert hätten. Mit einer planvollen und konsequenten Erziehung kann es unter diesen Umständen nicht weit her gewesen sein. Und doch muß er sich in jener Zeit weitergebildet haben. Dem Dreizehnjährigen wurde nachgerühmt, daß er kräftig und gelenkig sei und mit Waffen und Pferden gewandt und sicher umzugehen verstehe. Darüber hinaus erwarb er sich eine erstaunliche geistige Bildung – aus welchen Quellen, ist nicht ganz klar. Gewißheit besteht darüber, daß er arabische Lehrer hatte, die ihn nicht nur in ihre Sprache und in die Geisteswelt des Islam einführten, sondern ihn auch für naturwissenschaftliche und medizinische Fragen interessierten.
Außerdem scheint er in seiner ungebundenen Freiheit alles gelesen zu haben, was er erreichen konnte – ungeordnet zwar, aber mit dem Ergebnis, daß er später über ein Wissen verfügte, das die Welt in Staunen versetzte. Und noch etwas lernte er angesichts der Macht- und Habgier seiner Umwelt: Menschenkenntnis und Mißtrauen gegenüber den Menschen.
Nach normannisch-sizilianischem Recht wurde Friedrich II. mündig, als er am 26. Dezember 1208 sein vierzehntes Lebensjahr vollendete. Nun schien es seinem päpstlichen Vormund an der Zeit, den König zu verheiraten, und eine Braut war auch schon zur Hand. Es handelte sich um die fast elf Jahre ältere Konstanze von Aragon, verwitwete Königin von Ungarn, eine Dame aus einem papsttreuen Haus. Dem König mochte die Mitgift der Braut verlockend erscheinen, fünfhundert spanische Ritter, eine beachtliche Streitmacht für den fast mittellosen Sizilianer.
Die Ritter starben zwar bald großenteils an einer Seuche dahin, aber auch ohne sie unterwarf Friedrich II. in den folgenden Jahren durch sein entschlossenes Auftreten Sizilien. Und noch etwas Erstaunliches geschah in dieser Zeit: Zwischen Konstanze und Friedrich II., die politisches Kalkül zusammengeführt hatte, entwickelte sich eine echte Zuneigung, die auch dadurch nicht getrübt wurde, daß sich während der Ehe außer dem einzigen gemeinsamen Sohn Heinrich (* 1211) auch noch Enzio einstellte, Friedrichs erster unehelicher Sohn. Der König war eben »ein außerordentlicher Liebhaber weiblicher Reize«, wie der italienische Chronist Riccobaldi aus Ferrara bemerkte. Später soll er sich »Scharen schöner Frauen« gehalten haben.
Wie sehr seine Neigung gerade der ersten Gemahlin gegolten haben muß, das geht auch daraus hervor, daß er ihr nach ihrem Tod 1222 seine eigene sizilianische Krone mit ins Grab im Dom von Palermo gab und auf den Sarkophag die lateinische Inschrift setzen ließ: »Ich

war Konstanze, die Königin Siziliens, Gemahlin des Kaisers; ich wohne nun hier, Friedrich, die deine«.
Als im Jahre 1212 der Ruf an Friedrich II. erging, nach Deutschland zu kommen und gegen Otto IV. anzutreten, da war auch Konstanze unter denen, die von dem höchst ungewissen Abenteuer abrieten. Daß Friedrich II. den Zug trotz aller Bedenken dennoch unternahm, wurde bereits berichtet.

Wer wird deutscher König?

Erinnern wir uns: Im Jahr 1216 war Innozenz III. gestorben, ohne von Friedrich II. bindende Zusagen in der Nachfolgefrage erhalten zu haben. Nach seinem Tod wurden die Karten neu gemischt, und zwar zugunsten Friedrichs. Der Nachfolger auf dem Stuhl Petri, Honorius III., war ein erfahrener Finanzmann, aber kein Politiker vom Rang seiner Vorgänger; kein Kämpfer, sondern ein versöhnlicher Kirchenfürst, der sich zunächst um den geplanten Kreuzzug kümmerte. Ihm gegenüber hatte Friedrich II. leichteres Spiel bei der Durchsetzung seiner dynastischen Pläne. Sein Ziel war es, die Thronfolge in Deutschland zu sichern und seinen Sohn Heinrich zum König wählen zu lassen. Die weltlichen Großen waren zu diesem Schritt bereit, denn sie hofften, während der Abwesenheit Friedrichs II. unter einem minderjährigen König Heinrich ihre Stellung weiter ausbauen zu können. Die geistlichen Fürsten mußten erst durch Zugeständnisse gewonnen werden. In einer vertraglichen »Vereinbarung mit den Kirchenfürsten« (lat.: »Confoederatio cum principibus ecclesiasticis«) bestätigte ihnen Friedrich II. 1220 weitreichende Rechte, die die königliche Einflußnahme auf geistliche Territorien praktisch ausschalteten und die geistlichen Fürsten fast unabhängig machten.
Daraufhin ging die Wahl glatt über die Bühne. König Heinrich (VII.) vereinigte nun allen früheren Zusicherungen zum Trotz die beiden Kronen, wenn auch der Königstitel von Sizilien fortan in seinen Urkunden nicht mehr auftauchte.
Papst Honorius III. nahm diesen Wandel der Dinge nicht widerspruchslos hin, aber er ließ sich mit einer gewundenen Erklärung und mit dem Hinweis auf den Kreuzzug besänftigen. Noch im gleichen Jahr verließ Friedrich II. Deutschland, wohin er erst wieder zurückkehrte, als sich sein Sohn Heinrich (VII.) gegen ihn erhob.
Auf dem Weg nach Sizilien machte er in Rom halt, um dort am 22. November 1220 die Kaiserkrone zu empfangen. Das gute Einvernehmen zwischen ihm und Honorius III. wurde durch Umarmung besiegelt.

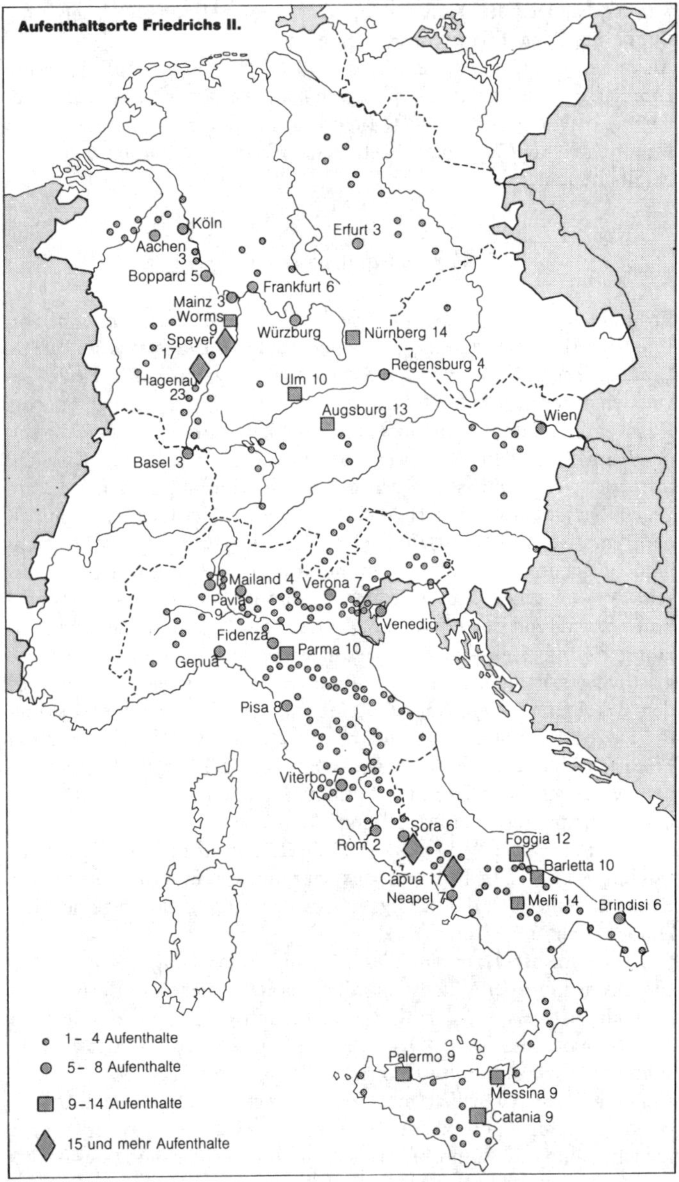
Aufenthaltsorte Friedrichs II.
Köln
Aachen
3
Boppard 5
Erfurt 3
Frankfurt 6
Mainz 3
Worms
9
Speyer
17
Würzburg
Nürnberg 14
Regensburg 4
Hagenau
23
Ulm 10
Augsburg 13
Wien
Basel 3
Mailand 4
Verona 7
Pavia
9
Venedig
Fidenza
Parma 10
Genua
Pisa 8
Viterbo 7
Sora 6
Rom 2
Foggia 12
Barletta 10
Capua 17
Neapel 7
Melfi 14
Brindisi 6
Palermo 9
Messina 9
Catania 9
1- 4 Aufenthalte
5- 8 Aufenthalte
9-14 Aufenthalte
15 und mehr Aufenthalte

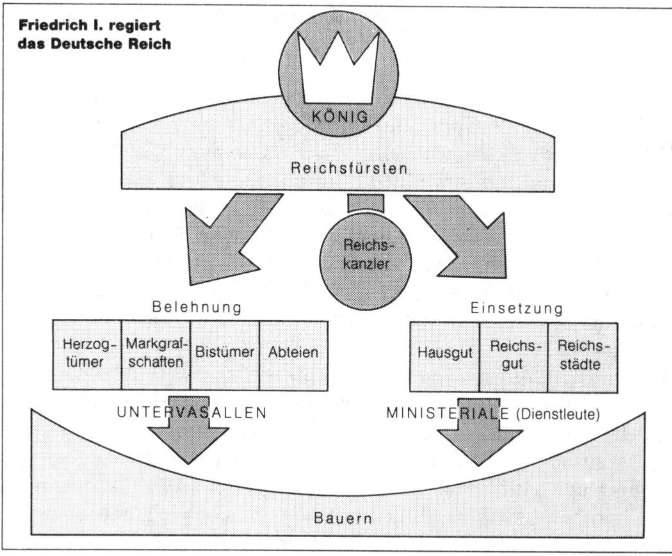
Friedrich I. regiert
das Deutsche Reich
KÖNIG
Reichsfürsten
Reichs-
kanzler
Belehnung
Einsetzung
Herzog-
tümer
Markgraf-
schaften
Bistümer
Abteien
Hausgut
Reichs-
gut
Reichs-
städte
UNTERVASALLEN
MINISTERIALE (Dienstleute)
Bauern

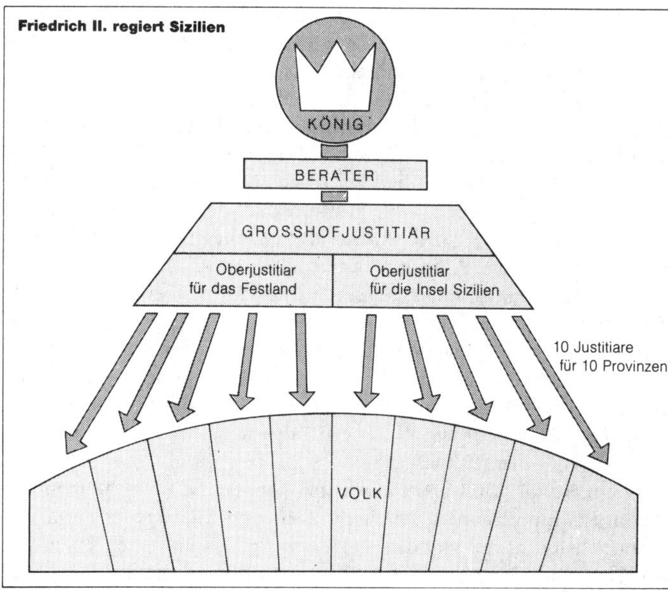
Friedrich II. regiert Sizilien
KÖNIG
BERATER
GROSSHOFJUSTITIAR
Oberjustitiar
für das Festland
Oberjustitiar
für die Insel Sizilien
10 Justitiare
für 10 Provinzen
VOLK

Radikale politische Reformen im Königreich Sizilien Ein zentralistischer Beamtenstaat entsteht

Wenige Tage danach war Friedrich II. bereits auf dem Weg nach dem Süden. Nicht an der Spitze eines Heeres war er aufgebrochen wie sein Vater Heinrich VI. In seiner Begleitung waren nur einige Berater und ein kleiner Zug von Bewaffneten, denn Friedrich II. liebte es, durch seine Persönlichkeit zu wirken und nicht durch Gewalt. Ausdrücklich ließ er erklären, daß er als legitimer Nachkomme der normannischen Könige und als Erbe seiner Mutter die Herrschaft beanspruche, nicht als Kaiser und Sohn Heinrichs VI., dessen Andenken in Sizilien ja durch die bekannten Gewalttaten verdunkelt war.
In Capua hielt er 1220 seinen ersten Hoftag ab, dessen Beschlüsse, die sogenannten „Assisen von Capua", eine neue politische Ordnung für das sizilianische Reich begründeten, das seit Jahrzehnten nicht mehr die Hand einer starken Zentralgewalt verspürt hatte. In das nach dem Tod Heinrichs VI. entstandene Machtvakuum war der Adel eingedrungen und hatte königliche Rechte usurpiert und königliches Gut an sich gerissen. Friedrich II. ließ nun alle unrechtmäßig entfremdeten Krongüter zurückfordern, ließ sich die ohne seine Genehmigung erbauten Burgen des Adels ausliefern (denn auch Burgenbau war ja königliches Recht!) und erklärte sogar rechtmäßig erworbene Privilegien für ungültig, wenn sie nicht umgehend von ihm erneuert würden. Eine einheitliche Gesetzgebung und ein allgemeiner Landfriede sollte die Untertanen vor Willkür und Gewalt schützen.
Das bedeutete aber nicht, daß alle Untertanen die gleichen Rechte besessen hätten. Schon aus Rücksicht auf den Papst und die Beschlüsse des vierten Laterankonzils ließ Friedrich II. alle Ketzer eifrig verfolgen und zwang die Juden, gelbe Stoffetzen auf der Kleidung zu tragen. Die Sarazenen auf Sizilien wurden nach blutigen Kämpfen zwangsweise nach Lucera in Apulien umgesiedelt. Dort gewährte ihnen Friedrich II. allerdings volle Glaubensfreiheit und Selbstverwaltung inmitten einer feindlichen christlichen Umwelt mit dem Erfolg, daß die Sarazenen seine dankbarsten und treuesten Anhänger wurden. Zudem waren sie nicht getauft und deshalb auch für Aktionen verwendbar, die für Getaufte Sünde gewesen wären – ein ›modern‹ anmutender Schachzug in Friedrichs II. Politik, die man heute pragmatische »Realpolitik« nennen würde!
Auf dem Hoftag von Capua wurde mit einer neuen Wirtschaftspolitik begonnen. Eine rigorose staatliche Zoll- und Steuerpolitik und die Monopolisierung des Handels steigerten die Einkünfte der Krone auf Kosten genuesischer und venezianischer Kaufleute, die den Reichtum

Siziliens bisher ausgebeutet hatten. Ein Teil der neuerschlossenen Einkünfte floß in den Bau einer eigenen Flotte, die bereits wenige Jahre später hundert große Galeeren umfaßte. Andere Gelder flossen in die Unterhaltung stehender Truppen und in den Burgenbau.

Und noch eine andere große Änderung im Staat Friedrichs II. bahnte sich an. Der feudale Lehnsstaat (»Personenverbandsstaat«, siehe Band 1 und 2) wandelte sich zum Juristen- und Beamtenstaat. Zwar stellten sich auch Mitglieder des Feudaladels für Verwaltungsaufgaben in den Dienst der Krone; aber für die vielfältigen Aufgaben des zentral regierten Staates war ein Heer von juristisch gebildeten Beamten nötig.

Für sie schuf der Kaiser 1224 eine eigene hohe Schule, die Universität von Neapel. »Gelehrte Männer fordern wir zu unserem Dienst heraus, um ihnen – gebildet durch den Eifer des Studiums von Jus und Justitia [lat.: Recht und Gerechtigkeit] – ohne Sorge die Staatsverwaltung anvertrauen zu können.« So steht es in der Stiftungsurkunde der Universität. Für alles sorgte der Kaiser: für die Verfassung der Universität, für den Unterhalt der Studenten, für die Berufung hervorragender Lehrer. Er verfügte allerdings auch, daß keiner seiner Untertanen an einer auswärtigen Universität studieren dürfe. Die neue Elite sollte ein reibungslos funktionierendes Werkzeug im Dienst der Krone werden.

Diese Entwicklung zu einem modernen, entfeudalisierten Staat war nur in Sizilien möglich, wo die normannischen Könige schon die verwaltungstechnischen Grundlagen dafür entwickelt hatten und wo das Lehnssystem die Lehnsträger viel stärker an den König band; in Deutschland und in der Lombardei waren diese Voraussetzungen nicht gegeben. Deshalb verlief hier die weitere Entwicklung anders.

Während Friedrich II. sein sizilianisches Reich mit aller Energie neu organisierte, blieb ein sehr heikles Problem noch in der Schwebe. Wie erinnerlich, hatte er nach seiner Krönung in Aachen 1215 das Kreuz genommen und das Kreuzzugsgelöbnis später wiederholt. Im Jahr 1225 mußte er sich schließlich unter Androhung des Bannes dazu verpflichten, die Fahrt bis spätestens 1227 anzutreten.

Vollkommene Diplomatie
Der Kaiser gewinnt die heiligen Stätten kampflos

Mit dem Kreuzzugsgedanken verband Friedrich II. allerdings auch politische Pläne. Nach dem Tod seiner ersten Gemahlin Konstanze schloß er mit päpstlicher Zustimmung eine neue aussichtsreiche Verbindung. Er heiratete Isabella von Brienne, die Tochter des Titularkö-

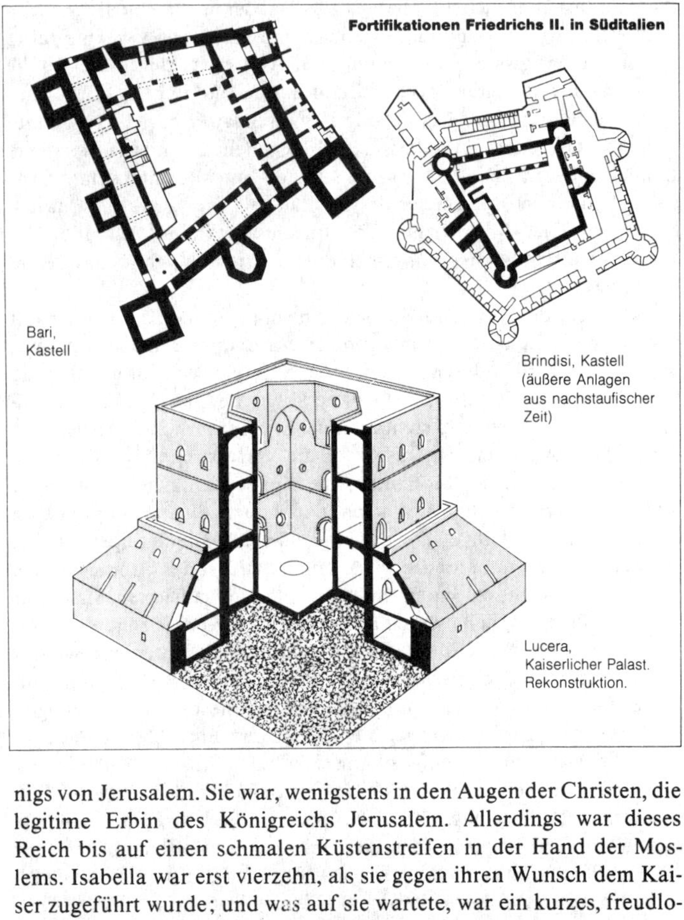

Fortifikationen Friedrichs II. in Süditalien

Bari, Kastell

Brindisi, Kastell (äußere Anlagen aus nachstaufischer Zeit)

Lucera, Kaiserlicher Palast. Rekonstruktion.

nigs von Jerusalem. Sie war, wenigstens in den Augen der Christen, die legitime Erbin des Königreichs Jerusalem. Allerdings war dieses Reich bis auf einen schmalen Küstenstreifen in der Hand der Moslems. Isabella war erst vierzehn, als sie gegen ihren Wunsch dem Kaiser zugeführt wurde; und was auf sie wartete, war ein kurzes, freudloses Dasein auf einem Schloß in Unteritalien, fern von ihrem Gemahl, der seine Gunst ihrer schönen Kusine zuwandte. Mit sechzehn starb sie an der Geburt ihres Sohnes Konrad, der später der Nachfolger Friedrichs II. werden sollte. Den Erbanspruch auf das Königreich Jerusalem hinterließ sie dem Kaiser.

Als Friedrich II. 1227 endlich in See stach, da traf ihn ein Unglück von weittragenden Folgen. Nach wenigen Tagen brach unter den Kreuzfahrern eine Seuche aus, die die Flotte zur Umkehr zwang. Da auch der Kaiser erkrankte, war das Unternehmen zunächst gescheitert. Viel-

Jagdschloß Friedrichs II.
Castel del Monte

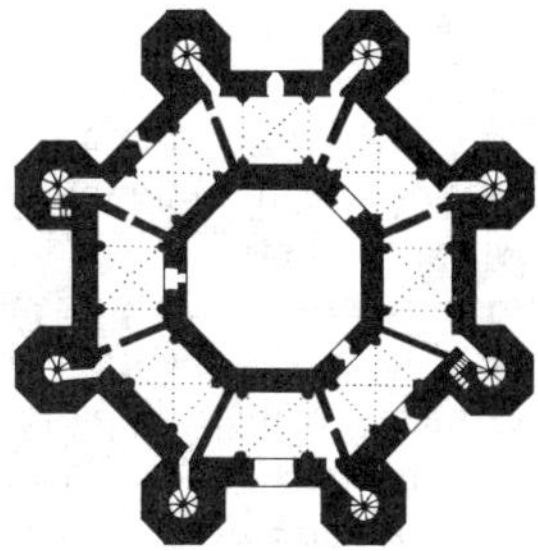

Grundriß des Obergeschosses

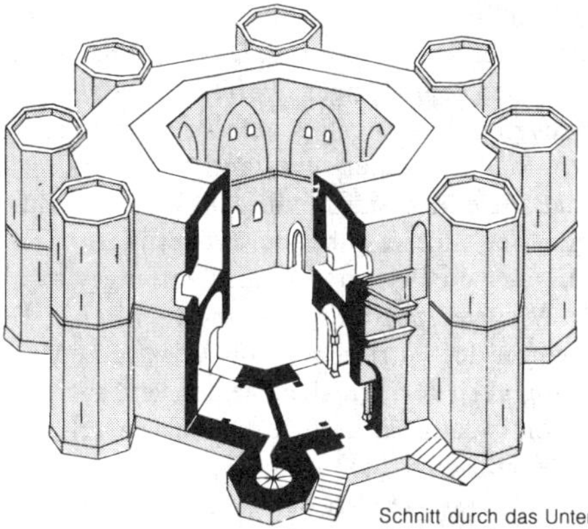

Schnitt durch das Untergeschoß. Der ganze Bau ist konsequent aus der Figur des Achtecks entwickelt.

leicht hätte Honorius III. Verständnis für die neue Situation gehabt. Aber Honorius starb im gleichen Jahr, und sein Nachfolger Gregor IX. war ein Mann vom Geist Innozenz' III. Er zögerte nicht, den Kaiser sofort mit dem Bann zu belegen – womit er nicht nur seinen Unmut über den jahrelang versprochenen Kreuzzug dokumentierte, sondern auch Friedrichs II. Machtpolitik einzudämmen versuchte.
Trotzdem trat der Kaiser die Kreuzfahrt im nächsten Jahr noch einmal an. Unterwegs legte er in Zypern an, um die Lehnsoberhoheit seines Vaters zu erneuern. Dann landete er in Akkon, wo er von den anwesenden Pilgern, von den Ritterorden und selbst vom Patriarchen Gerold von Jerusalem freudig begrüßt wurde.
Doch dieser verheißungsvolle Auftakt war trügerisch. Der Papst blieb unversöhnlich und beantwortete die Bitte um Aufhebung des Bannes damit, daß er gegen den Kaiser predigen ließ und die Christen im Hei-

ligen Land gegen ihn aufzuwiegeln begann. Da die militärische Schwäche des Kreuzfahrerheeres ein energisches Vorgehen gegen Jerusalem verbot, suchte Friedrich II. sein Ziel auf dem Verhandlungsweg zu erreichen. Dabei kam es ihm zugute, daß er seit seiner Jugend in Palermo mit der Sprache und Mentalität der Orientalen und der geistigen Welt des Islam vertraut war. Trotzdem wäre er auch damit nicht weitergekommen, wenn er nicht in dem Sultan Malik al Kamil einen Partner gefunden hätte, der ebenfalls eine friedliche Verständigung dem blutigen Gemetzel früherer Kreuzzüge vorzog.
Die beiden Herrscher traten sich nie persönlich gegenüber. Zwischen ihnen vermittelte der gelehrte Emir Fahr ed-Din, dessen Verhandlungsgeschick schließlich alles Mißtrauen und vor allem die Quertreibereien von christlicher Seite überwand. Das Ergebnis war ein Vertrag, der den Christen einen zehnjährigen Waffenstillstand und, mit gewissen Einschränkungen in Jerusalem, den Besitz der heiligen Stätten und einen Zugang von der Küste her zugestand.
Kein Wunder, daß viele Moslems mit diesem Vertrag nicht einverstanden waren, denn der Sultan gab alle Eroberungen Saladins ohne Schwertstreich heraus, die Friedrich II. mit Waffengewalt nie hätte gewinnen können. Weniger begreiflich ist die feindselige Haltung der Christen, allen voran des Patriarchen von Jerusalem. Man warf dem Kaiser Doppelzüngigkeit vor, kritisierte seinen vertrauten Umgang mit Moslems und nahm Anstoß an seinem Lebenswandel.
Ungeachtet aller Feindseligkeiten und Widerstände, die vom Patriarchen geschürt wurden, setzte sich der gebannte Kaiser am 18. März 1229 in der Grabeskirche selbst die Königskrone von Jerusalem auf – für die Mitwelt ein sensationeller Vorgang!
Danach hatte es Friedrich II. eilig, nach Hause zurückzukehren und nach dem Rechten zu sehen. Das Oberhaupt der Christenheit hatte nicht nur Friedrichs II. Absetzung und Neuwahlen in Deutschland betrieben, sondern auch den Kreuzzug genutzt und die Länder des Kaisers in Süditalien militärisch besetzen lassen. »Wer könnte diese Dinge recht betrachten ohne Klage und Abscheu! Scheinen sie doch ein furchtbares und wunderbares Zeichen für den Fall der Kirche zu sein«, klagte damals der stauferfreundliche Probst Burchard von Ursperg in seiner Chronik.
Nach wenigen Monaten war Friedrich II. wieder Herr der Lage, das Heer des Papstes vertrieben, die vom Papst geschürte Empörung niedergeworfen. Jetzt war auch der Papst zum Frieden geneigt. Durch die Vermittlung des Hochmeisters des Deutschen Ordens Hermann von Salza kam im Sommer 1230 der Friedensvertrag von San Germano und wenig später die Versöhnung zwischen Kaiser und Papst zu-

stande. Am 1. September empfing Gregor IX. im Papstpalast von Anagni den Kaiser mit dem Friedenskuß als »unseren geliebten Sohn«. Nachträglich billigte er den Vertrag mit al Kamil und wies die Christen im Heiligen Land an, den Frieden zu halten.
Allerdings mußte sich Friedrich zu einer Reihe von Zugeständnissen bequemen, die u.a. die Stellung des Klerus in Sizilien verbesserten, und er mußte die Grenzen des Kirchenstaates anerkennen – im ganzen eine Unterwerfung, die aber Friedrichs II. Ansehen nicht schmälerte, da der erfolgreiche Kreuzzug alles andere in den Schatten stellte.
Die Versöhnung mit dem Papst – eigentlich nur ein Waffenstillstand für rund neun Jahre – gab dem Kaiser die Möglichkeit, sich den Herrscheraufgaben in seinen Reichen zu widmen. Es entstanden die »Konstitutionen von Melfi« (1231), ein Gesetzeswerk, das die zentralistische Herrschaftsordnung in Sizilien für Jahrhunderte festschrieb.
Weniger erfolgreich war Friedrich II. bei dem Versuch, die alten Königsrechte in Oberitalien wiederherzustellen. Die Städte der Lombardei weigerten sich, auf einem Reichstag in Ravenna zu erscheinen, und waren auch dann noch nicht zum Nachgeben bereit, als der Papst die kaiserlichen Forderungen für legitim erklärte. Auch Gregor IX. hatte seine Sorgen mit den lombardischen Städten, wo sich, besonders in Mailand, ›ketzerische‹ Bewegungen regten. In dieser Situation war er auf die Hilfe des Kaisers angewiesen, der die Gesetze gegen die Ketzer verschärfte und staatliche Einrichtungen zu ihrer Verfolgung bereitstellte. Noch hielt das ungewohnte gute Einvernehmen zwischen Kaiser und Papst an, als die Vorgänge in Deutschland Friedrichs II. ganze Aufmerksamkeit beanspruchten.

Zwist zwischen Vater und Sohn – ein Generationskonflikt?

Friedrich II. hatte Deutschland 1220 verlassen und die Regierung seinem achtjährigen Sohn Heinrich (VII.) bzw. den Reichsverwesern überlassen, soweit von einer wirksamen Regierung noch die Rede sein konnte. Denn während Friedrich II. in Capua und Melfi die Macht der Krone im Königreich Sizilien festigte, regierten die Fürsten in Deutschland immer selbstherrlicher. Sie sorgten sich um die Verwaltung, Arrondierung und Beherrschung ihrer eigenen Territorien, um die übergeordnete ›gesamtstaatliche‹ Reichspolitik kümmerten sie sich nicht, wie auch Friedrich II. selbst nur gelegentlich aus der Ferne lenkend in die deutschen Angelegenheiten eingriff. So war auch der bedeutende Sieg einiger norddeutscher Fürsten und Städte über den Dänenkönig Waldemar II. bei Bornhöved (1227), durch den der Zu-

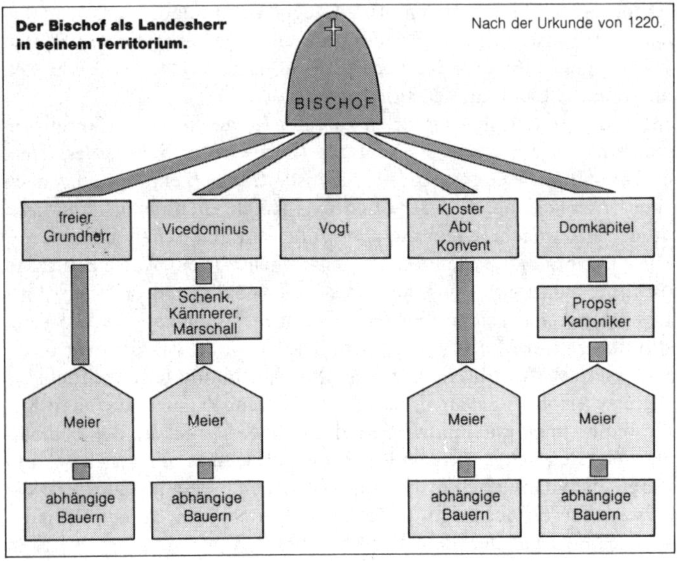

gang zur Ostsee für Deutschland wieder freigekämpft wurde, allein ein Sieg *lokaler* Gewalten.

Einmal griff allerdings der Kaiser direkt in die Entwicklung an der Peripherie des Reiches ein. In der sogenannten »Goldbulle von Rimini« übertrug er 1226 dem Deutschen Orden das Kulmer Land und alle Gebiete, die der Orden in Zukunft von den heidnischen Preußen erobern werde. Damit wurden auch die treuen Dienste des Hochmeisters (das ist der Titel des Ordensmeisters des Deutschen Ritterordens) Hermann von Salza belohnt, der dem Kaiser in vielen schwierigen Situationen, sei es im Heiligen Land, sei es bei den Verhandlungen mit Gregor IX., beigestanden hatte.

Indessen war König Heinrich (VII.) mündig geworden und begann, seine eigene Politik zu machen. Er sah wohl sehr klar, daß mit den eigensüchtigen Fürsten keine Reichspolitik mehr zu machen sei, und so versuchte er, sich auf die staufischen Reichsministerialen und vor allem auf das städtische Bürgertum zu stützen. Aber der Zeitpunkt, wo man in Deutschland noch gegen das Fürstentum regieren konnte, war längst vorüber, zumal wenn man eine nicht immer konsequente und kontinuierliche Politik verfolgte. Vor allem aber fand Heinrich (VII.) bei seinem Vater keinen Rückhalt, denn er brauchte den Frieden in Deutschland, wenn er in Italien erfolgreich bleiben wollte. Politische

***Aufblühende Städte.** Runkel an der Lahn – verkehrsgünstig an Fluß und Furt gelegen, die Burg in sicherer Höhe. Burg und Stadt waren Mittelpunkt einer kleinen Herrschaft, der Platz war militärisch gesichert.*

Maßnahmen, welche die Städte begünstigten, wiegelten die Fürsten auf. Sie waren nicht bereit, kampflos staatliche Vorrechte abzugeben, die sie in den vorhergehenden Jahren gewonnen hatten.
So zwangen sie Heinrich (VII.) zum Nachgeben. Er mußte seine städtefreundlichen Entscheidungen zurücknehmen und am 1. Mai 1231 ein »Gesetz zu Gunsten der Fürsten« akzeptieren (lat.: »Statutum in favorem principum«), das den weltlichen Herren die gleichen Rechte einräumte, die die geistlichen bereits 1220 in der »Confoederatio cum principibus ecclesiasticis« (siehe Seite 285 f.) erhalten hatten. Der König verzichtete auf alle Regalien (königliche Hoheitsrechte), wie Münzrecht, Geleitrecht, Burgen- und Städtegründungen in den Territorien der weltlichen Landesherren. Im Jahr darauf bestätigte der Kaiser in Cividale im Friaul im Beisein Heinrichs (VII.) das »Statutum« auf den Druck der Fürsten hin. Das klingt alles revolutionärer, als es in Wirklichkeit war, denn die beiden Gesetze, Confoederatio und Statutum, schufen kein neues Recht, sondern legalisierten die tatsächlichen

Mächtige Fürsten. *Die Bildplatte vom Tischgrab des Diethelm von Toggenburg gibt Auskunft über Wappen und Bekleidung eines reichen Grafen: die Toggenburger waren das mächtigste Dynastengeschlecht der Ostschweiz.*

Zustände, wie sie sich in einem Prozeß von mehreren Jahrzehnten entwickelt hatten. Das Deutsche Reich in seiner bunten Vielfalt kleiner und mittlerer Territorien war damit gesetzlich verankert. Zementiert war auch die Marschlinie der kommenden Jahrhunderte: Fürsten- und Kaiserpolitik statt Städte- und Königspolitik, Ausbau der Territorialgewalten statt Ausbau der Reichsgewalt.

Text der Zeit

Gesetz zugunsten der Fürsten von 1232

[. . .] Hoch erhaben ist der Thron unseres Reiches, und in Gerechtigkeit und Frieden handhaben wir seine Regierung, wenn wir mit gebotener Aufmerksamkeit an das Recht unserer Fürsten und Magnaten denken, durch die, wie das Haupt auf kräftigen Gliedern ruht [. . .] unsere Herrschaft und unsere gewaltige kaiserliche Größe gebietend aufsteigt, von ihren Schultern gestützt und getragen. Unsere Zeit und die fernste Zukunft soll also wissen, daß wir gemeinsam mit unserem geliebten Sohn Heinrich [(VII.)], dem Könige der Römer, auf einem Hoftag in Cividale auf Bitten der Fürsten [. . .] beschlossen haben, die Gnadenerweise, die ihnen [. . .] unser geliebter Sohn gewährt hatte, durch die Kraft unserer Autorität für gültig zu erklären. Wir haben ihren Bitten gnädige Gewährung gegönnt, weil wir erwarten, in ihrer wohlverdienten Erhöhung auch uns und das Reich gebührend zu fördern. [. . .]
6. Ein jeder Fürst habe freien Gebrauch seiner Freiheiten, Gerichtsbefugnisse, Grafschaften und Zehnten, nach den Gewohnheitsrechten seines Landes, sie seien sein Eigentum oder ein Lehen. [. . .]
8. Ohne Zustimmung des Landesherrn darf niemand die Gerichtsstätte verlegen [. . .]
12. Eigenleute der Fürsten, Edlen, des Dienstadels und der Kirchen sollen in unseren Städten keinen Schutz mehr finden. [. . .]
14. Weder wir noch unsere Leute sollen das Geleitrecht der Fürsten in ihrem Lande, das sie von uns zu Lehen haben, beeinträchtigen oder stören dürfen. [. . .]
17. Im Lande eines Fürsten wollen wir keine neue Münze schlagen lassen, durch welche die Münze des Fürsten im Wert gemindert werden könnte.
18. Unsere Städte sollen ihre Gerichtsbarkeit nicht über ihren Umkreis hinaus ausdehnen. [. . .]
20. Ohne Zustimmung und aus der Hand der fürstlichen Lehnsherrn soll niemand Güter zu Pfand nehmen, mit denen ein anderer belehnt ist.

Aus: MG Constt. II, Nr. 171
Übers.: Wilhelm Lautemann

Heinrich (VII.) mußte vor dem Bündnis seines Vaters mit den Fürsten, zu dem auch noch der Papst mit der Banndrohung stieß, zurückweichen und allen seinen politischen Absichten abschwören, ein Gescheiterter schon hier und ein Gescheiterter erst recht bei seinem letzten Unternehmen, bei der Erhebung gegen den kaiserlichen Vater.

Heinrichs Angriff auf väterliche, päpstliche und fürstliche Autorität

Trotz der Demütigung von Cividale ließ Heinrich nicht von seiner städtefreundlichen und fürstenfeindlichen (Privilegien- und Erwerbs-) Politik. Kompliziert wurde die allgemeine Lage in dieser Zeit noch durch die kirchliche Situation. Wie Italien und Frankreich wurde auch Deutschland von einer merkwürdigen religiösen Erregung ergriffen. Die *Inquisition (K, rechts)* hatte alle Hände voll zu tun, um gegen wirkliche und angebliche Ketzer vorzugehen. Besonders tat sich der frühere Kreuzzugsprediger und spätere Inquisitor für ganz Deutschland, Konrad von Marburg (siehe Seite 58), als fanatischer Ketzerverfolger hervor. Auf sein Betreiben kam es im Westen Deutschlands zu wilden Verfolgungen, bei denen Habgier und Blutgier böse Triumphe feierten. Zu Ketzern wurden auch die Stedinger Bauern an der unteren Weser erklärt, weil sie es wagten, ihre überkommenen Rechte gegen den Erzbischof von Bremen zu verteidigen. Gegen sie wurde ein sogenannter Ketzerkreuzzug unternommen, der 1234 mit einem furchtbaren Blutbad unter den Bauern endete. Ein Umdenken bei den ›oberen Schichten‹ bahnte sich erst an, als die Beschuldigungen und Verdächtigungen auch vor hochadeligen Persönlichkeiten nicht haltmachten. Jetzt griff König Heinrich (VII.) ein. Er verbot mit einem allgemeinen Landfrieden im gleichen Jahr das zügellose Treiben der Glaubensschnüffler und Ketzerverbrenner. Konrad von Marburg war schon 1233 von einigen erbitterten Adeligen erschlagen worden.
Aber auch diesmal paßte Heinrichs (VII.) Politik, so vernünftig sie war, nicht ins Konzept seines Vaters: denn der war gerade in diesem Jahr wegen der Auseinandersetzungen mit den lombardischen Städten auf die Unterstützung durch den Papst angewiesen. Heinrichs (VII.) Selbstherrlichkeit störte das gute Einvernehmen zwischen Kaiser und Papst; er wurde gebannt, und der Kaiser rüstete sich zu einem Zug nach Deutschland. Auf diese Nachricht hin ließ Heinrich (VII.) jede politische Vernunft außer acht. Er erhob sich im September 1234 gegen den Vater und schloß mit dessen gefährlichsten Feinden, den Lombarden, ein Bündnis.

Inquisition
(lat. inquirere: untersuchen, aufspüren)

war bis 1000 ein Verfahren zur Auffindung von Ketzern mit dem Ziel der Reinerhaltung des Glaubens. Als Strafe verhängt die Kirche anfangs nur Fasten, Wallfahrten oder Almosen, allmählich übernehmen weltliche Gewalten Strafen, die härter werden. Hand in Hand gehen Kirche und Staat bei der Ketzerverfolgung erst ab der Stauferzeit:

1184 Papst Lucius III. verschärft in Absprache mit Friedrich I. die Maßnahmen gegen Ketzer, Friedrich I. bedroht Ketzer und ihre Freunde mit der Reichsacht.

1224 verhängt Friedrich II. erstmals die Todesstrafe durch Verbrennung.

1352 genehmigt Papst Innozenz VI. die Anwendung der Folter.

Religiöse, politische und wirtschaftliche Motive verquicken sich bei der Ketzerverfolgung; ganze mißliebige Gruppen (z. B. die Juden und Mauren in Spanien) konnten deshalb ausgerottet werden.

Verfahren: Aufforderung, der Ketzer solle sich stellen, die Gläubigen sollen Anzeigepflicht erfüllen – Vorladung/Verhaftung – Untersuchung mit dem Ziel des Schuldbekenntnisses (Folter). Rationalisierung und Verschärfung des Verfahrens in der frühen Neuzeit.

In Deutschland wurde der Inquisitor Konrad von Marburg erschlagen, danach kam die Inquisition bis zu den Hexenprozessen im 15. Jahrhundert etwas zur Ruhe. Die Inquisition bestand in vielen Ländern bis ins 19. Jahrhundert (bis 1859 in Italien, 1834 in Spanien).

Abgesetzt, gefangen und in die Verzweiflung getrieben

Auch diesmal erschien Friedrich II. ohne militärisches Gepräge; er wirkte durch kaiserlichen Prunk, mit dem er sich umgab, und durch die Pracht seines sizilianischen Hofstaates: Gold, Silber, fremdländische Menschen und exotische Tiere. Da hatte der Empörer Heinrich (VII.) keine Chance. Sein ohnehin bescheidener Anhang verlief sich rasch, und er selbst war auf Betreiben Hermanns von Salza bereit, sich zu unterwerfen. Gnade hatte er allerdings nicht zu erwarten. Im Juli 1235 wurde er auf einem Fürstentag in Worms abgesetzt und dann als Gefangener nach Apulien gebracht, wo er in harter Haft gehalten wurde, bis er 1242, vielleicht durch Selbstmord, endete. In der offiziellen Liste der deutschen Könige wird er nicht geführt; seine Herrscherzahl VII erscheint immer nur in Klammern.

Staufisch-englisch-welfische Aussöhnung

Zur selben Zeit schloß Friedrich II. in Worms seine dritte kirchlich gesegnete Ehe mit Isabella von England. (Die Verbindung mit Bianca Markgräfin Lancia [† 1233/34], der mehrere Kinder, darunter der spätere König Manfred, entstammten, war erst 1235 nach dem Tod Biancas anerkannt worden.) Die neue Braut soll nach zeitgenössischen Berichten sehr schön gewesen sein. Wichtiger waren für Friedrich II. die politischen Aspekte der Ehe, denn mit diesem Bund leitete er die endgültige Aussöhnung zwischen den Staufern und dem englischen Königshaus samt dessen welfischen Verwandten ein. Wenig später erhielt deshalb ein Enkel Heinrichs des Löwen das erweiterte Hausgut der Welfen als Herzogtum Braunschweig-Lüneburg übertragen. Der Ausgleich mit den Welfen war perfekt.

Die Politik der Konsolidierung fand ihre Krönung auf dem Fürstentag zu Mainz (1235) mit der Verkündung des Mainzer Landfriedensgesetzes, des ersten Reichsgesetzes, das bemerkenswerterweise nicht nur in lateinischer, sondern auch in deutscher Sprache überliefert ist.

Gewiß ist dieses Gesetz, gemessen an moderner Gesetzgebung, unsystematisch. Es enthält strafrechtliche Bestimmungen, beispielsweise Strafandrohungen gegen Söhne, die sich gegen ihre Väter erheben (!), strafprozessuale Bestimmungen und Vorschriften zur Einschränkung des Fehderechts (siehe auch Band 5: »Vom Sachsenspiegel zum Römischen Recht«). Mit der Einsetzung eines Reichshofrichters wurde der Versuch gewagt, eine zentrale Behörde zu schaffen, der jedoch wenig Wirkung beschieden war. Der Mainzer Landfrieden enthielt aber auch Ansätze zur Bewahrung der königlichen Rechte, soweit nach den Gesetzen von 1220 und 1231 noch etwas vorhanden war.

Nach einem mehrmonatigen Aufenthalt in Italien kam Friedrich II. Anfang August 1237 ein letztes Mal über die Alpen nach Deutschland zurück, um die Nachfolge nach der Absetzung Heinrichs (VII.) zu regeln. In Wien ließ er seinen neunjährigen Sohn Konrad, das Kind der frühverstorbenen Isabella von Jerusalem, zum König wählen. Er ließ ihn in der Obhut deutscher Fürsten und deutscher Erzieher, als er im Sommer 1237 zum Kampf gegen die Lombarden aufbrach.

Endkampfstimmung Krieg mit den Lombarden und Gregor IX.

Die Entscheidung im Feldzug von 1237 kam sehr schnell. Am 27. November traf Friedrich II. bei Cortenuova (zwischen Mailand und Brescia) auf das Heer der lombardischen Städte und errang einen so vollständigen Sieg, daß er in der ersten Begeisterung in einem Brief behauptete, die Grabstätten hätten nicht ausgereicht, um die toten Feinde alle aufzunehmen, und die Paläste Cremonas nicht, um alle Gefangenen zu fassen.

Dieser Ton läßt ahnen, daß der Kaiser auf der Höhe seines Triumphs das Augenmaß für das politisch Kluge verlor. Wie ein römischer Triumphator zog er in der befreundeten Stadt Cremona ein und führte die Gefangenen mit sich. Den Fahnenwagen der Mailänder zog ein Elefant, auf dessen Rücken in einem hölzernen Turm die Posaunisten standen, überragt von den kaiserlichen Bannern. Der unterlegene Feldherr wurde, an einen Mast gebunden, mitgeführt. Als er den Wagen nach Rom bringen und auf dem Kapitol aufstellen ließ, mußte sich der Papst herausgefordert fühlen, mochte ihn Friedrich II. auch seiner »kindlichen Ergebenheit« versichern.

Die Mailänder waren nach der Katastrophe von Cortenuova durchaus geneigt, große Zugeständnisse zu machen, wenn ihnen der Kaiser den Frieden bot. Der aber lehnte, verblendet durch den Erfolg, alle vernünftigen Angebote ab und forderte bedingungslose Unterwerfung. Diese Forderung lehnten die Mailänder und mit ihnen fünf andere Städte ab, und der Erfolg gab ihnen recht. Friedrichs II. Versuch, Brescia zu erobern, scheiterte; das kaiserliche Heer mußte sich nach ein paar Monaten unter beträchtlichen Verlusten zurückziehen.

Nach dieser ›Schlappe‹ des Kaisers trat ein allgemeiner Umschwung ein. Viele, die bisher zu ihm gehalten hatten, fielen ab; die alten Gegner regten sich wieder; und Papst Gregor IX. fühlte sich stark genug, um am 20. März 1239 (Palmsonntag) zum zweitenmal den Bann über Friedrich II. zu verhängen. Dieser hatte durch eine Eheverbindung zwischen seinem Sohn Enzio und der Erbin des Papstlehens Sardinien Unruhe gestiftet und den Papst damit gewaltig verärgert. Von tiefer Bedeutung war es auch, daß am selben Tag im fernen Salerno Hermann von Salza starb, der Mann, der immer wieder den Ausgleich zwischen Kaiser und Papst vermittelt hatte.

Die neue Phase des Kampfes wurde zunächst durch eine ungeheure Propagandaschlacht eingeleitet, in der schwerstes Geschütz aufgefahren wurde. Nichts Geringeres warf man dem Gegner vor als die Schmähung und Schändung des Heiligsten. So rief der Kaiser in einem Rundschreiben die Fürsten pathetisch auf, die Kirche zu beweinen, »deren Fürst in ihrer Mitte wie ein Löwe brüllt [. . .] und deren Priester das Heilige beschmutzt«. Nicht minder pathetisch sprach Gregor IX. über Friedrich II. im Ton der Apokalypse von der Bestie aus der Tiefe voller Namen der Lästerung, die ihren Mund öffne zur Schmähung des göttlichen Namens. Die Päpstlichen sahen in Friedrich II. den Antichrist, dem es zuzutrauen war, daß er den Leib des Herrn den Hunden zum Fraß vorwerfen wolle; den Gegnern Gregors IX. war er der Befreier, der Erlöser und Messiaskaiser. Friedrich II. selbst tat alles, um das Volk in dieser Meinung zu bestärken. Deshalb predigte er in Pisa über das Wort »Bereitet den Weg des Herrn« oder er bezeichnete seinen Geburtsort Jesi als »Unser Bethlehem«.

Da dem Kaiser militärisch nicht beizukommen war, suchte Gregor IX. die Entscheidung auf einem anderen Feld. Auf einem allgemeinen Konzil, das an Ostern 1241 in Rom zusammentreten sollte, sollte die Mehrheit der kaiserfeindlichen Kirchenfürsten die Absetzung des Kaisers aussprechen. Da man mit Recht eine Störung der Anreise durch Friedrichs II. Häscher befürchtete, wählten die Prälaten aus Oberitalien, Frankreich und Spanien den Seeweg von Genua aus. Doch Friedrich II. hatte bereits vorgesorgt. Die genuesischen Schiffe wurden auf hoher See durch eine pisanische Flotte abgefangen. Die meisten Kirchenfürsten, darunter zwei Kardinäle, gerieten in Gefangenschaft und mußten den Weg in die Kerker Apuliens antreten.

Ohne auf die weitverbreitete Empörung über sein Vorgehen zu achten, säuberte Friedrich II. den sizilianischen Klerus von seinen Gegnern und rückte dann mit einem Heer in den Kirchenstaat ein. Mittelitalien lag ihm zu Füßen; Rom selbst war greifbar nahe, und die Römer suchten sich wieder dem Sieger zu nähern. In diesem Augenblick der höchsten Spannung durchkreuzte der über neunzigjährige Gregor IX. zum letztenmal die Pläne des Kaisers. Er starb am 22. August 1241. Jetzt war es dem Kaiser verwehrt, Rom zu besetzen, denn er hatte immer betont, daß sein Kampf nicht der Kirche, sondern dem Machtanspruch Gregors IX. gegolten habe. So mußte er sich gedulden, bis ein neuer Papst gewählt war, von dem er die Lösung aus dem Bann erhoffen konnte. Er ahnte nicht, daß eine dauerhafte Entscheidung über die Nachfolge auf Petri Stuhl erst zwei Jahre später fallen sollte.

Der Mongolensturm

So verbissen und haßerfüllt war der Kampf zwischen den beiden nominellen Oberhäuptern der Christenheit, daß sie keinen Arm frei hatten, um einer Gefahr zu wehren, die um diese Zeit dem ganzen christlichen Abendland drohte. Im Jahr 1240 erschienen im Osten Europas die Mongolen, von den Zeitgenossen Tataren genannt, unter ihrem Großfürsten Batu, der ein Enkel des Dschingis-Khan (Temudschin) war. Sie überrannten Rußland, Polen und Ungarn und standen 1241 in

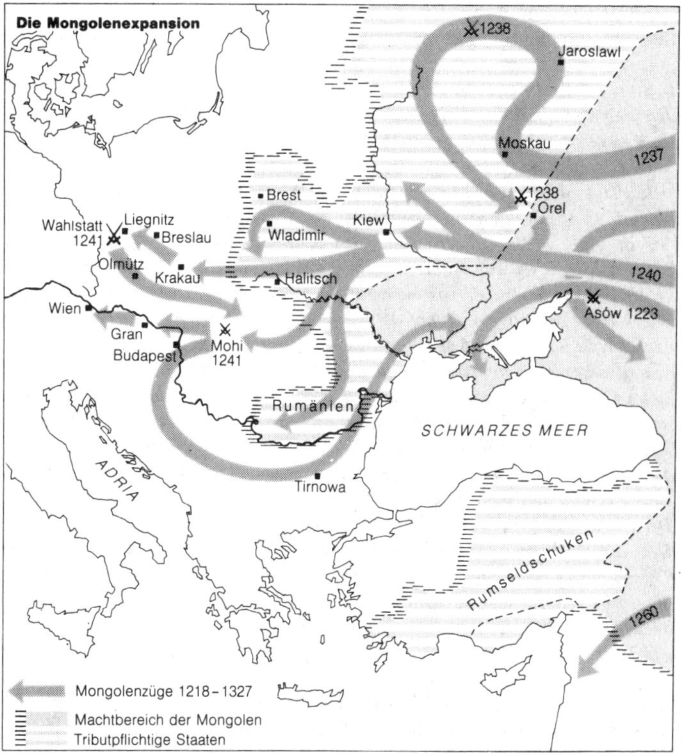

Schlesien, wo sie am 9. April 1241 bei Liegnitz ein deutsch-polnisches Aufgebot vernichteten. Das Entsetzen, das dies »barbarische, gesetzlose und zügellose Volk« verbreitete, war ungeheuer; die Berichte der Chronisten erinnern an die Berichte aus der Zeit der Ungarneinfälle im 9. und 10. Jahrhundert. Einer von ihnen knüpft bei den Weissagungen des Jeremias (5, 15–17) an, wenn er schreibt, daß Gott ein Volk bringen werde, dessen Helden die Ernte verzehren, Söhne und Töchter fressen und die festen Städte mit dem Schwert verderben würden.
Doch Mitteleuropa und der Westen kamen mit dem Schrecken davon. Nach ihrem Sieg von Liegnitz über Heinrich II., einen niederschlesischen Piastenherzog und seine Truppen, wandten sich die Mongolen nach Ungarn und zogen im nächsten Jahr wieder nach dem Osten ab, wo sich Thronstreitigkeiten abzuzeichnen begannen.
Der Kaiser verfolgte diese Vorgänge mit Aufmerksamkeit, aber er griff

Text der Zeit

Der Mongoleneinfall von 1241
Geschildert in der Königschronik von Köln

In diesem Jahr drang zu uns die Kunde von einem verderbenschwangeren Unheil, das über das christliche Volk kam, dem Einbruch der Tataren, vor deren Grausamkeit uns die Ohren klingen und die Herzen erbeben. Wie es heißt, kommen sie vom äußersten Skythien her, haben noch weit draußen über dem Asowschen Meer viele Völker jenseits des Meeres und am Meere überwältigt, das Russenreich unterworfen und sind dann in diesem Jahr um die Fastenzeit in Polen eingefallen, das sie größtenteils verheerten und ausplünderten; die Polen selbst vertrieben oder erschlugen sie. Die Tataren wüten gegen alle, sie schonen keinen Stand und keinen Mönchsorden. Herzog Heinrich von Schlesien, der sich ihnen mit noch einem Herzog in tapferem Kampf stellte, wurde bei Liegnitz besiegt, beide Herzoge und viele tapfere Ritter fielen; die Tataren schnitten Herzog Heinrich den Kopf ab und nahmen ihn mit. Dann wandten sie sich gegen Mähren und – man kann es kaum glauben – legten in einer Nacht und einem Tag den Weg von vier Tagereisen über reißende Flüsse zurück; mit Ausnahme der Burgen und Festungen verwüsteten sie ganz Mähren. Bei ihrem Weitermarsch streiften sie auch das Gebiet der Diözese Meißen und erschlugen dort viele Menschen. Dann kamen sie nach Ungarn, vereinigten sich mit den grausamen Kumanen und wüteten mörderisch.
Der Ungarnkönig Bela eilte ihnen entgegen und schlug mit einem äußerst starken Heer am Sajo sein Lager auf. Die Tataren aber setzten mit den Kumanen gegen Tagesanbruch oberhalb und unterhalb dieses Lagers geschickt über den Fluß und überraschten das Heer der Ungarn. Auf der Walstatt sollen 60000 Ungarn geblieben sein, darunter zwei Bischöfe, viele Deutsche, Franzosen, Edelherren und gemeines Kriegsvolk. [. . .]
Der König von Ungarn wandte sich als Flüchtling an den Herzog von Österreich und erbat dann die Hilfe des Kaisers, dem er für immer Unterwerfung versprach, falls er durch dessen Unterstützung sein Königreich zurückgewinne.

Aus: Chronica regia Coloniensis Cont. V (Königschronik von Köln).
Übers.: Johannes Bühler

nicht ein. So konnte auch das üble Gerücht verbreitet werden, er stehe mit den Barbaren in einem heimlichen Bund, um die Christenheit zu vernichten. In Wahrheit konnte er Italien nicht verlassen, weil er nach den Erfahrungen seines Kreuzzugs fürchten mußte, daß ihm die Päpstlichen in den Rücken fallen würden. So fand der Kampf an den Grenzen Deutschlands, wie schon bei Bornhöved, ohne Mitwirkung des Kaisers statt.

Eingesperrt in römische Ruinen: Das erste Konklave

Papst Gregor IX. hatte noch, wenn auch ohne nachhaltige Wirkung, zum Kreuzzug gegen die Mongolen aufgerufen. Nach seinem Tod erlosch das Interesse Roms an den Vorgängen in Osteuropa. Dem Senator Orsini, den Gregor IX. zum Stadtkommandanten von Rom gemacht hatte, lag an einer möglichst raschen Neuwahl. Um die Kardinäle dazu zu zwingen, sperrte er sie kurzerhand unter unwürdigsten und erniedrigendsten Bedingungen in eine stinkende Ruine aus der römischen Kaiserzeit, wo sie dem Spott und den unmenschlichen Quälereien ihrer rüden Bewacher ausgesetzt waren. Das war das erste Konklave der Geschichte – die erste Papstwahl unter strengem Ausschluß der Öffentlichkeit. Nach wochenlangen Verhandlungen in der stinkenden Höhle, die keine Toilette, kaum eine Belüftung hatte, erhoben die Kardinäle endlich einen neuen Papst, Cölestin IV.; doch der starb bereits nach 17 Tagen, vermutlich an den Folgen des Konklaves (August 1241).

Inzwischen hatten sich aber die Kardinäle aus Furcht vor neuen Drangsalen in alle Winde zerstreut, so daß an eine neue Wahl vorerst überhaupt nicht zu denken war. In die langwierigen Verhandlungen, die nun begannen, schaltete sich auch der Kaiser ein. Er gab die Kardinäle frei, die er noch gefangen hielt, und verzichtete auf militärische Gewalt gegen Rom. Doch erst im Juni 1243 war es soweit. In Anagni, für den gewalttätigen Orsini unerreichbar, traten die Kardinäle zusammen und wählten den Genuesen Sinibaldo Fieschi, der sich als Papst bedeutungsvoll Innozenz IV. nannte.

Friedrich II. täuschte sich anfangs über ihn und glaubte, zu einer Verständigung kommen zu können, denn Sinibaldo Fieschi hatte als Kaiserfreund gegolten. Innozenz IV. aber entpuppte sich als ein gewandter, skrupelloser Politiker und kalter Stratege der Macht. Durch äußerste Nachgiebigkeit in den meisten strittigen Punkten suchte der Kaiser zu einer Einigung zu kommen. Er erreichte es, daß ihn der Papst öffentlich wieder als »ergebenen Sohn der Kirche und rechtmäßigen

Christen« bezeichnete, aber einen Friedensschluß und die Lösung vom Bann erreichte er nicht. Geschickt wußte Innozenz IV. den Kaiser hinzuhalten und seine wahren Absichten zu verschleiern. Zum Schein ging er auf den Wunsch des Kaisers nach einer persönlichen Zusammenkunft ein; Ort und Zeitpunkt waren festgelegt, und der Kaiser wartete – da kam die bestürzende Nachricht, der Papst sei zu Schiff geflohen und befinde sich auf dem Weg nach Genua; ein offensichtlich lange vorbereiteter Schachzug, mit dem der Papst sich der Friedensbereitschaft des Kaisers entzog und die öffentliche Meinung auf seine Seite brachte (Juni 1244).

Absetzung des Kaisers, Wahl von Gegenkönigen

Von Genua eilte der Papst weiter nach Lyon, wo er sich vor dem Kaiser in Sicherheit wußte; und dorthin berief er noch im Juni 1245 ein Konzil ein, das nichts Geringeres beschließen sollte als die Absetzung Friedrichs II.
Aber dieser ließ noch nicht alle Hoffnung fahren. Noch einmal steigerte er das Angebot für eine Versöhnung mit der Kirche. Der französische König Ludwig IX. und andere christliche Könige traten für ihn ein, französische und englische Kirchenfürsten sprachen für ihn vor dem Konzil. Da zerstörte Friedrich II. selbst durch eine nur aus dem Haß erklärbare Gewalttat gegen die papstfreundliche Stadt Viterbo die letzte, vielleicht nur trügerische Hoffnung. Umsonst vertrat der Großhofrichter Thaddäus von Suessa mit scharfsinnigen Argumenten und in meisterlicher Form die Sache des Kaisers. Innozenz IV. wollte von all dem nichts mehr wissen. Ihm ging es um die völlige und endgültige Vernichtung des Gegners, nicht um einen gerechten Prozeß.
Am 17. Juli 1245 verkündete er vor den versammelten Kirchenfürsten feierlich die Absetzung des Kaisers.
Der Spruch »schlug wie ein Blitz ein und rief einen ungeheuren Schrecken hervor. Meister Thaddäus und die übrigen Vertreter des Kaisers brachen mit ihrem Gefolge in laute Klagerufe aus [. . .] und konnten sich nur mit Mühe der hervorbrechenden Tränen erwehren.« Der englische Chronist, der diese Szene überliefert, weiß ferner, daß Thaddäus in den Ruf ausbrach: »Das ist der Tag des Zornes, des Unglücks und des Elends!« Einschneidende Folgen hatte die Entscheidung von Lyon zunächst für Deutschland. Dort war zwar die antikaiserliche Propaganda bisher ohne große Wirkung geblieben. Nur die rheinischen Erzbischöfe von Mainz, Köln und Trier standen in Opposition zum Kaiser.

Jetzt, nach der Absetzung Friedrichs II., traten sie offen auf die Seite seiner Gegner und wählten zusammen mit einigen Bischöfen und ohne Mitwirkung eines weltlichen Fürsten den Thüringer Landgrafen Heinrich Raspe zum Gegenkönig. Doch Heinrich hatte in der kurzen Lebenszeit, die ihm noch beschieden war, keine Chance, sich durchzusetzen. Nach neun Monaten starb er, ohne die Krone empfangen zu haben.
Unter den weltlichen Fürsten bestand darauf wenig Neigung, die Nachfolge Heinrich Raspes als Gegenkönig anzutreten. Auch ausländische Fürsten winkten ab. Erst im Oktober 1247 fand sich in der Person des jungen Grafen Wilhelm von Holland ein neuer Kandidat für die Rolle des Gegenkönigs. Dieser »Pfaffenkönig«, um den sich im wesentlichen nordwestdeutsche Kirchenfürsten scharten, mußte bis zum 1. November 1248 auf die Krönung warten. Anerkennung in Süddeutschland fand er trotz seiner Krönung nie. Dort war die Stellung Konrads IV., des Sohnes Friedrichs II., unbestritten. Die Entscheidung zwischen Konrad IV. und Wilhelm stand noch aus, als Friedrich II. 1250 starb und Konrad IV. zur Wahrung der staufischen Ansprüche nach Italien aufbrach.

Die letzten Jahre Friedrichs II.

Die Jahre vor Friedrichs II. Tod brachten eine Steigerung der Kämpfe: Friedrich II. beschloß nach dem Urteil von Lyon, nun nicht mehr Amboß, sondern Hammer zu sein. Beide Parteien setzten in der letzten Phase des Kampfes alle denkbaren Mittel ein: eine immer grausamere Kriegführung, bei der sich Gewaltmenschen wie der kaiserliche Schwiegersohn Ezzelino und der Kardinal Rainer von Viterbo hervortaten; eine zügellose Propaganda und schließlich Verrat, Dolch und Gift.
Bereits im Frühjahr 1246 wurde eine Verschwörung aufgedeckt, von der auch der Papst wußte. Ihr Ziel war es, den Kaiser und Ezzelino zu ermorden und auf diese Weise den Gegenkönig Heinrich Raspe zu unterstützen. Friedrich II. reagierte wie einst sein Vater in der gleichen Situation. Die Verschwörer wurden barbarisch zu Tode gefoltert oder gräßlich verstümmelt der Öffentlichkeit vorgeführt. Zwei Jahre später war es der kaiserliche Leibarzt, der seinem Herrn Gift zu verabreichen suchte. Und zur gleichen Zeit entdeckte man, daß sich der engste Berater des Kaisers, Petrus von Vinea, ungeheuerlich bereichert hatte. Er endete im Kerker durch Selbstmord.
Schon vorher war Friedrich II. auch das Kriegsglück untreu geworden.

Konzil von Lyon 1245
Nach dem Bericht des Matthäus von Paris

[Am ersten Sitzungstag des Konzils] sprach der Papst [Innozenz IV.] über das Thema »Euch sage ich allen, die ihr vorübergeht, schaut doch und sehet, ob irgendein Schmerz sei wie mein Schmerz!« Dabei verglich er in gewählter Rede seine fünf Hauptschmerzen mit den fünf Wunden des Gekreuzigten. Als ersten Schmerz bezeichnete der Papst die unmenschlichen, die ganze Christenheit bedrohenden Tataren, als zweiten den Abfall der griechischen Kirche [. . .], als dritten den Aussatz der neuen Ketzerei, der Patariner, Bugarer und anderer schismatischer Sekten [. . .], als vierten die Zustände im Heiligen Land [. . .], als fünften Schmerz bezeichnete er den Kaiser, der als der berufene oberste weltliche Vater und Schirmherr der Kirche Christi in Wirklichkeit ihr mächtiger innerer Feind und ein offener Gegner ihrer Diener geworden sei. [. . .] Am Schluß sprach er von den ungeheueren Verfehlungen des Kaisers, von dessen Ketzerei, Kirchenschändung und neben anderem Schlimmen auch davon, daß er auf christlichem Boden eine neue, große und stark befestigte Stadt gegründet und mit Sarazenen besiedelt habe [Lucera], deren Gebräuche oder richtiger Mißbräuche und Aberglauben er selbst unter Verachtung der christlichen Lehre und Religion angenommen habe. Ferner sei er mit dem Sultan von Kairo und einigen anderen Sarazenenfürsten eng befreundet und besudle sich, von lächerlichen Lüsten gelockt, schamlos mit Mädchen und mit sarazenischen Buhlerinnen. Außerdem warf er dem Kaiser vielfachen Eidbruch vor und daß er gegen Treu und Glauben nie seine Verträge und Versprechungen halte [was der Papst durch Vorlegen verschiedener Urkunden zu beweisen suchte].
Da aber erhob sich Thaddäus [ein Richter und kaiserlicher Gesandter] furchtlos vor der Versammlung, widersprach dem allen und legte seinerseits päpstliche [. . .] Schreiben vor, welche die Behauptung des Papstes zu widerlegen schienen. [Bei eingehendem Vergleich dieser Briefe kam jedoch die Versammlung zu der Auffassung, der Papst habe seine Zusagen nur bedingt, der Kaiser aber unbedingt gemacht, und so sei er schuldig.]
Dann wandte sich Thaddäus allen Versammelten zu und bemerkte zu der Anklage der Ketzerei: »Meine Herren, über diesen schwerwiegendsten Punkt kann sich kein Mensch Klarheit verschaffen, wenn mein Herr nicht selbst zugegen ist und mit eigenem Munde offenbart, was in seinem innersten Herzen verborgen liegt. Daß er aber kein Ketzer ist, wird schon hinlänglich dadurch bewiesen, daß er weder im Kaiserreich noch in seinen Königreichen einen Wucherer duldet.« Damit traf er die römische Kurie, die bekanntlich am meisten an diesem Übel krankt. [. . .] »Die Sarazenen aber verwendet der Kaiser auf seinen Feldzügen in der Annahme, daß kein Christ den Tod eines dieser Ungläubigen beweinen wird, und so verhindert er unnützes Vergießen von Christenblut. Die Sarazenenmädchen aber hielt er nicht zum Beischlafe – wer kann das beweisen? –, sondern wegen ihrer netten Gauklerstücklein und weiblichen Kunstfertigkeit. Nachdem man aber Anstoß daran genommen hatte, entließ er sie ein für allemal.«
[Zum Schluß bat Thaddäus, man möge den Kaiser persönlich auf dem Konzil

vernehmen. Da entgegnete der Papst:] »Das sei ferne! Ich fürchte die Fallstricke, denen ich nur mit Mühe entronnen bin! Erscheint hier der Kaiser, so reise ich auf der Stelle ab!«
[Trotz der Verteidigung durch Thaddäus und obwohl auch andere Stimmen sich für den Kaiser erhoben, beschließt der Papst die Bannung.] Der vor der ganzen Kirchenversammlung verlesene Bannspruch schlug wie ein Blitz ein und rief einen ungeheueren Schrecken hervor. Der Meister Thaddäus und die übrigen Vertreter des Kaisers brachen mit ihrem Gefolge in laute Klagerufe aus, schlugen zum Zeichen ihres Schmerzes auf Schenkel und Brust und konnten sich nur mit Mühe der hervorbrechenden Tränen erwehren. Thaddäus rief: »Das ist der Tag des Zornes, des Unglücks und des Elends!« Der Herr Papst aber und die anwesenden Prälaten verfluchten, die angezündeten Kerzen in der Hand, den Kaiser, der nicht mehr Kaiser zu nennen sei, schrecklich und furchtbar, während die Sachwalter des Kaisers die Versammlung bestürzt verließen.

Aus: Matthäus Parisiensis Chronica maiora (Die Chronik des Matthäus von Paris – Matthäus lebte von etwa 1195 bis 1259, wirkte seit 1217 als Mönch in St. Albans, seine Chronik ist die wichtigste englische Quelle für den Zeitabschnitt). M. G. SS. XXVIII, S. 258 ff.
Übers.: Johannes Bühler

Bei der Belagerung von Parma nutzten die Belagerten die Unvorsichtigkeit der Kaiserlichen zu einem Ausfall und zerstörten und plünderten die Lagerstadt. Trotz beträchtlicher Verluste hatte der Kaiser das Heft bald wieder in der Hand, aber seinen Gegnern machte dieser Sieg wieder Mut. Ein schwerer persönlicher Schlag traf den Kaiser im Jahr 1249, als sein Sohn Enzio, dem er besonders nahe stand, in die Gefangenschaft der Bolognesen geriet. Vergebens bot er ein ungeheures Lösegeld – angeblich wollte er ganz Bologna mit einem silbernen Reif umgeben –, Enzio blieb bis zu seinem Tod 1272 in Haft.
Aller Widerwärtigkeit zum Trotz war die allgemeine politische und militärische Lage im Jahre 1250 für Friedrich nicht ungünstig. Süditalien und Sizilien befanden sich unbestritten in seinem Besitz. In Oberitalien baute Ezzelino von Verona aus eine starke Stellung auf; im Lombardischen Städtebund knisterte es; und in Deutschland hielt Konrad IV. den Gegenkönig Wilhelm von Holland in Schach. Papst Innozenz IV. selbst war in Lyon nicht mehr sicher, denn Ludwig IX. von Frankreich wollte ihn dort nicht länger dulden, wenn er nicht mit Friedrich II. Frieden schlösse; und Friedrich selbst rüstete bereits zu einem Zug nach Lyon, um die Entscheidung herbeizuführen.

Tragödie und Ende des staufischen Hauses

Im November 1250 widmete er sich in der Nähe seiner Lieblingsresidenz in Apulien der Jagd. Da erkrankte er plötzlich, wohl an einer Darminfektion. Man brachte ihn in das kleine Castel Fiorentino und rief die engsten Berater zusammen, darunter auch den 18jährigen Sohn Manfred. In ihrem Beisein regelte er die Nachfolge. Konrad IV. sollte das Erbe in vollem Umfang antreten, Manfred den Halbbruder als Statthalter in Sizilien vertreten.
Stunden vor seinem Tod ließ er sich in die Kutte der Zisterzienser kleiden und empfing dann Absolution und Sterbesakramente. Am 13. Dezember starb er, nach den Worten eines Chronisten, »der größte der Fürsten der Erde, das Wunder und der Verwandler der Welt«.
Der tote Kaiser wurde, wie er es gewünscht hatte, nach Palermo gebracht und dort im Dom neben seinem Vater Heinrich VI., neben seiner Mutter Konstanze und seiner ersten Gemahlin Konstanze in einem Porphyrsarkophag beigesetzt.
Der Tod Kaiser Friedrichs II. wurde von den Zeitgenossen, von Anhängern und Gegnern, von Hochgestellten und von namenlosen Menschen aus dem Volk als ein tiefeinschneidendes Ereignis empfunden. Triumphierten die einen über das Ende des Mannes, der die ganze

Welt verdorben habe, so klagt ein anonymer Chronist der Zeit in Italien, daß mit ihm alle Gerechtigkeit zu Grabe getragen worden sei. Besonders in Deutschland wollten es viele nicht glauben, daß der Kaiser gestorben sei, und liefen noch nach Jahrzehnten falschen Friedrichen nach, die hier und dort die Menge beunruhigten und Hoffnung auf Ruhe und Frieden im Reich erweckten.

Die Gegenwart nach Friedrichs II. Tod sah freilich nicht so hoffnungsvoll aus. Zwar gelangte König Konrad IV., den Friedrich II. zum Alleinerben eingesetzt hatte, unter Vernachlässigung seiner Aufgaben in Deutschland nach Süditalien, wo er im Bund mit Manfred zunächst auch einige Erfolge erzielen konnte. Doch das ungewohnte Klima setzte ihm zu, Malariaanfälle häuften sich, und im Mai 1254 starb, 26jährig, Konrad IV., der letzte deutsche König aus dem staufischen Haus, ohne die Königskrone von Sizilien empfangen zu haben. Böswillige Zeitgenossen setzten das üble Gerücht in die Welt, Manfred habe seinen Bruder vergiften lassen. Zwei Jahre später kam der Gegenkönig Wilhelm von Holland bei einem Feldzug in Friesland um.

Literatur

Chroniken des Mittelalters. Otto von Freising, Widukind, Helmold, München 1964

Engels, Odilo: Die Staufer, Stuttgart 1972

Haller, Johannes: Das altdeutsche Kaisertum, Stuttgart/Berlin/Leipzig 1926

Hampe, Karl: Deutsche Kaisergeschichte in der Zeit der Salier und Staufer, Darmstadt 1979

Horst, Eberhard: Friedrich der Staufer. Eine Biographie, Düsseldorf 1975

Kaiser Friedrich II. Sein Leben in zeitgenössischen Berichten, München 1969

Kantorowicz, Ernst: Kaiser Friedrich der Zweite (Neudruck der Ausgabe von 1927/31), Düsseldorf/München 1963

Probleme des 12. Jahrhunderts. In: Vorträge und Forschungen Bd. 12, Sigmaringen 1968

Schaller, Martin: Kaiser Friedrich II. Verwandler der Welt, Göttingen 1964

Wahl, Rudolf: Wandler der Welt. Friedrich II. der sizilische Staufer, München 1948

Wolf, Gunther (Hrsg.): Stupor Mundi. Zur Geschichte Friedrichs II. von Hohenstaufen, Darmstadt 1966

Indessen suchte Manfred die staufische Herrschaft in Sizilien zu retten. 1257 ließ er sich in Palermo zum König krönen und überging damit bewußt die Ansprüche von Konrads IV. fünfjährigem Sohn Konradin, der in Deutschland erzogen wurde. Mit starker Hand setzte er seine Herrschaft durch und wirkte auch nach Oberitalien und selbst über Italien hinaus bis Dalmatien und Griechenland.
Im gleichen Jahr wie Konrad IV. war auch Papst Innozenz IV. gestorben, aber der Haß gegen die Staufer lebte bei seinen Nachfolgern Urban IV. und Clemens IV. unvermindert weiter. Sie waren nicht weniger entschlossen, diese verhaßte Dynastie vom Erdboden zu tilgen. Ihr Werk war es, daß 1266 Karl von Anjou, der Bruder des französischen Königs, in Rom mit dem Königreich Sizilien belehnt wurde und sich sogleich auf den Weg machte, um sein Reich zu erobern und tatsächlich in Besitz zu nehmen. Vergeblich wandte sich Manfred an das Solidaritätsgefühl der Römer, vergeblich stellte er sich dem Anjou entgegen. Am 26. Februar kam es bei Benevent in der Campagna zur Schlacht, in der Manfred das Leben verlor und Karl von Anjou ein Reich gewann. Französische Ritter gaben Manfred ein Grab, doch kirchlicher Haß reichte über den Tod hinaus. Der Erzbischof von Cosenza ließ die Leiche Manfreds noch einmal herausreißen und den Elementen preisgeben.
Schlimmer als das Schicksal aller anderen Staufer, selbst als das Enzios in der lebenslangen Haft der Bolognesen, war das Schicksal, das die Familie Manfreds traf. Seine Witwe Helena und seine vier Kinder, alle unter sechs Jahren, gerieten auf der Flucht in die Hand des Anjou. Der ließ die Kinder von der Mutter trennen und gesondert einkerkern. Während Helena nach fünfjähriger Haft durch den Tod befreit wurde und die Tochter Beatrix nach 18 Jahren im Austausch gegen einen Sohn Karls von Anjou freigegeben wurde, vegetierten die drei Söhne Heinrich, Friedrich und Enzio bis zu ihrem Ende, wie Tiere in Ketten gehalten und allmählich erblindend und verblödend, jahrzehntelang in den Kerkern der Schlösser ihres Großvaters dahin.
Das Ende des staufischen Kampfes um das Reich im Süden ist rasch erzählt. Im Herbst des Jahres 1267 zog der 15jährige Konradin mit wenigen Anhängern und fast mittellos von Schwaben aus über die Alpen. Seine Abstammung, sein gewinnendes Wesen, seine Jugend, die Abneigung gegen die Herrschaft des Papstes und des Anjou – das alles wirkt zusammen und sein Anhang vermehrte sich. Die Sarazenen seines Großvaters erwarten ihn in Lucera. Konradin steht auf der Schwelle, um das Reich seiner Vorfahren zu gewinnen – so wie einst Friedrich II. auf umgekehrtem Weg ein Reich gewonnen hatte.
Aber das Schicksal entschied gegen Konradin. Am 23. August 1268 er-

Stichworte zur Zeit Heinrichs VI. bis Konradin

Kampf um das sizilianische »Erbe«: Herbe Rückschläge durch sizilianische ›Nationalpartei‹ für Heinrich VI., Verbesserung seiner Stellung durch englische Lösegelder für Richard Löwenherz; Friedrich II. verfolgt handfeste zentralistische Politik und stärkt die königliche Stellung; einige Bereiche der deutschen Politik überläßt er dafür seinem Sohn Heinrich (VII.); Manfred behauptet sich in Unteritalien, bis der Papst 1266 Karl von Anjou mit Sizilien belehnt; blutiges Ende der Staufer.
Städte in Italien von Friedrich II. unterdrückt, in Deutschland privilegiert; trotzdem enormer wirtschaftlicher Aufschwung und Zusammenschlüsse. Auch hier Parteiungen: Guelfen (welfisch) und Ghebellinen (staufisch). Viele oberitalienische Städte bilden (teils feindliche) Bünde.
Hnie Welf – Hie Waibling (nach der Stauferburg Waiblingen):
Aus der Doppelwahl 1198 gehen zwei Könige hervor: Philipp von Schwaben, Staufer – Otto IV., Welfe; Bürgerkrieg in Deutschland und wechselnde Koalitionen/Kriege in Europa; wechselnde Haltung des Papstes.
Nach der Ermordung Philipps von Schwaben setzt sich Otto IV. durch. Das Papsttum unter Innozenz III. erlebte eine bisher ungekannte Machtsteigerung.
Fürsten als Träger der Macht können nicht mehr politisch umspielt werden und ihr Überlaufen zum Papst mußte stets verhindert werden; Plan Heinrichs VI. zur Durchsetzung der Erbmonarchie trotz großer Zugeständnisse (Erblichkeit der fürstlichen Reichslehen) abgeschmettert; Friedrich II. und Heinrich VI. bestätigen 1220 die Vorrechte der geistlichen Reichsfürsten, die Ausbildung weltlicher Landeshoheit wird 1231 offiziell bestätigt.
Fünfter Kreuzzug mit kampfloser Eroberung Jerusalems.
Ketzerverfolgung und erbitterte **Kämpfe zwischen Kaiser und Kurie** bestimmen die Regierungszeit Friedrichs II.
Der Kampf gegen das Papsttum und die oberitalienischen Städte bleibt auch noch nach Friedrichs Tod unentschieden.
Große Krise und Interregnum (kaiserlose Zeit) von 1250–1273; Gegenkönige und erbitterte Kämpfe Konrads IV. und Manfreds gegen den Papst und Karl von Anjou.
Nachfolger der Staufer in Unteritalien wird Karl von Anjou (siehe Band 4), im Deutschen Reich einigt man sich erst nach heftigen Auseinandersetzungen auf einen neuen König.
Das **kulturelle Leben,** d. h. Literatur und bildende Künste, entfaltete sich besonders an den Höfen der Fürsten, in Ober- und Unteritalien besonders in den aufblühenden, reichen Städten.

lag sein Heer bei Tagliacozzo nordöstlich von Rom dem überlegenen militärischen Geschick Karls von Anjou. Konradin entkam zunächst an die Küste und wollte nach Sizilien übersetzen. Er wurde aber im letzten Augenblick ergriffen und an den Sieger ausgeliefert.

Der ließ ihm als einem Rebellen und Majestätsverbrecher den Prozeß machen, dessen Ausgang nicht zweifelhaft sein konnte. Am 29. Oktober 1268 wurde Konradin nach einer Scheingerichtsverhandlung zusammen mit zwölf seiner Freunde auf dem Markt von Neapel enthauptet.

SIEGFRIED GRISSHAMMER

Araber, Normannen und Deutsche in Unteritalien und Sizilien

Süditalien vom 6. bis zum 9. Jahrhundert – Kulturelle Leistungen der Sarazenen – Landung der ersten Normannen – Robert Guiscard und seine Ziele – Roger II. und seine Zeit – Baukunst und Wissenschaft – Friedrich II. und die Falknerei – Der Kaiser und seine Sarazenen – Lucera – Fragen des Kaisers an die gelehrte Welt.

Es gibt wenige Landstriche in Europa, die im Mittelalter eine so wechselvolle Geschichte hatten wie Unteritalien und Sizilien. Nach dem Zusammenbruch der Herrschaft der germanischen Ostgoten, deren letzter König Teja im Oktober 552 am Mons Lactarius (it. Monte Lattaro) nahe dem Vesuv in einer zwei Tage währenden mörderischen Schlacht von dem oströmischen (byzantinischen) Feldherrn Narses geschlagen wurde, konnte der Kaiser von Byzanz (Konstantinopel) wieder uneingeschränkt über den Süden der Apenninenhalbinsel gebieten. Ja, Sizilien wurde im 7. Jahrhundert zeitweise sogar Mittelpunkt des Byzantinischen Reiches, das Kaiser Konstans II. 663 bis 668 von Syrakus (Sizilien) aus regierte.

Unteritalien und Sizilien im Wechselspiel der Mächte

Doch zur Ruhe kam Süditalien eigentlich nie! Noch im 6. Jahrhundert eroberten die germanischen Langobarden Benevent, auch in Capua und Salerno residierten lange Zeit langobardische Fürstengeschlechter als Herzöge. Im 8. Jahrhundert tauchte dann plötzlich ein neuer Gegner auf: die mohammedanischen »Sarazenen«, wie im Mittelalter die gegen die Christen kämpfenden Araber genannt wurden. Ihre Religion, der Islam, hatte nach dem Tode des Propheten Mohammed (732) einen Siegeszug ohnegleichen angetreten. Die Araber überrannten ganz Nordafrika und stießen über Spanien bis nach Frankreich hinein vor.

Schon im 8. Jahrhundert hatten von Nordafrika und Sizilien aus operierende Sarazenen die Küsten Süditaliens und Siziliens unsicher gemacht und die einheimische Bevölkerung hart bedrängt und ausgeplündert. Im 9. Jahrhundert ging ganz Sizilien aus dem Besitz der Byzantiner in die Hände der Sarazenen über: Palermo fiel 831, Enna im Innern der Insel 859 und Syrakus, das bedeutende Zentrum an der Ostküste, 878.

Die Sarazenen nutzten den Streit zwischen dem abendländischen und dem byzantinischen Kaiser geschickt aus. Dabei zeigte keine der streitenden Parteien Scheu, sich fremder Hilfe zu bedienen. Neapel zum Beispiel führte Sarazenen ungeniert gegen Benevent ins Feld. Im Jahre 841 werden Bari und Tarent ein Opfer arabischer Eroberungslust. Und das Jahr 846 sieht die mohammedanischen Krieger gar an der Tibermündung. Sie plündern die außerhalb der Mauern Roms gelegenen altehrwürdigen Kirchen St. Peter und St. Paul, die beide ein Raub der Flammen werden.

Die abendländischen Kaiser hatten lange Zeit die durch die Araber im Süden ihres Reiches heraufbeschworene Gefahr nicht ernst genommen. Erst Kaiser Ludwig II. (855–875) holte zu einem Gegenschlag aus, scheiterte aber an dem hinterhältigen Spiel der einzelnen Parteien. Durch den Verrat des Fürsten von Benevent, der auf die byzantinische Seite übertrat, festigte sich der Einfluß von Byzanz wieder, das seinerseits den in sich zerstrittenen Sarazenen wichtige Teile Unteritaliens nach und nach wieder abnehmen konnte. Sizilien allerdings blieb im Besitz der Araber.

Leider ist aus der Zeit der eigentlichen Herrschaft der Sarazenen über Unteritalien und Sizilien an Dokumenten und Denkmälern nur sehr wenig erhalten. Doch wissen wir, daß die Sarazenen in Sizilien das Straßennetz ausbauten und Bewässerungsanlagen wieder in Ordnung brachten. Brauchten doch die Araber Nordafrikas den »harten, haltbaren, bis in fernste Oasen schadlos verschickbaren Weizen Siziliens« (Eckart Peterich).

Die Sarazenen siedelten in neu gegründeten Dörfern Bauern an, die einen Teil ihres Ernteertrages als Abzahlung für das ihnen zugewiesene Land abliefern mußten. Aber Sizilien exportierte damals nicht nur Getreide! Baumwolle, Zuckerrohr und aus dem Meer gewonnenes Salz brachten Schiffe an die Küsten Nordafrikas und des Vorderen Orients. Aus Syrien gelangten Maulbeersamen und Seidenwürmer nach Sizilien und aus Ägypten die Papyrusstaude, aus deren Mark sich feines Papier herstellen ließ.

Schließlich war die von den Sarazenen aufgebaute Verwaltung, die zur Blüte von Wirtschaft, Handel und Verkehr beitrug und für ein geordnetes Steueraufkommen sorgte, so vorbildlich, daß die das Erbe der Araber in Sizilien und Unteritalien antretenden Normannenkönige sie weithin übernahmen.

Sizilien und Unteritalien unter normannischer Herrschaft

Die ersten Normannen, Nachfahren der aus Skandinavien und Dänemark stammenden germanischen Eroberer, die zwischen dem 8. und 11. Jahrhundert West- und Südeuropa heimsuchten und in England, der Normandie und Irland Staaten oder andere Gemeinwesen gründeten, landeten im Jahre 1016 in Unteritalien. Es sind 40 Ritter aus der französischen Normandie, die sich auf der Rückkehr von einer Pilgerfahrt nach Jerusalem befinden. Als sie dem Herzog von Salerno ihre Hilfe anbieten, geht dieser in seiner großen Bedrängnis – eine gewaltige sarazenische Flotte belagert gerade die Stadt und die verzweifelte, ausgehungerte Bürgerschaft fordert ihre Übergabe an die Araber – sofort freudig auf das unverhoffte Angebot ein. Der »ungestüme Ausfall der vierzig [Normannen] jagte den Arabern solchen Schrecken ein, daß sie die Belagerung aufgaben und die Anker lichteten«, beschreibt Gustav Faber den Vorgang, wie er sich wohl abgespielt hat.
Bald kommen aus der Normandie Hunderte von abenteuerlustigen Normannen nach, die in dem ›gelobten Land‹ des Südens ihr Glück versuchen wollen. Sie kämpfen im Dienste verschiedener Herren: im Auftrag byzantinischer Kaiser gegen die Sarazenen, als Gefolgsleute des Papstes gegen die byzantinischen Machthaber in Unteritalien, zuallererst aber für sich selbst und den eigenen Ruhm.
Zwei Gestalten sind es, die uns in dem verwirrenden Spiel dieser von Machtgier, Verrat und Intrigen gekennzeichneten Kämpfe besonders faszinieren: Robert Guiscard (d.h. ›Schlaukopf‹), Herzog von Apulien und Kalabrien († 1085) und Roger II., Herzog von Kalabrien und seit 1130 König von Sizilien, beide aus dem Geschlecht der Hauteville. Robert mußte sich nach seiner Ankunft in Süditalien (1046) buchstäblich aus dem Nichts emporarbeiten, und er tat es in einem abenteuerlichen Leben, in dem das Glück keine geringe Rolle spielte (siehe auch Band 2). Es war das wildzerklüftete Bergland Kalabriens mit seinen schroff abweisenden Felswänden, das Robert den Byzantinern entriß und durch dessen Eroberung er den Grundstein seiner Macht legte.
War Papst Leo IX., vom Kaiser zum Reichsvikar von Benevent ernannt, ein knappes Jahrzehnt vorher noch gegen die Normannen in den Krieg gezogen und nach einer Niederlage am Monte Gargano (Apulien) von ihnen gefangengenommen worden, so wurde Robert als Herzog anerkannt und erhielt aus der Hand Papst Nikolaus' II., der dem ungestümen Eroberer mehr widerwillig als freudig entgegenkam, Apulien, Kalabrien und das von den Sarazenen beherrschte und noch niederzuzwingende Sizilien als Lehen. Kein Zweifel, das Papsttum erwarb sich durch dieses Bündnis größere Bewegungsfreiheit gegenüber

***Castel Ursino in Catania.** Friedrich II. ließ die imposanten Fortifikationen anlegen, hatte jedoch die blühende Stadt zerstört, die von Ostgoten, Byzantinern, Sarazenen und Normannen beherrscht gewesen war.*

dem deutschen Kaiser, abgesehen davon, daß mit der Herrschaft der Normannen Byzanz seinen Einfluß in Unteritalien einbüßte.
Zuletzt wagt Robert, der »Terror mundi« (»Schrecken der Welt«), wie ihn die Zeitgenossen nannten, den Angriff auf das Zentrum der oströmischen Macht, auf Byzanz. Mit einem aus Normannen, Langobarden und Italienern bestehenden Heer setzt er nach Griechenland über. Doch der entscheidende Erfolg bleibt aus.
Robert muß nach Italien zurückkehren, um seinen in der Engelsburg in Rom von Kaiser Heinrich IV. arg bedrängten Lehnsherrn, Papst Gregor VII., zu befreien. Es ist die Zeit des Investiturstreits, eine Phase, während der die politische Gesamtsituation für den Papst ungünstig ist. Politisch äußerst unklug läßt der Normanne Rom brandschatzen. »Die gesamte Stadtfläche zwischen Lateran und Engelsburg – Paläste, Basiliken, Häuserzeilen – sanken in der schwelenden Glut dahin«, formuliert Gustav Faber, fast als wäre er dabei gewesen. (Siehe auch Band 2, Seite 154 ff.)

***Rogers II. Dom von Cefalù.** Nachdem die Normannen die Stadt 1063 erobert und zerstört hatten, bauten sie sie im 12. Jahrhundert prächtiger denn je wieder auf. Der Dom ist hierfür Beweis!*

Macht und kulturelle Blüte im »Vielvölkerstaat« Sizilien

Die Eroberung Siziliens im erbitterten Kampf gegen die Sarazenen vollendete Roberts jüngerer Bruder Roger I. Dessen Sohn, Roger II., vereinigte nach langwierigen Kämpfen die verschiedenen normannischen Herrschaften im südlichen Italien mit Sizilien zum sogenannten »Königreich beider Sizilien«. In ihm erreicht die normannische Herrschaft ihren glanzvollen Höhepunkt. Palermo wird zu der am meisten besuchten und bewunderten Stadt des Südens, die besonders durch ihr Völkergemisch aus Normannen, Italienern, Sarazenen, Griechen und Juden und der damit verbundenen Vielfalt des Handwerks, der landwirtschaftlichen Produktion, Kunst und Architektur auf alle Fremden einen tiefen Eindruck macht.
Der hochgebildete König Roger II. sammelte um sich Gelehrte und Künstler aus allen Lagern. Welche Höhe die normannisch-sizilianische Kunst in seiner Regierungszeit erreichte, zeigt noch dem heutigen

Betrachter die Palastkapelle von Palermo. John Julius Norwich, ein intimer Kenner der Normannenkultur, urteilt begeistert: »Mit erstaunlicher Wirkung wie nirgendwo sonst wird in diesem Bauwerk das politische Wunder Normannisch-Siziliens sichtbare Wirklichkeit, die scheinbar mühelose Verschmelzung der glänzendsten Hervorbringungen lateinischer, byzantinischer, islamischer Tradition zu einem einzigen harmonischen Meisterwerk.« Über den Fenstern wölbt sich »völlig figurenlos wie alle islamische Kunst, eine holde, märchenhafte, vielleicht auch ein wenig unheimliche Grottenphantasie, der unverkennbare Beitrag mohammedanischer Künstler zu dieser christlichen Kirche«, beschreibt Eckart Peterich in seinem Kunstführer enthusiastisch die Decke.
Ein weiteres Meisterwerk ist der erst nach Rogers II. Tod 1154 vollendete Dom von Cefalù östlich von Palermo. Seine einzigartigen Mosaiken sind wie die der Palastkapelle von Palermo das Werk von hervorragenden Künstlern und Handwerkern, die Roger II. aus Konstantinopel (Byzanz) herbeigeholt hatte. So ließ eine vom König geförderte Toleranz ein Klima entstehen, das im Zusammenwirken verschiedener Kulturen künstlerische Höchstleistungen hervorbrachte und ein relativ unbeschwertes Zusammenleben vieler Menschen verschiedener Religions- und Kulturkreise ermöglichte.

Straft das Wort vom ›dunklen Mittelalter‹ Lügen: Roger II.

Immer mehr führende Gelehrte, Philosophen, Mathematiker und Geographen zog es an den Hof von Palermo. Roger II. selbst widmete einen großen Teil seiner Zeit ihrer Gesellschaft. Da er mehrere Sprachen beherrschte, konnte er ohne allzu große Mühe den Vorträgen der verschiedenen Gelehrten folgen, ob sie nun französisch, lateinisch, griechisch oder arabisch sprachen. Und kein Geringerer als der mit dem König eng befreundete arabische Hofgelehrte Abu Abdullah al-Idrisi behauptete von Roger II., daß auf ihn Neuerungen und Erfindungen zurückgingen, »wie sie kein Fürst jemals vor ihm zustande gebracht hat«. Idrisi selbst stand fünfzehn Jahre einer Kommission vor, die alles erreichbare geographische Wissen sammeln sollte. Sie schickte ihre Agenten in alle Welt. War ein Reisender eingetroffen, der behauptete, besonders nützliche und interessante Kenntnisse und Erfahrungen zu besitzen, so brachte man ihn sofort zum Königspalast, wo er von Idrisi oder gar vom König selbst empfangen und intensiv befragt wurde. Idrisis Buch mit dem Titel »Der Zeitvertreib eines Mannes, begierig vollständige Kenntnis von den verschiedenen Ländern der Welt zu er-

Wissenschaft in Unteritalien. *Salerno war schon im 12. Jahrhundert ein Zentrum der Gelehrsamkeit. Die Ärzte genossen hohes Ansehen, die Apotheken waren berühmt. Eine Apotheke um 1300 in einer Miniatur. London, British Library.*

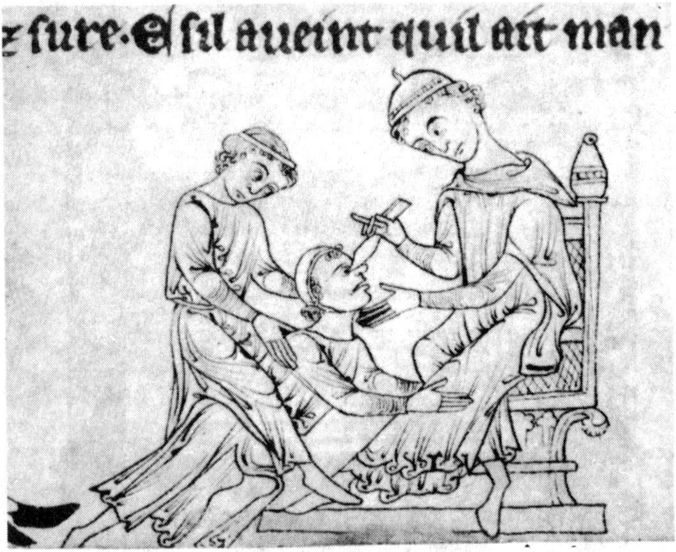

***Ärztliches Können.** Beliebtes Sujet der Buchillustratoren waren chirurgische Eingriffe schon immer. Augenoperation, Federzeichnung in einer Handschrift aus Salerno. Cambridge, Trinity College.*

langen« gilt als das bedeutendste geographische Werk des Mittelalters.
Die Araber bildeten in der Hofgesellschaft eine einflußreiche Gruppe. Unbestritten war ihre Führung auf den Gebieten der Mathematik und der Naturwissenschaft, und das Arabische war zur internationalen Sprache der Wissenschaft geworden. Rogers II. Beamtenstaat war straff zentralistisch organisiert. Das normannische Lehnswesen kannte die Doppelvasallität nicht (siehe Band 1 und Band 2) und konnte so die königliche Oberhoheit in allen Lehnsbeziehungen sichern.

Erben der Normannen in Unteritalien und Sizilien: Die Staufer

Die Nachfolge Rogers II. trat Wilhelm I. an (1154–1166). Ihm folgte Wilhelm II. (1166–1189), der kinderlos starb, so daß das süditalienisch-sizilianische Erbe an Konstanze, eine nachgeborene Tochter Rogers II., fiel. Durch ihre Vermählung mit dem Sohn Friedrich Barbarossas, Heinrich VI., ging das Königreich in den Besitz der deutschen Staufer über. Heinrich VI. aber starb bereits im September 1197 in Messina und konnte sich in seinen ›Erblanden‹ nie richtig durchsetzen.

Sein Sohn Friedrich II. faszinierte zwar seine Zeitgenossen durch ungewöhnliche Begabungen und betrachtete, da er ja auch in Palermo aufgewachsen war, sein südliches Erbe immer als seine eigentliche Heimat, kam aber durch päpstliche Machtpolitik und die ungeheure Schwierigkeit, das Deutsche Reich mit Sizilien zu vereinen, in große politische Konflikte.

In dem von ihm heiß geliebten Apulien hielt er sich besonders gern auf und entfaltete in Foggia die orientalische Pracht seiner Hofhaltung. Mit Leidenschaft ging er der Jagd mit Falken in den Wäldern am Monte Gargano nach. Er widmete der Falknerei eine wissenschaftliche Abhandlung, in die seine unmittelbaren, konkreten Jagderfahrungen eingingen. Das Buch, dessen Erkenntnisse über das bisher Bekannte weit hinausreichten, soll bis ins 18. Jahrhundert als maßgeblich in Fragen der Falknerei gegolten haben. Typisch für Friedrichs II. an der sinnlichen Erfahrung orientiertes Vorgehen ist der Satz: »Unsere Absicht ist aber in diesem Buch über die Falknerei, das, was ist, auch so zu zeigen, wie es ist, und als zuverlässige Kunst darzustellen; denn bisher fehlte es dabei sowohl an der Wissenschaft wie an der Kunst.«

Die aus diesen Worten herauszuhörende Vorurteilslosigkeit zeigte Friedrich II. auch in seinem Verhältnis zu den Sarazenen. Als er nach verlustreichen, langwierigen Kämpfen einen Aufstand der Inselsarazenen niedergeschlagen hatte, ließ er die gefangenen Araber nach Apulien bringen. Ein Versuch, sie dort auf einzelne Dörfer zu verteilen, scheiterte. Schließlich siedelte er sie in Lucera, unweit von Foggia, an. Die Muselmanen entwickelten Lucera zu einem blühenden Gemeinwesen und kultivierten das ihnen zugewiesene Land mit großem Erfolg. Sie bewiesen erstaunliche handwerkliche Fähigkeiten, stellten z. B. beste Seidengewebe her und schmiedeten weithin begehrte Waffen. Da der Kaiser ihnen Glaubensfreiheit garantierte und sogar den Bau von Moscheen erlaubte, wurden sie in relativ kurzer Zeit zu glühenden Anhängern Friedrichs II. und zu einer überall einsetzbaren Elitetruppe, die keine christlichen Gewissensbisse kannte. In Lucera gab es einen großen Tierpark mit vielen exotischen Tieren in der Obhut der Araber. Deshalb hielt sich Friedrich II. bevorzugt dort auf. Aus dem Kreis der Sarazenen rekrutierte er seine Leibwache, sarazenische Mädchen gehörten zur kaiserlichen Hofhaltung, wo immer sie sich aufhielt.

Friedrich II. war ein unermüdlich Fragender mit großem Wissensdurst. In berühmt gewordenen Briefen wandte er sich an christliche und mohammedanische Gelehrte. So fragte er Michael Scotus nach der treibenden Kraft, die das Feuer aus Ätna und Stromboli hervorbrechen lasse, oder nach der Ursache von Meeresströmungen. Dabei scheute er auch vor heiklen religiösen Themen nicht zurück und stellte ganz konkrete Fragen nach Paradies, Fegefeuer und Hölle. In den »Sizilianischen Fragen« wandte er sich an Gelehrte in Ägypten, Syrien, Irak und Jemen. Eine dieser Fragen lautete so: »Welches ist das Ziel der theologischen Wissenschaft, und welches sind die unumgänglich notwendigen Voraussetzungen zu dieser Wissenschaft, wenn sie überhaupt Voraussetzungen hat?«
Kein Wunder, daß sein Sohn Manfred ihn einen »Liebhaber der Weisheit« nennt, kein Wunder aber auch, daß man dem Kaiser, der ja Jahrzehnte mit dem Papsttum im Kampfe lag, die schlimmsten Ketzereien zutraute. Nannte er doch auch den mohammedanischen – also »heidnischen« – Aristoteles-Kommentator Averroes einen »Denkerfürsten« und förderte die Übersetzung arabischen Schrifttums. Bis heute ist noch nicht genau geklärt, wie viele arabische Errungenschaften und Leistungen auf künstlerischem und naturwissenschaftlichem Sektor durch die Toleranz Friedrichs II. auf uns gekommen sind.
Mit dem Tod Friedrichs II. 1250, in dessen Denken sich Morgen- und Abendland begegneten, endete die große von Normannen und Staufern geprägte Zeit des »Königreichs beider Sizilien«, das in den kommenden Jahrhunderten unter französischer und spanischer Herrschaft zu politischer Bedeutungslosigkeit herabsank.

Literatur

Capelle, Thorsten: Die Wikinger (Urban-Taschenbücher 140), Stuttgart 1971

Faber, Gustav: Die Normannen. Piraten, Entdecker, Staatengründer, München 1976

Gabrieli, Francesco: Geschichte der Araber, Stuttgart 1963

Heinemann, Lothar von: Geschichte der Normannen in Unteritalien und Sizilien. 1. (einziger) Band: bis 1085, Aalen 1969 (Neudruck)

Norwich, John Julius: Die Normannen in Sizilien: 1130–1194, Wiesbaden 1973

Willemsen, Carl A.: Apulien. Kathedralen und Kastelle. Ein Kunstführer durch das normannisch-staufische Apulien, Köln 1971

MANFRED FIRNKES

Die Staufer in Geschichtsschreibung und Dichtung

Zu allen Zeiten problematisch: Analyse, Interpretation und Bewertung der Staufer und ihrer Politik – Friedrich II.: siebentes Haupt des Drachens oder Friedensfürst? – Mit den Staufern gegen die schale Wirklichkeit – Die Literatur bemächtigt sich des Konradin-›Stoffes‹ – Mit Poesie und Stauferglanz für die deutsche Einheit – Germanisches Führerraunen – Die Ausstellungen.

Der schnelle Machtaufstieg der staufischen Herrscher und ihr jähes Ende sind in einen knapp hundertjährigen Bogen gespannt, den bis jetzt weder die Historiker auszudeuten noch dichterische Phantasie auszumessen vermochten. Wie viele Dokumente aus Geschichte, Kunst und Kultur der Stauferzeit hat die Ausstellung in Stuttgart 1977 ausgebreitet, eine gelungene Bestandsaufnahme der Epoche und ihrer Nachwirkungen. Sind uns mittlerweile die Staufer vertrauter geworden als ihren unmittelbaren Zeitgenossen? Vermögen wir ihre offenen und geheimen Zielsetzungen nachzuvollziehen, können wir in diesen unvollendeten Zusammenklang von Kaiser–Papst, Zentralgewalt–partikularer Kraft, persönlichen Zielen–Reichsinteressen, Reich–Italien den endgültig letzten ›Lösungssatz‹ hinzukomponieren?
Versucht hat man schon zu Lebzeiten der staufischen Herrscher, Endgültiges über sie auszusagen. Aber wie selten ein Herrschergeschlecht entziehen sich die Staufer einer glatten Deutung, denn sie waren widersprüchliche Persönlichkeiten. Daß Friedrich I. Mailand zerstörte und dann mit Wohltaten überhäufte, Friedrich II. die Fürsten in Italien in die Knie zwang, in Deutschland aber verwöhnte, sind nur zwei Beispiele aus einer beliebig fortsetzbaren Reihe der Widersprüche. Die Herrscherreihe von Konrad III. (1138–1152) bis Konradin, dem letzten des Geschlechts, der als 16jähriger 1268 in Neapel enthauptet wurde: welch eine Galerie von Individuen, wie weitgespannt in ihren menschlichen Leidenschaften! Das sizilisch-italienische Erbe komplizierte die Deutung zu allen Zeiten noch mehr: Barbarossa hatte noch die ›deutschen‹ Interessen im Auge, aber Friedrich II.? War Deutschland unter ihm nicht längst ein Nebenschauplatz geworden? Hatte nicht Barbarossa versucht, die Königsmacht gegen alle partikularen Tendenzen zu stärken, während Friedrich II. den deutschen ›Födera-

lismus‹ in Kauf nahm und dafür mit aller Kraft in Sizilien den Zentralismus stärkte? War der fromme Kreuzfahrer Barbarossa nicht geradezu das Gegenteil des von manchen als »Antichristen« gescholtenen Friedrich II., der allerdings in ein weißes Zisterziensergewand gehüllt, versehen mit den Sakramenten der Kirche, starb?
Die Staufer selbst haben wenig getan, ihr Geschlecht in einer zusammenhängenden Hausgeschichte verewigen zu lassen, wie ihre großen Gegenspieler, die Welfen, es in der »Historia Welforum« (»Geschichte der Welfen«) getan hatten. Nicht zufällig sind uns von den Staufern nur Berichte über einzelne Herrscher überliefert oder Versuche, die Bahnen des Reiches unter universalgeschichtlichen, also mehr den allgemeinen Lauf der Weltgeschichte betreffenden, Gesichtspunkten zu sehen. Otto, der schreibende Bischof von Freising (* um 1114–1158), eröffnet die lange Reihe der Geschichtsschreiber, die mit mehr oder weniger Erfolg versuchten, den Staufern dadurch auf die Spur zu kommen, daß sie einzelne Herrscher herausgriffen oder Einzeletappen ihres Weges beschrieben. Aber der beschriebene und gedeutete Teil war immer weniger als eine zusammenhängende Geschichte aller Staufer.
Verständlich war diese Methode der Einzelbetrachtung schon, denn die Außergewöhnlichkeit eines Friedrich I. Barbarossa oder Friedrich II. reizte einen die staufische Zeit beschreibenden Historiker eher als etwa das Königtum Konrads III., Philipps von Schwaben oder Konrads IV. Erstere vor allem bewegten im Kräftefeld ihrer Politik, in Deutschland und Italien, immer wieder die Geschichtsschreiber und fanden große Lobredner, Otto von Freising etwa oder Gottfried von Viterbo (1125–1191), die in den »Taten Friedrich Barbarossas« geradezu staufische ›Hofgeschichte‹ zu Papier brachten. Es fehlen aber auch nicht die antistaufischen und papsttreuen Stimmen, z. B. die des Dominikaners Martin von Troppau († 1278), dessen »Chronik der Päpste und Kaiser« der florentinische Kaufmann Giovanni Villani für seine stauferfeindliche Darstellung der Geschichte seiner Heimatstadt Florenz benutzte. Zurückhaltender urteilten der Kölner Kanoniker Alexander von Roes am Ende des 13. Jahrhunderts oder Salimbene von Parma (1221–1288), die in dem von Gott verhängten Ende staufischer Überheblichkeit eine Zäsur sahen.

Jedem Jahrhundert ›seine‹ Staufer

Eines läßt sich mit Sicherheit sagen: Wer über die Staufer schrieb, konnte nicht mehr neutral bleiben, die Gegensätze zwischen

Papsttreuen und Kaiserfreundlichen, zwischen ›Guelfen‹ (Welfen) und ›Ghibellinen‹ (Waiblinger, Staufer, Kaisertreue) waren unüberbrückbar, und so schwankt auch bis ins 20. Jahrhundert das Stauferbild in der Geschichte, »von der Parteien Haß und Gunst verwirrt«. In jedem Jahrhundert setzten die Stauferdeuter die Probleme und politischen Hoffnungen ihrer Zeit mit den Staufern in Verbindung und machten diese zu bösartigen oder heilbringenden Urhebern des Unglückes oder Glückes ihrer eigenen Zeitläufte. Besonders im ausgehenden Mittelalter knüpften Historiker und vor allem breite Volksschichten (der ›Volksmund‹ schreibt ja auch Geschichte!) an die Wiederkunft Friedrichs II. große Erwartungen: er sollte Kirche und Gesellschaft durchgreifend reformieren, ewigen Frieden bringen, soziale Not und soziales Elend abschaffen. Utopische Wunschvorstellungen einer konfliktfreien, harmonisch gegliederten Gesellschaft wurden dem erwarteten ›Endkaiser‹ zugeschrieben, falsche Friedriche, die allenthalben auftraten, hatten Zulauf und spiegeln die Sehnsucht der Menschen nach einem besseren Dasein, das sie aus eigener Kraft zu schaffen sich nicht zutrauten.
Kamen die Staufer im 14. Jahrhundert, als die Landesherrn und regionalen Kräfte endgültig den Sieg über die königliche Zentralgewalt davongetragen hatten, wegen ihrer Königslandpolitik bei vielen Historikern schlecht weg, so betont man im 15. und später im 17. Jahrhundert angesichts der Türkengefahr die Rolle der Staufer in den Kreuzzügen als Verteidiger der Christenheit gegen die Ungläubigen positiv.
Die religiöse und politische Zerrissenheit des 16. Jahrhunderts prägte auch die Urteile über die Staufer. Die kaiserlich-habsburgischen Sympathien katholischer Historiker standen schroff den protestantischen Historikern gegenüber, welche regionale Gesichtspunkte und die Politik der Landesherrn favorisierten. Das Problem ›Zentral-Partikulargewalt‹ war zusätzlich von den religiösen Gegensätzen überlagert und zog sich in ausgeprägterer Form ins 18. Jahrhundert hinein. Befürworter und Gegner von Groß- oder Kleinstaaten boten die Staufer als ihre Zeugen auf, und gerade im 19. Jahrhundert sahen die nationalen Kräfte Deutschlands speziell in Barbarossa eine Symbolfigur, die für das erträumte geeinte Deutsche Reich einen Kristallisationspunkt abgeben konnte. Nach der Reichsgründung 1871 wurde unzulässigerweise sogar sein mittelalterliches Imperium mit dem preußischen Nachfolgereich verglichen – eine Paradoxie, wenn man bedenkt, daß Schwerindustrie, Arbeiterbewegung, Banken, Kartelle und Großgrundbesitzer mittlerweile das Leben bestimmten und die »Vasallentreue« nur noch eine Formel ohne jeden Inhalt war.
Von der großen Kontroverse des letzten Jahrhunderts zwischen den

Friedrich Barbarossa. *Szenen aus dem langen Leben des Kaisers illustrieren die Chronik des Otto von Freising (12. Jh., Jena, Universitätsbibliothek, links); aus dem 16. Jh. stammt der Titelholzschnitt des »Volksbuches« (rechts).*

beiden Historikern Heinrich von Sybel, kleindeutsch, protestantisch und preußisch eingestellt, und Julius von Ficker, katholisch und habsburgisch orientiert, um Richtigkeit und Effektivität der von den Ottonen eingeleiteten Italienpolitik der mittelalterlichen Herrscher blieben auch die Staufer nicht verschont. Man machte ihnen zum Vorwurf, sie hätten über Italien und den Kreuzzügen in Palästina die Ostkolonisation vernachlässigt und die Verbindung zur Basis verloren.

Aber es überwogen doch weit mehr die positiven Stimmen, die den Blick nicht zu verengt nur auf die Außenpolitik der Staufer richteten, sondern auch ihre Bemühungen um Bildung und Kultur in eine Gesamtwürdigung miteinbezogen. Vor allem die sechs Bände der »Geschichte der Hohenstaufen und ihre Zeit«, die Friedrich von Raumer in den Jahren 1823–1825 herausgab, haben einer vorurteilsloseren Betrachtung der Staufer entscheidend den Weg geebnet. In einer Fülle von Details auch über das Alltagsleben der damaligen Zeit werden hier Friedrich I. Barbarossa und Friedrich II. als Höhepunkte drama-

***Repräsentation und Romantik.** Zu beidem mußte der Kaiser herhalten: Wandteppich aus Wolle und Seide von 1614–17 (links); allegorische Darstellung Friedrichs I., Kupferstich nach einer Zeichnung W. Kaulbachs von 1841 (rechts).*

tisch herausgearbeitet. Raumers Werk verursachte in einer politisch brisanten Zeit, als nämlich nach den napoleonischen Kriegen der Drang nach Liberalismus und nationaler Einheit von den konservativen Kräften vom Schlage eines Metternich (siehe Band 8) nur mit Mühe gebändigt werden konnte, eine Flut von Stauferliteratur: Romane, Gedichte, dramatische Bühnenwerke, ja sogar eine Oper erschien: »Agnes von Hohenstaufen«, zu der der Musikdirektor der Königlichen Oper Berlin, Gasparo Spontini, die Musik komponierte.

Die Staufer in der Dichtung

Schon im ausgehenden 18. Jahrhundert, der »Sturm- und Drang-Zeit« in der Literaturgeschichte, hatten Friedrich Maximilian Klinger (1752–1831), Jakob Michael Reinhold Lenz (1751–1792) oder Johann Anton Leisewitz (1752–1806) in Trauerspielen über den letzten Staufer

Konradin einer »Stauferrenaissance« den Boden bereitet. Inspiriert hatte sie vermutlich auch Johann Gottfried Herder, der 1776 fragt: »Sollten es nicht die Zeiten der schwäbischen Kaiser verdienen, daß man sie mehr in ihr Licht der Deutschen Denkart setzt [...]« und damit auf bühnenwirksame Stoffe verweist.

Am Anfang des 19. Jahrhunderts findet die Kunstgattung der Romantik ›ihre‹ Stoffe im Mittelalter. Die Stauferbegeisterung erreicht nun breite Volksschichten, zumal die Romantiker politische Sehnsüchte der Zeit und das in Sagen und Legenden überlieferte Stauferbild anhand einzelner, oft stark idealisierter Herrscher geschickt in literarische Formen umsetzten.

Konradins kurzes Leben, sein unglückliches Ende auf dem Schafott bot so viele tragische Momente, daß diese Gestalt das ganze 19. Jahrhundert hindurch viele Bearbeiter klingenden Namens fand und mehr als 100 Werke inspirierte. Theodor Körner (1791–1813), Ludwig Uhland (1787–1862), Graf August von Platen (1796–1835) und Gerhart Hauptmann (1862–1946) sind die berühmtesten. Andere, zu ihrer Zeit berühmte Dramatiker, deren Werke jahrelang auf den Spielplänen der großen Bühnen Deutschlands standen, sind mittlerweile ganz vergessen. Wer kennt noch Christian Dietrich Grabbes (1801–1836) Werk oder speziell seine Tragödie »Friedrich Barbarossa«, wer Karl Immermanns (1796–1840) Drama »Kaiser Friedrich II.«, wem ist Ernst Raupach (1784–1852) noch ein Begriff, der 16 Stauferstücke verfaßte und das Libretto zur Oper »Agnes von Hohenstaufen« schrieb? Hans Herrig, dessen Trauerspiel »Konradin« 1884 in Berlin uraufgeführt wurde oder Martin Greif und sein Drama »Konradin, der letzte Hohenstaufe« werden kaum mehr in einem Lexikon erwähnt.

Konradin blieb auch im Dritten Reich aktuell: Felix Lützkendorfs »Alpenzug« oder Konrad Weiß' »Konradin von Hohenstaufen« sind Beispiele für dramatische Bearbeitungen aus dieser Zeit. Sie stehen, was die literarische Qualität betrifft, hinter der heute noch viel gelesenen Erzählung von Otto Gmelin »Konradin reitet« aus gleicher Zeit weit zurück.

Bekannter und lebendiger in Erinnerung als die dramatischen Werke, die vorzugsweise Barbarossa, Friedrich II. oder Konradin galten, sind die Gedichte und Balladen, die gerne denselben Herrschern eine zentrale Bedeutung beimaßen. Gustav Schwab (1792–1850), der Verfasser der »Schönsten Sagen des Klassischen Altertums«, Felix Dahn (1834–1912), bekannt durch seine historischen Romane (»Ein Kampf um Rom«) oder Conrad Ferdinand Meyer (1825–1898) blieben mehr der »Konradin-Tradition« verbunden. Die »Barbarossa-Welle« dagegen hatte *Friedrich Rückert* (1788–1866) mit seinem 1817 erschienenen Ge-

Friedrich Rückert: Barbarossa

»Der alte Barbarossa, der Kaiser Friederich,
im unterird'schen Schlosse hält er bezaubert sich.
Er ist niemals gestorben, er lebt darin noch jetzt,
er hat im Schloß verborgen zum Schlaf sich hingesetzt.
Er hat hinabgenommen des Reiches Herrlichkeit
und wird einst wiederkommen mit ihr zu seiner Zeit.
Der Stuhl ist elfenbeinern, darauf der Kaiser sitzt,
der Tisch ist marmelsteinern, worauf sein Haupt er stützt.
Sein Bart ist nicht von Flachse, er ist von Feuersglut,
ist durch den Tisch gewachsen, worauf sein Kinn ausruht.
Er nickt als wie im Traume, sein Aug halb offen zwinkt,
und je nach langem Traume er einem Knaben winkt.
Er spricht im Schlaf zum Knaben: »Geh' hin vors Schloß, o Zwerg,
und sieh', ob noch die Raben herfliegen um den Berg.
Und wenn die alten Raben noch fliegen immerdar,
so muß ich auch noch schlafen, bezaubert hundert' Jahr.«

dicht »Barbarossa« *(K, oben)* neu entfacht. Das Gedächtnis an den »Rotbart«, der in der Legendenbildung seit dem 15. Jahrhundert anstelle Friedrichs II. im Kyffhäuserberg am Ostharzrand unsterblich bis zur glanzvollen Wiederkehr des alten Reiches weiterlebt und somit den ständigen Wunschtraum der Deutschen nach machtvoller Reichsgröße und nationaler Einheit verkörperte, war im deutschen Volk immer lebendig geblieben.
Diese Vorstellung verschmolz rasch mit der politischen Realität der Befreiungskriege am Anfang des 19. Jahrhunderts und den folgenden Jahrzehnten der Restauration und Revolution so sehr, daß »Barbarossa« geradezu ein Synonym für die erhoffte nationale Einigung in einem glanzvollen Kaiserreich werden konnte. Kein Wunder, daß die literarischen Verfechter dieser politischen Ideen, bekannt unter dem Begriff »Freiheitsdichter«, ihre Wünsche und Sehnsüchte an Barbarossa ausgerichtet haben, so als hätte zu dessen Zeit alles bestanden, was sie gerne gehabt hätten: Ferdinand Freiligrath (1810–1876), Hoffmann von Fallersleben (1798–1874), der Dichter des Deutschlandliedes, Ernst Moritz Arndt (1769–1860), außerdem Emanuel Geibel (1815–1884), Gustav Freytag (1816–1895) oder Ludwig Uhland (1787–1862), dessen 1814 entstandenes Gedicht »Schwäbische Kunde« (»Als Kaiser Rotbart lobesam zum heil'gen Land gezogen kam . . .«) bis heute das populärste Gedicht über die Staufer geblieben ist.

***Barbarossa, Vorbild für eisenharte Kriegsmänner.** Als Nagelbild mußte der Kaiser während des 1. Weltkrieges Geld für den Krieg beschaffen helfen. Stuttgart, Württembergisches Landesmuseum.*

Die schwärmerische Glorifizierung Barbarossas und die damit verbundene wirklichkeitsfremde Glorifizierung vergangener deutscher ›Größe‹ stieß auch auf Kritik: Heinrich Heine (1797–1856) lehnte in seinem Werk »Deutschland. Ein Wintermärchen« aus demokratischem Denken heraus sowohl den Barbarossakult als auch die damit verbundene Idee eines Kaiserreiches ab: »Das beste, du bliebest zu Haus, hier in dem alten Kyffhäuser – Bedenk ich die Sache ganz genau, so brauchen wir gar keinen Kaiser«.

Staufisches Weiterleben

Mit dem Zusammenbruch des wilhelminischen Kaiserreiches nach dem Ersten Weltkrieg war auch Barbarossa, soweit die Kaiseridee und die entsprechende Staatsform der Monarchie mit ihm verknüpft war, vorläufig ›gestorben‹. In den letzten Jahren der Weimarer Republik, also in den Jahren der Massenarbeitslosigkeit und Weltwirtschaftskrise, konnte die Barbarossa-Figur wieder einmal dafür herhalten, Sehnsüchte nach einem »Führer« von der harten Realität weg zu mobilisieren und auf sich zu vereinigen. Er sollte »Ordnung« stiften, die von den Konservativen als chaotisch verschriene »Parlaments- und Parteienwirtschaft« abschaffen, der gedemütigten Nation durch Zugewinn von Lebensraum neues Selbstvertrauen vermitteln. Die Geschichte des wirklich auftretenden »Führers« ist bekannt, der Historiker Klaus Schreiner faßt klug zusammen: »Es bedurfte eines hohen Maßes an Arglosigkeit und Zynismus, das dritte Führer-Reich als Erfüllung mittelalterlicher Reichs- und Friedenssehnsucht zu verklären.«

Die nationalsozialistischen Historiker billigten die weiträumige expansive Politik der Staufer, wandten sich aber entschieden gegen den »Ausverkauf deutschen Blutes« auf den Italienzügen und die Verlagerung des politischen Schwergewichtes nach Italien–Sizilien. Dafür war die ›Ostpolitik‹ Heinrichs des Löwen in den Augen der NS-Ideologen leuchtendes Vorbild für die Aktionen des Führers.

Nach 1945 blieb im demokratischen Haus politisch für das Kaisertum oder eine Monarchie nach staufischem Vorbild kein Raum mehr, und der Zweite Weltkrieg mit seinen Folgen hat uns, was das Geschichtsbewußtsein anbelangt, in eine Identitätskrise geführt, die jede Rückbesinnung auf die nationale Vergangenheit unter dem Schuldkomplex nationalsozialistischer Vergangenheit zu einem Trauma werden ließ. Es fällt noch immer schwer, gerade die bedeutenden Zeiten der Vergangenheit, soweit auch andere europäische Staaten betroffen waren,

mit dem nötigen Selbstbewußtsein auch als bedeutend gelten zu lassen, so wie es unsere europäischen Nachbarn mit Selbstverständlichkeit und Unbefangenheit vorführen – man denke nur, wie Frankreich einen Napoleon zu seinen großen Männern rechnet.
Aber wenigstens ist in neueren, wissenschaftlich fundierten Darbietungen aus Anlaß geschichtsträchtiger Jahreszahlen ein erfreulicher Ansatz zu einer aus dem Abstand der Jahre weniger emotionalen und mit geringeren Schuldgefühlen belasteten Neubetrachtung unserer Vergangenheit gewonnen.

Literatur

Graus, František: Die Herrschersagen des Mittelalters als Geschichtsquelle. In: Archiv für Kulturgeschichte 51, Berlin (O) 1961
Holtzmann, Rudolf: Die treuen Weiber von Weinsberg. In: Historische Vierteljahresschrift 18, 1916/18, S. 1–32
Löwe, Heinz: Dante und die Staufer. In: Von Cassidor zu Dante, Berlin 1973, S. 277–297
Töpfer, Bernhard: Das kommende Reich des Friedens, Berlin (O) 1964

WERNER DETTELBACHER

Österreich unter den Babenbergern

Österreich, früher ein Teil Baierns – Besiedlung und Kultivierung der Ostmark durch die Babenberger – Die soziale »Schichtung« der Kolonisten – Aufstiegschancen für Bauern – Kulturzentren: Städte, Klöster, Burgen – Aufstieg der Ostmark zum Herzogtum – Glückliche Erbfälle vergrößern das Babenbergische Territorium – Kreuzzugsbegeisterung und die Folgen – Konflikt der zwei Friedriche und das Ende der Babenberger.

Schon seit dem 6. Jahrhundert bestanden im Donauraum östlich der Enns, die dicht hinter der heutigen Stadt Linz in die Donau mündet, und im östlichen Alpenraum baierische Siedlungen. In den Grenzgebieten mit dem heutigen Ungarn und Jugoslawien mischten sich diese Siedlungsgebiete mit denen der Awaren und Slowenen. Während der Awareneinfälle gingen die Gebiete östlich der Enns zeitweilig verloren, wurden aber unter Karl dem Großen 795–796 nicht nur zurückerobert, sondern, nach Zerstörung des Awarenreiches, weiter nach Südosten und Süden ausgedehnt. Der Sicherung des baierischen Gebietes diente zu Zeiten Karls die vorgelagerte, weit ins heutige Ungarn bis etwa nach Budapest hineinreichende Awarische oder Pannonische Mark.

Die baierische Ostmark bildete selbst eine Sicherung Baierns und war der Ursprung des später Ostarrîchi, Österreich, genannten Territoriums.

Diese österreichischen »Erstlande«, wozu außer Ober- und Niederösterreich stets Kärnten, Steiermark, Tirol und das erst im Wiener Kongreß 1814 endgültig angegliederte Salzburg zählten, gehörten also zum Herzogtum Baiern und wurden bei der Organisation der Grenzmarken nach der Schlacht auf dem Lechfeld 955 großenteils erst genauer umrissen. Die nördlichste dieser ostbaierischen Grenzmarken war die »Ottonische Ostmark«, an die sich südwärts, durch einen Waldgürtel getrennt, die »Mark an der Mur« oder »Mark Kärnten«, das Kernland der heutigen Steiermark, anschloß. Es folgten die »Mark Pettau« oder »Grafschaft an der Drau« geheißen, dann die »Mark an der Sann«, schließlich die »Mark Krain«, an deren Saum zu Kroatien hin, aber nicht eindeutig begrenzt, im 12. Jahrhundert die »Windische Mark« ausgewiesen wird (siehe auch Zeichnungen Band 2). Unter

baierischer Hoheit stehend, wird 970 ein Markgraf Burkhard in der »Mark unter der Enns« genannt, dessen Gebiet nördlich der Donau vom Haselbachgraben bei Linz bis in die Wachau, südlich des Flusses von der Enns bis zur Traisen reicht. Der gleichfalls 970 erwähnte Markgraf Markwart hat die »Kärntner Mark« beiderseits der mittleren Mur inne.
Die Empörung des Herzogs von Baiern, Heinrichs des Zänkers (siehe auch Band 2), gegen seinen Vetter König Otto II. 976 endete mit der einstweiligen Absetzung des Herzogs, der Verleihung Baierns an den königstreuen Otto von Schwaben und der drastischen Verkleinerung des zu groß gewordenen Herzogtums. So wurde Kärnten mit der Mark Verona und den Grafschaften Friaul und Istrien abgetrennt und an Heinrich den Jüngeren gegeben. Ebenfalls 976 verlieh König Otto II. den baierischen Nordgau (etwa die heutige Oberpfalz umfassend) an Berthold, die Ostmark an seinen Bruder Luitpold, auch als Dank für Waffenhilfe gegen den Zänker. Die Brüder entstammten einem ostfränkischen Adelsgeschlecht, das unter dem Namen Babenberger in die Geschichte eingegangen ist, obwohl heftige Zweifel bestehen, ob sie von den älteren Babenbergern (Popponen) abstammen, deren namengebende Burg an der Stelle des jetzigen Bamberger Domes stand.

Die Babenberger kolonisieren ihre Ostmark

Nach der verheerenden Niederlage des baierischen Heerbanns 907 bei Preßburg gegen die Ungarn, die seit 900 fast jährlich über die Grenzen vorstießen und u.a. das Großmährische Reich zerstörten, war das dünn besiedelte Gebiet östlich der Enns weitgehend entvölkert worden und fiel praktisch unter ungarische Macht. Die Enns wurde Grenze.
Der Babenberger Luitpold begann die erneute Kolonisation von Melk aus, das er zwischen 985 und 987 den Ungarn wieder entrissen hatte. Noch zu seinen Lebzeiten konnte er die Ostgrenze seiner Mark bis an den Wienerwald heranschieben. Eine dichtere Besiedlung war nicht nur aus Gründen der Verteidigung einer gefährdeten Grenze nötig, sie brachte auch die erwünschten Einkünfte. Da Grund und Boden dem König gehörten, stattete er nun baierische und fränkische Adelige mit Lehen aus, bevorzugte dabei die Bistümer Bamberg (1007 errichtet), Regensburg, Salzburg, vor allem aber Passau, so daß der ehrgeizige Bischof Pilgrim von Passau plante, an antike Tradition anknüpfend, ein Erzbistum in Lorch nahe Enns zu errichten, was jedoch sein Metropolit (Erzbischof) in Salzburg nicht zuließ. Als Otto III. 996 das Bistum

Freising, das vor allem in der Wachau begütert war, erneut beschenkte, tauchte erstmals urkundlich der volkstümliche Begriff »Ostarrîchi« (Österreich) auf. In jenem Jahr herrschte in der Ostmark bereits Luitpolds Sohn Heinrich, dessen Grundbesitz um Güter jenseits des Wienerwaldes und nördlich der Donau vermehrt wurde.
Adalbert (1018–1055), der Sohn Heinrichs, mußte allerdings hinnehmen, daß König Heinrich III. nach seinem siegreichen Feldzug gegen Herzog Břetislav von Böhmen zwischen Pulkau und Thaya eine kleine »Böhmische Mark« einrichtete, die nicht den Babenbergern unterstellt wurde. Dafür war Adalbert erfolgreich nach Osten vorgerückt, hatte das ganze Wiener Becken bis zur March und Leitha unterworfen. Durch den unglücklichen Ungarnkrieg König Konrads II. verlor er jedoch dieses Neuland wieder. Um seinen Verlust etwas auszugleichen, fielen an ihn, allerdings auch an die baierischen Bischöfe, reichlich königliche Schenkungen. Erst in pausenlosen Kämpfen mit Ungarn wurde unter König Heinrich III. die March-Leitha-Linie Adalberts wieder zurückgewonnen. Dieser verlustreiche Ungarnkrieg endete erst, als Petschenegen und Kumanen den Magyaren in die östliche Flanke fielen, was der Ostmark für einige Zeit Frieden einbrachte.

Herkunft, Stand und Siedlungen der Kolonisten

Selbst in den Jahren schlimmster Ungarneinfälle war die Ostmark nicht ganz menschenleer. Sobald die Magyaren jenseits des Wiener Beckens zum Stillstand gebracht waren, erhoben geistliche und weltliche Gewalten Ansprüche aufgrund früheren Besitzes in den wieder eroberten Gebieten, doch gaben die deutschen Könige den Babenbergern und den genannten fünf Bistümern den Vorzug.
Die ins Land geführten bäuerlichen Kolonisten sind in der Regel Hintersassen, d.h. abhängige Bauern, geistlicher oder weltlicher Herren und stammen zum größten Teil aus Baiern und dem Nordgau. Nur im Wald- und Weinviertel des heutigen Niederösterreich östlich der Traisen bis hin zur ungarischen Grenze siedeln auch Franken. Ein ganz geringer Teil der Kolonisten des Waldviertels kommt aus Sachsen und Lothringen.
Die meisten Siedler sind schon unfrei, als sie ins Land gebracht werden; sie werden ja als Hintersassen auf die neuen Lehen ihrer alten Herren beordert, sind nicht etwa aus freien Stücken in ein Neuland geeilt. Aber auch die freien Bauern im Lande und die zugezogenen Freien unterstellen sich, zermürbt von den Ungarneinfällen mächtigeren Grundherren, die in der Lage sind, sie zu schützen.

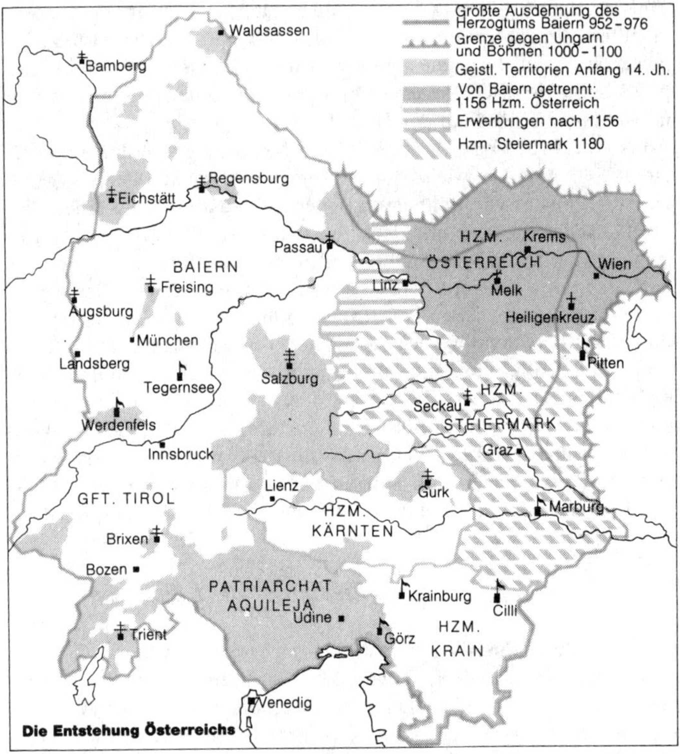

Die Entstehung Österreichs

Diese ›Unfreiheit‹ hat verschiedene Grade, ist keineswegs gleichmacherisch. Bei den Kolonisten ist die persönliche Freiheit sogar größer als bei den Alteingesessenen, denn die Grundherren mußten einen Anreiz schaffen für fleißige Rodung in den gewaltigen Waldgebieten, sonst wären sie selbst in die Schicht der ›armen Ritter‹ abgesunken. Die Waldsiedler erhielten daher zumeist die örtliche Freizügigkeit, waren also nicht schollengebunden, und wurden vom herrschaftlichen Ehekonsens (Zustimmung zur Eheschließung) befreit. Daß diese Kolonisten nicht alle ›arme Schlucker‹ blieben, sondern auch Geld verdienten, beweist die Tatsache, daß sich unfreie Familien immer wieder freizukaufen vermochten.

Freie Bauern in größerer Zahl hielten sich nur in dem fruchtbaren Voralpengebiet Oberösterreichs, vor allem zwischen Traun und Enns, die späteren »Freiaigner« in ihren stattlichen Vierkanthöfen. Im 13. Jahr-

hundert spottet der Dichter Neidhart von Reuenthal über die reichen Bauern dort, die es Rittern gleichtun wollen, moralisiert und räsoniert ein anderer Dichter, Wernher der Gartenaere, über die Nachäffung des Rittertums durch einen reichen Bauernsohn und schildert die böse Bestrafung solchen Hochmuts. Beide übersehen, daß inzwischen Unfreie, die in der sozialen Skala weit unter den wenigen freien Bauern gestanden hatten, dank ihrer Dienste für König, Markgraf, weltliche und geistliche Herren, als Ministeriale aufgestiegen waren und allmählich auch dank Heirat und Ritterschlag in den Adelsstand vordrangen.
Die Siedlungen des 9. bis 11. Jahrhunderts sind, wie die Einzelniederlassungen älterer Zeit, Haufendörfer mit darum liegendem Feldareal mit Gemengelage des Besitzes (siehe Zeichnungen Band 1). Die Neugründungen des 12. und 13. Jahrhunderts, zumeist Rodungsdörfer, sind Anger- und Straßendörfer mit Gewannfluren; der einzelne Besitz ist also nicht über die ganze Flur verstreut, sondern gehört den drei oder vier Gewannen (Feldteilen) an. In den zuletzt gegründeten Waldhufendörfern zur böhmischen Grenze hin führt der Feldstreifen vom Haus direkt zum eingeschlagenen Wald hin. Nur hier im Waldviertel entstanden reichsfreie (= reichsunmittelbare, d.h. nur Kaiser und Reich unterstehende) Grafschaften, da dieses Gebiet als wüst und unfruchtbar weder vom Bischof von Passau noch von den Babenbergern in Anspruch genommen worden war.

Burgen, Klöster und Städte

Da die Marken den Ansturm andrängender Gegner abzuwehren hatten, bis Kaiser und Reich zu Hilfe eilen konnten, wurde ein breiter Gürtel von Burgen von der Thaya im Norden bis zur Save im Süden angelegt. Ihren Besitzern, im Hochmittelalter fast ausschließlich Ministeriale, gehörte das umliegende Land, deren Bauern Zehnt und Zins in die Burg zu liefern hatten. Weniger in Österreich, wo sich reichsunmittelbare Geschlechter halten konnten, vor allem aber in der Steiermark vergaben die Markgrafen Kolonialland reichlich an Ministeriale, die somit getreue Gefolgsleute wurden. Mitunter unterwarfen sich auch hochadelige Geschlechter den Markgrafen, um ihren Nachfahren Grund und Boden zu erhalten.
Die Erschließung des Landes wurde im 11. Jahrhundert durch die klösterliche Kolonisation verstärkt. Die zahlreichen Schenkungen frommer Adeliger an den Benediktiner-, dann an den Zisterzienserorden und die Augustiner-Chorherren sind ohne die religiöse Grundstimmung der Zeit ebensowenig verständlich wie Investiturstreit und

Kreuzzugsbewegung. Echte Frömmigkeit trieb Markgraf Leopold III. (auch Luitpold) 1136 zur Stiftung von Heiligkreuz, der ersten Zisterze in Österreich. Seine Vorliebe für den Orden der *Zisterzienser* (siehe *K, Seite 198 f.)* wurde auch durch seinen Sohn Otto genährt, den Geschichtsschreiber und Bischof von Freising, der dieser Klostergemeinschaft angehörte.

Daneben konnten die Herren Österreichs und der Steiermark gar nichts Besseres mit ihrem großen Besitz an unkultiviertem Land anfangen, als ihn den Klöstern zur Kultivierung zu übertragen, da dort mangels leiblicher Erben nie eine gefährliche Opposition erwachsen konnte wie bei der Belehnung von Rittern und Ministerialen. Obendrein konnte man durch die Vogteirechte (siehe auch *K*, Band 2) die gestifteten Klöster an die eigene Politik knüpfen.

Durch die Klostergründungen haben die Babenberger in Österreich, die Traungauer in der Steiermark nicht nur Neuland unter den Pflug gebracht, sondern auch ein loyales Hinterland gewonnen. Diese Rodungs- wie Bildungszentren entstanden nicht nur nahe der großen Handelsstraße (St. Florian, Melk, Göttweig und Klosterneuburg), sondern auch in den gelichteten Wäldern (Zwettl, Heiligenkreuz, Lilienfeld, Vorau, Gurk, St. Paul im Lavanttal, Seckau oder Admont).

Die Städte der österreichischen »Erstländer« feiern zumeist im Jahrzehnt zwischen 1975 und 1985 ihr achthundertjähriges Bestehen, weil erst in der 2. Hälfte des 12. Jahrhunderts der Handel im Neulandgebiet, verstärkt durch die Kreuzfahrerzüge entlang der Donau ins Heilige Land, einen Umfang annahm, der die Anlage von Märkten forderte. Die österreichischen Städte und Marktorte haben stets einen angerförmigen oder viereckigen Hauptplatz, von dem aus die Ausfallstraßen ins Land führen. Je größer der Stadtplatz war, desto größer waren die Umsätze.

Von Anfang an stehen diese Fürstengründungen unter Vormundschaft ihres Gründungsgeschlechtes, so daß keine Stadt von Rang ausscheren oder gar freie Reichsstadt werden konnte. Der Vorrang mancher Städte beruhte allein auf der besseren Handelsposition, wie z. B. der Vorrang Judenburgs vor Graz oder der von Wels vor Linz, solange es den italienischen Handel an sich ziehen konnte, oder der von Enns und Steyr wegen der Vermittlung oder Verarbeitung der Erze des steirischen Erzberges, dessen Nähe auch die obersteiermärkischen Städte Bruck, Leoben und Knittelfeld ihre Existenz verdanken. Linz, dessen römische und karolingische Traditionen längst abgerissen waren, erhielt erst 1207 Stadtrecht.

Maßgebend für die Ausgestaltung der Stadtrechte waren die Babenberger, ihre politischen Berater und ›Verwaltungsbeamte‹. Das ältere

Wiener Recht von 1198 beeinflußte das Recht von Enns 1212 und das jüngere Wiener Recht von 1221. Dieser Wiener Rechtskreis wirkte nicht nur bis Judenburg in der Steiermark, sondern auch in die Rechte von Brünn und Prag hinein.

Die Babenberger werden Herzöge

Das Ergebnis der Landvergabe an weltliche und klösterliche Grundherren, der Gründung zahlreicher landesfürstlicher Städte und einer stark abhängigen Ministerialität war eine wirksame Verwaltungs-, Gerichts- und Militärhoheit der Babenberger. Während im Reich der Investiturstreit wütete, während die Zentralgewalt im Streit zwischen Staufern und Welfen (siehe Band 2) immer mehr geschwächt wurde zugunsten einst untergebener Lehnsnehmer, war an seinem Ostrand ein geschlossenes, befriedetes Fürstentum entstanden, das als Druck gegen das abtrünnige Baiern ebensogut verwendet werden konnte wie als zuverlässige Gefolgschaft auf den Italienzügen. Die Heinrich Jasomirgott und seiner Gemahlin 1156 verliehenen Vorrechte, aufgezeichnet in der Urkunde *»Privilegium minus« (K, Seite 33),* waren in Deutschland einmalig. Bei gleicher Gelegenheit erhob Friedrich I. die Markgrafschaft Österreich zum Herzogtum, um sich Heinrich Jasomirgott als Parteigänger und Bollwerk gegen das andrängende Byzanz zu erhalten, denn das Herzogtum Baiern, das Heinrich bisher verwaltet hatte, mußte er 1154 an Heinrich den Löwen herausgeben (siehe Seite 64). Die Rangerhöhung ging auch auf die Interessen seiner Gattin Theodora Komnena ein, einer Nichte Kaiser Manuels I. von Byzanz.
Leopold V., dem Sohn des Jasomirgott, eröffnete sich eine große Gelegenheit zur Landeserweiterung. Mit Herzog Ottokar IV. von Steiermark, dessen Land erst 1180 vom Herzogtum Baiern unter Otto von Wittelsbach abgelöst worden war, schloß er einen Erbvertrag, der den Babenbergern beim kinderlosen Tod des Traungauers dessen private Besitzungen und Rechte samt den Klostervogteien und Ministerialen sicherte; dazu sollte derjenige das Herzogtum Steiermark erhalten, der bei Ottokars Tod gerade Österreich regierte.
Auf dem Georgenberg bei Enns wurde 1186 dieser Vertrag besiegelt, wobei als Zeugen der freie und unfreie Adel beider Länder, aber auch der aus Kärnten und Baiern zugegen war. Leopold V. mußte zusätzlich den Ministerialen in einer »Handfeste« weit entgegenkommen, ihnen das mildere steirische Recht, die Lehnsvergabe auch in weiblicher Linie und die Erlaubnis zum freien Verkauf ihrer privaten Güter zugestehen. (›Handfeste‹ waren ursprünglich durch Handauflegen bekräftigte

Urkunden, hier ein öffentlicher Erbvertrag.) Sollte ihr Landesherr sie tyrannisieren, so hatten sie das Recht, den Kaiser jederzeit als Richter anzurufen.
Als 1192 Ottokar IV. verstarb, folgte ihm Leopold V. ohne Schwierigkeit in der Steiermark nach. Beide Länder blieben bis zur habsburgischen Teilung von 1379 in einer Hand.
Mit den Traungauern, die sie eben so erfolgreich beerbt hatten, war den späten Babenbergern die Wallfahrts- und Kreuzzugsfrömmigkeit gemeinsam. Leopold V. wird 1190 eigens bei der Eroberung von Akkon hervorgehoben, Leopold VI. 1217 bei der Erstürmung von Damiette. Er, der auch gegen die Albigenser in Frankreich und die Mauren in Spanien kämpfte, gab so viel für die Kreuzzüge aus, daß Walther von der Vogelweide klagte, sein Hof sei verödet, auch der Adel tue es ihm gleich, und niemand nähre die Musen. Und das, obwohl doch die von seinem Vater Leopold V. so glänzend bestellte Residenz zum großen Teil aus dem Anteil am Lösegeld bezahlt worden war, das für König Richard Löwenherz entrichtet werden mußte, nachdem ihn Leopold V. auf dem Rückweg von Akkon gefangengenommen hatte (siehe Seite 215 f.). An seinem Hof und in der Pfalz bei der Michaelerkirche, die sein Sohn Leopold VI. bauen ließ, war als prominentester Sänger Reinmar der Alte tätig, bei dem Walther von der Vogelweide »Singen und Sagen« gelernt hatte.

Krise und Untergang der Babenberger

Der gewalttätige und rücksichtslose Herzog Friedrich II. mit dem bezeichnenden Beinamen »der Streitbare« hatte sich binnen kurzem mit seinen Ministerialen, mit seinen Nachbarn Böhmen und Ungarn, schließlich auch noch mit Kaiser Friedrich II. angelegt, so daß ihm nur eine kurze Regierungszeit prophezeit wurde. Mit Energie und List hielt er jedoch seinen aufsässigen Dienstadel unter Führung der raublustigen Kuenringer in Schach. Mit König Wenzel I. von Böhmen arrangierte er sich, indem er dessen Sohn Wladislav seine Nichte Gertrud zur Frau versprach. Schwieriger war es, die Rache des Kaisers zu verhindern, der ihn beschuldigte, mit den aufständischen Mailändern verhandelt zu haben (siehe auch Seite 245 und 253 ff.). 1236 zog der Kaiser zur Ächtung des Herzogs in die Steiermark und gewann den steirischen Adel sofort für sich, denn er bestätigte dessen alte Rechte und versprach, künftige Münzerneuerungen (heute würden wir Währungsreformen sagen) an ihre Zustimmung zu knüpfen. Dann zog er nach Wien, das vorübergehend reichsunmittelbar wurde, und ver-

***Der Kaiser im Ausland — Spott, Ablehnung oder Huldigung?** Umstritten ist die Auslegung dieses Steinreliefs Friedrichs I. über dem Torbogen der Porta Romana in Mailand (1171).*

suchte, beide Herzogtümer fürs Reich, d.h. für die Staufer einzuziehen. Herzog Friedrich der Streitbare hatte gerüstet, dazu die Klosterschätze herangezogen und die Städte schwer besteuert, und gewann nach des Kaisers Abzug seine Lande zurück.

Die Versöhnung mit den Staufern sollte durch eine Heirat Gertruds mit dem Kaiser eingeleitet werden, doch scheiterte das an deren Verlobung mit dem böhmischen Königsproß. An der ungarischen Front verschaffte ein Mongoleneinfall dem Herzog vorübergehend Luft, doch in einem Grenzkrieg verlor er an der Leitha 1246 sein Leben, ohne einen männlichen oder weiblichen Erben im Sinne des »Privilegium minus« zu hinterlassen.

Da die Stauferanhänger im Lande einflußreich waren, hätte eine diplomatisch geschickte Politik Kaiser Friedrich II. dieses solide und reiche Land erhalten. Doch er ließ es durch einen Reichsverweser, dann durch Statthalter verwalten, um es für seinen Enkel Friedrich aufzuheben. Derweil förderte Papst Innozenz IV. die Heirat der verwitweten Babenbergerin Gertrud mit dem Markgrafen Hermann von Baden, den der Gegenkönig Wilhelm von Holland dann mit Österreich und der Steiermark belehnte. Als 1250/1251 nacheinander Hermann von Baden, Kaiser Friedrich II. und sein Enkel Friedrich verstarben, gerieten die Herzogtümer unter die Besetzung ihrer Nachbarn Böhmen und Ungarn. Im Frieden von Ofen 1254 erhielt Bela IV. von Ungarn die Steiermark ohne den Traungau und die Pittner Mark, die König Ottokars II. von Böhmen Beute Österreich zugeschlagen wurden.

Literatur

Appelt, Heinrich: Privilegium minus. Das staufische Kaisertum und die Babenberger in Österreich, Graz 1973

Fichtenau, Heinrich: Von der Mark zum Herzogtum, München 1965

Hantsch, Hugo (Hrsg.): Gestalter der Geschicke Österreichs, Wien/München 1962

Niemetz, Paulus: Die Grablege der Babenberger in der Abtei Heiligenkreuz, Heiligenkreuz 1974

MARGARETE SCHWIND

Staufische Staats- und Herrschaftsideologie

Stauferherrschaft in Europa, ihre Widerstände und Rechtsgrundlagen – Herrschaftssicherung und Herrschaftsbegründung – Kaiserliche Beiwörter statt Kaiserkrone – Heiliger Karl, staufische Kaisersippe, Römisches Recht und Gottunmittelbarkeit – Kreuzzug und Erbreichsplan – Engel oder Untier? – Bruch mit der Kurie – Die römische Bevölkerung als Verwalter kaiserlicher Würde.

»Wer hat die Deutschen zu Richtern der Nation bestellt? Wer hat diesen plumpen und wilden Menschen das Recht gegeben, nach Willkür einen Herrn über die Häupter der Menschenkinder zu setzen?« fragt im 12. Jahrhundert der Bischof von Chartres, Johann von Salisbury, hochgelehrt und intim vertraut mit den Schriften des Aristoteles und aller damals bekannten ›Staatstheorie‹. Keinerlei Hochachtung vor Friedrich Barbarossa finden wir in diesen Zeilen, den wir doch als ungemein recht- und friedliebenden Kaiser kennengelernt haben. Für Johann ist er ein »deutscher Tyrann« und damit das völlige Gegenteil unseres Barbarossabildes.

Kaiserliches Joch in Italien

Blinder Nationalismus wird Johann kaum den Blick getrübt haben, denn es gab ihn damals noch nicht in der extremen Ausprägung des 19. Jahrhunderts oder des sogenannten »Dritten Reiches«. Johann gibt wohl eher einer ganz konkreten Stimmung Ausdruck, die wir uns gut vorstellen können, wenn wir beispielsweise an das von den Truppen Barbarossas zerstörte Mailand denken. Johann bezog sich mit Sicherheit weitab aller Polemik auf politische Maßnahmen des Stauferkaisers, vielleicht auch auf kaiserliche Propaganda, die damals die lesekundige Welt erreichte. Forderte der Kaiserhymnus des Archipoeta (siehe auch Text der Zeit, Seite 138 f.)nicht zum Widerspruch heraus, wenn es da in den Worten des christlichen Vaterunsers heißt: »Kaiser unser, sei gegrüßt, Herrscher hier auf Erden! Allen Guten sei Dein Joch sanft und ohn' Beschwerden«?
Friedrichs I. Joch war nicht so sanft. Vor allem die Italiener bekamen

seine Hand oft genug hart zu spüren: Italienzüge, Gesetze, Kriege, Einäscherung ganzer Städte, rabiate Verwalter als kaiserliche Stellvertreter in den Städten, deren Kultur und Reichtum alles in den Schatten stellte, was der Staufer aus seiner schwäbischen Heimat kannte! Friedrichs I. Italienpolitik, mit unsagbarem Aufwand und persönlichem Einsatz betrieben, war nicht von vollem Erfolg gekrönt – und trotzdem mußte Friedrich sie so unermüdlich verfolgen, wie er es tat. Das Deutsche Reich brauchte dringlichst Bargeld für den Fernhandel, für Stadtgründungen und Umschlagplätze: Bargeld in ausreichendem Maße gab es nur in den hochentwickelten oberitalienischen Kommunen, die wenig Interesse hatten, lediglich treue und abgabewillige Untertanen zu sein. Autonomie, d.h. politische Selbständigkeit, hieß ihre Parole, der Kaiser sollte selber sehen, wie er sich finanziell verbessern konnte. Mit welchen politischen Aktionen Friedrich I. städtische Autonomieregungen unterdrückte, Städtebünde zerschlug und Königsrechte zurückforderte, die die Stadtbewohner an sich gerissen hatten, ist weitgehend bekannt (siehe Seite 42 ff.). Auch im Deutschen Reich gab es schon vereinzelt Städte, die bürgerliche *Schwurgemeinschaften (K, Seite 300)* in ihren Mauern duldeten und die Verbesserung ihrer Rechtsstellung vom Kaiser forderten. Friedrich I. nahm sie hart an die Kandare, förderte sie aber auch, um sie als Gegengewicht zu den Fürsten im Rahmen seiner deutschen Innenpolitik zu benutzen.
Ähnlich wie heute sind unpopuläre Maßnahmen (wie das Niederreißen der Mainzer Stadtmauern 1156 und die Verwüstung der aufsässigen Stadt 1160) längerfristig wenig wirksam, wenn sie nicht von zugkräftigen politischen Parolen, Schlagwörtern und anderen ›Werbemitteln‹ begleitet werden, welche die Aktionen des Herrschers begründen und mit Argumenten absichern. Gerade in der Stauferzeit wurde das kaiserliche ›Werbebüro‹, wie man Teile der Kanzlei heute vielleicht nennen könnte, mit einigen cleveren Köpfen verstärkt, deren Ideen noch heute mit Interesse verfolgt werden, weil sie originell und bahnbrechend waren.

Die Kanzlei rührt die Werbetrommel

Vordringlichste Aufgabe dieser Männer war es, mit einer Handvoll griffiger Formeln klipp und klar darzulegen, daß dem Kaiser trotz verbesserter päpstlicher Position, trotz mächtiger Fürsten und trotz aufstrebendem Bürgertum nach wie vor die oberste Herrschaft in den wichtigen staatlichen Bereichen zustehe: Justiz, Verwaltung, Steuer, Stadtgründungen und last not least Kirchenpolitik. Anknüpfungs-

Im vollen herrscherlichen Prunk. *Kaiser Friedrich II. mit allen Symbolen seiner Macht. Buchmalerei in der Kölner Königschronik. Brüssel, Bibliothèque Royale Albert Ier.*

Schwurgemeinschaft

Zunächst ein Bündnis, eine beschworene Einigung der städtischen Kaufleute, die sich ausdrücklich von den Fehden der zumeist geistlichen Stadtherrn fernhalten und sich gegenseitig Schutz und Hilfe gegen Gewalt und Unrecht leisten wollten. Zuerst in Oberitalien, bald in den Städten des Niederrheins. Zum Beispiel:

Köln:	*Reiche Kaufleute errichten ab dem 12. Jahrhundert neben dem stadtherrlichen ein genossenschaftliches Regiment auf der Basis gegenseitiger Unterstützung. 1112 umfaßt diese Eidgenossenschaft erstmals alle Stadtbewohner.*
Aufgaben:	*Verteidigung der Stadt, Wehr- und Gerichtswesen, Verwaltung.*
Grundsatz:	*Gleiches Recht für alle! Stadtluft macht frei, nach Jahr und Tag allerdings erst.*
Folgen:	*Scheidung von Stadt- und Landrecht; Übernahme dieser Rechtsgrundsätze in den neugegründeten Städten ab und nach dem 12. Jahrhundert (z. B. Kölner Recht in Freiburg und Lübeck).*

punkte an überkommene Argumentationsmuster gab es für diese Aufgabe in Hülle und Fülle. Schon die Karolinger und Ottonen mußten ihre Herrschaft als Könige und Kaiser ja irgendwie begründen (siehe Band 1), und besonders wichtig war die Rolle der Propaganda während des Investiturstreits gewesen. Es existierten schon einige Argumentationshilfen, Argumente, die während des ganzen Mittelalters immer wieder auftauchen und die teilweise so gut waren, daß ›moderne‹ Herrscher des 17. und 18. Jahrhunderts noch gerne auf sie zurückgriffen: Gottesgnadentum, Zweischwerterlehre, kaiserliche Allmacht und göttlicher Glanz des Amtes.

Kaiserliche Beiwörter statt Krone: Konrad III.

Nachdem Konrad III. als erster Staufer nach langem Hin und Her, Bürgerkrieg und Bannfluch endlich die Königskrone ergattert hatte, tat er im Hinblick auf sein künftiges Kaisertum einen ganz entscheidenden Schritt: er ließ ohne zu zögern das staufische Herzogshaus kurzerhand als Erbe des salischen interpretieren und sich als den direkten und einzig legitimen Erben Kaiser Heinrichs V. herausstellen.

Aber dies allein war noch ganz traditionell ein Aufgreifen der sogenannten »Translationstheorie« (d. h. die Übertragung des antiken Kaisertums auf die deutschen Könige in der deutschen Reichstheorie; siehe dazu auch *K* in Band 2). Revolutionär mutet erst an, daß Konrad III. gleich nach seiner Königskrönung ganz selbstverständlich den Kaisertitel führt, ohne in Rom die entsprechende Krone gewonnen zu haben.

Ähnlich selbstverständlich gebrauchen die Schreiber der königlichen Kanzlei unter der Anleitung des Beraters und Abtes von Stablo und Corvey Wibald († 1158) in königlichen Urkunden Begriffe wie »erhaben«, »ehrwürdig«, »kaiserlich« und »heiligstes« Kaiserreich, ein Attribut, das bisher lediglich die Kirche führen durfte! Besonders überraschend muten all diese Beiwörter an, weil Konrad III. ja erst die Herrschaft über *ein* Königreich legitim ausübt.

Hinter diesen wenigen Begriffen steckt eine ganze Theorie, die Lothar III. von Supplinburg schon ansatzweise ›vorgedacht‹ hatte: Nicht päpstliches Anerbieten oder Hilfe für die Kirche begründen das Kaisertum, sondern die Tatsache, daß die deutschen Fürsten einen der ihren zum König wählen, reiche aus, daß dieser ein Anrecht auf die Kaiserkrone hat. Damit soll wieder einmal der Papst ausgeschaltet werden – Ziele Karls des Großen oder Ottos III. werden sichtbar.

Große Probleme verlangen nach großen Worten Die Zeit Friedrichs I.

Ganz ähnlich verfährt Konrads Neffe Friedrich I.: gleich nach der Königskrönung nennt er sich selbstbewußt »Kaiser«. Mit Sinn für Wirkung ausgestattet, läßt er 1165 Karl den Großen heiligsprechen. Damit wird dieser ›europäische‹ Vorgänger einerseits klar für das Deutsche Reich reklamiert und den Franzosen die Basis für ein Berufen auf Charlemagne entzogen, andererseits wird mit der Kultfigur Karl eine Instanz geschaffen, die geeignet ist, den Fixpunkt Rom abzulösen. In diese Linie paßt sich die Aktivität eines begabten Kanzlisten Friedrichs I. nahtlos ein:

Gottfried von Viterbo, altgedienter Hofkaplan unter Konrad III., Friedrich I. und Heinrich VI., Hofpoet und damit Verbreiter staufischer Hausideologie, verfaßte einen »Königsspiegel«, in dem er die Wurzeln der staufischen Kaisergeneration bis in die Antike zurückverlegt und sie zu *dem* kaiserlichen Haus schlechthin, zu *der* kaiserlichen Sippe stilisiert. Damit erscheinen die Staufer bei Gottfried als letztes Glied eines einzigen, seit Beginn der Weltordnung bestehenden Herr-

Herrschertugenden. *Der Quedlinburger Knüpfteppich mit personifizierten königlichen Idealen: Pietas und Justitia, Frömmigkeit und Gerechtigkeit. Stiftskirche Quedlinburg.*

schergeschlechts, und ein geschickter Manager für Öffentlichkeitsarbeit kann auch gleich die politischen Schlüsse ableiten: Königswahl, Krönung durch den Papst, Schutzvogtei und die Herrschaft über Rom sind prinzipiell zur Rechtfertigung des Kaisertums nicht mehr nötig, weil das staufische Kaisertum ja von vornherein in eine ungebrochene, geradlinige Weltordnung eingefügt und prinzipiell mehr ist, als lediglich eine Überhöhung des deutschen Königtums wie z. B. bei Otto dem Großen.

Dies mußte zwangsläufig auf einen Konflikt mit dem Papst hinauslaufen. Und unter der aggressiven Regieführung des Reichskanzlers Rainald von Dassel tat es das auch: er war der »Scharfmacher« par excellence, skrupellos und einfallsreich, wenn es darum ging, der Reichsidee exakte Konturen zu geben. So auf dem Reichstag zu Besançon 1157, wo er die schockierende Behauptung aufstellte, das Kaisertum sei ein Lehen Gottes, durch die Wahl der Fürsten zum deutschen König vermittelt. Die päpstliche Krönung sei allein eine Formalität, auf deren Vollzug der deutsche König automatisch ein Anrecht habe!

Obgleich dieser scharfe Ton nicht völlig grundlos angeschlagen wurde (der Papst hatte vorher dem Kaiser den autonomen Ursprung seiner Würde abgesprochen! – siehe Seite 24ff.), trug Friedrich Barbarossa mit einigen anderen Maßnahmen dazu bei, daß Kaiser- und Papstpolitik härter aufeinander prallten denn je. *(Siehe K: Stichworte zur Zeit Friedrich Barbarossas, Seite 74.)*

Der vergebliche Traum Kaiser Heinrichs VI.: Deutschland als Erbmonarchie

Heinrich VI. übernimmt im wesentlichen die politischen Probleme seines Vaters: Reibereien mit den oberitalienischen Kommunen, dem Papst und den selbstherrlichen Fürsten in Deutschland, die mehr und mehr unkontrollierbar dem Ausbau ihrer Territorien nachgehen. War schon bei Friedrich Barbarossa die Italienpolitik ein gewisser Ausgleich für entgleitenden Einfluß im Reich, so macht Heinrich VI. den energischen Versuch, Sizilien als Reichsland ins Imperium einzubeziehen. Sizilien steht für ihn im Mittelpunkt aller Bemühungen, wobei in diesem Kapitel nicht so sehr die einzelnen Etappen seiner Regierungszeit interessieren als die propagandistischen Verlautbarungen, die sich um Heinrichs sogenannten Erbreichsplan und seine Kreuzzugsprojekte ranken.

Der Kreuzzug wurde als eine Weiterführung ähnlicher karolingischer Aktionen gegen die Heiden propagiert und mit »eschatologischen«, d.h. das Ende der Welt, das Jüngste Gericht und ein neues Weltzeitalter betreffenden Gedanken verknüpft. Der Besitz von Jerusalem war dabei nicht einfach ein Schritt auf dem Wege zur ›Weltherrschaft‹, sondern die allerletzte und strahlende Überhöhung des einen, nämlich staufischen, Kaisergeschlechtes. Daß das Ende der Welt nahe sei, wurde um die Wende vom 12. zum 13. Jahrhundert allenthalben verkündet, z.B. von Joachim von Fiore († 1202), einem Zisterzienserabt, dessen prophetische Bibelversionen viele Leser erreichten und im öffentlichen Bewußtsein damals vielleicht wirklich eine Art Endzeiterwartung entstehen ließen.

Heinrichs VI. Kreuzzug scheiterte an seinem Tod. Gescheitert ist letztendlich auch der Versuch, der deutschen Monarchie durch Erblichkeit der Königswürde mehr Stabilität zu geben. Im Rückblick erscheint die Geschwindigkeit enorm, mit der sich die Erbmonarchien England und Frankreich zu geschlossenen, modernen Nationalstaaten (im Gegensatz zur deutschen Zersplitterung bis 1871) entwickelten. Liegen vielleicht schon einige Ursachen für die ›Verspätung‹ unserer Nation im frühen Tod Heinrichs VI., der mit seinem Erbreichsplan ja nicht nur egoistische Hausmachtsinteressen verfolgt, sondern den radikalen Versuch gemacht hatte, das Kaisertum aus dem traditionellen Rahmen das salisch-ostfränkischen Reiches zu lösen und im Kaiser*geschlecht* zu fundieren? Dies hätte nicht nur Aufwertung des staufischen Hauses, sondern vor allem größere Kontinuität in der Königsfolge, Vermeidung von Thronwirren, Bürgerkrieg und fürstlicher Koalitionsbildungen bedeutet.

Das Glücksrad dreht sich. *Heinrich VI. empfängt die Zeichen der Macht, während der aufständische Tankred von Lecce unter dem Rad schmachtet. Aus der Chronik des Petrus de Ebulo, Bern, Burgerbibliothek.*

Der Antichrist auf dem Thron: Friedrich II.

Manchmal macht die geschichtliche Entwicklung Sprünge, beispielsweise als nach den zermürbenden Thronwirren 1211 die deutschen Fürsten Friedrich II. gleich zum künftigen *Kaiser wählten* und damit indirekt und sicher teilweise unbewußt dem Erbreichsplan Heinrichs VI. folgten.
Da sein Sohn Heinrich (VII.) neun Jahre später im Deutschen Reich König, Friedrich selbst aber in Sizilien König und Kaiser wurde, begann ein Prozeß der Trennung dieser ehedem so nahtlos verquickten Positionen. Das Kaisertum wurde durch diesen Schritt radikal aus dem überkommenen Rahmen des ostfränkisch-salischen Reiches gelöst und nun tatsächlich in einer Sippe fundiert. Damit wurde doch noch das eingelöst, was sich schon im 10. Jahrhundert an einzelnen Schritten Ottos des Großen gezeigt hatte: ein sogenanntes »romfreies« Kaisertum nämlich, allerdings unter ganz anderen historischen Bedin-

gungen und Kräfteverhältnissen. Inzwischen war das Papsttum ja zu einer politischen und ökonomischen Macht geworden, deren mittelitalienische Besitzungen wie ein Riegel zwischen den Einflußsphären in Oberitalien und Sizilien standen. Da Friedrich II. die Einheit ganz Italiens anstrebte, konnte dies nur wieder Kampf bedeuten, Kampf mit Waffen, aber auch mit scharfen Worten in offiziellen Verlautbarungen und Briefen, Kampf aber auch mit den Waffen symbolträchtiger Handlungen. Dazu gehört 1229 die spektakuläre Selbstkrönung Friedrichs II. in Jerusalem, der damit aller Welt deutlich macht, daß er auf den Papst verzichten kann und seine Macht als direkt von Gott kommend versteht.
Seine Kanzlisten werden nicht müde, neben dieser Gottunmittelbarkeit Friedrichs »Davidskönigtum« zu betonen. König David, der Kämpfer gegen Goliath, hatte Israel zum führenden Staat in Syrien gemacht, das Ansehen Jerusalems durch Aufstellen der Bundeslade erheblich gesteigert und an seine Person dynastisch-messianische Hoffnungen geknüpft. Seine Regierung galt dem späteren Judentum als das Goldene Zeitalter – seine Person bot den Staufern also ausreichend Anknüpfungspunkte, um Friedrichs Ruhm in der Welt zu verkünden. Konnte man ihn doch auch im Zusammenhang mit der allgemeinen Endzeiterwartung als »Vollender der Weltgeschichte« darstellen.
Friedrichs II. ›Werbetrommler‹ machten beim Ausschlachten dieser Parallele noch lange nicht halt. Besonders Friedrich II. als Gesetzgeber in Unteritalien (Assisen von Capua und die Konstitutionen von Melfi, siehe Seite 240 ff.) war ein willkommener Gegenstand ihrer Verherrlichung: da der Gesetzgeber göttliche Werke ausführe, werde er selbst Gott gleich und hat daher ein Recht auf Vergottung. »Herr des Erdkreises« wird er von seinen Anhängern gerne genannt, in deutlicher Anspielung auf biblisches Vokabular.
Friedrich II. liebt es, messiasähnlich aufzutreten, beispielsweise nach der Eroberung des symbolträchtigen Mailänder Fahnenwagens 1239. Stolz nennt er sich »der Glückliche, der Sieger, der Triumphator«, der »Cäsar«, König Italiens, Siziliens, Jerusalems und des Arelats.
Diese als anmaßend und unendlich verstiegen empfundenen Schritte provozieren entsprechende Reaktionen der Kurie, also des Papstes und seiner Berater, die Friedrich II. in zahllosen Pamphleten als Untier beschimpfen, als Kirchenfeind Nr. 1, als Vorläufer des Antichrist. Friedrichs Kanzlei antwortet wenig beeindruckt, die Urkunden nennen ihn immer noch »heilig«, seine Anhänger drücken ihre Begeisterung für ihn in der Bezeichnung »Engel Gottes« aus.
Die Lager sind gespalten wie nie, als Friedrich II. stirbt – in jedem Fall ein »Unzeitgemäßer«, der den Rahmen der damaligen Welt sprengte.

Imperiale Architektur. *Kühle Würde und leichte Eleganz atmet die doppelstöckige romanische Burgkapelle Friedrichs I. auf der Kaiserburg Nürnberg. Im abgebildeten Obergeschoß hörte der Kaiser die Messe.*

Die römische Bevölkerung als Kaisermacher: Kühne Projekte des letzten Stauferkönigs Manfred

Nach Friedrichs II. Tod sind die antistaufischen Kräfte stark genug, um dafür zu sorgen, daß kein Mitglied dieses Hauses frühere Machtpositionen erlangen kann. Das Zerwürfnis mit der Kurie scheint total. Friedrichs Sohn Manfred versucht dementsprechend auch erst gar nicht, den Papst auf seine Seite zu ziehen.
Da schon Friedrich II. der päpstlichen Auslegung der Zweischwertertheorie (siehe *K*, Band 1) eine Absage erteilt hatte, als er der *Stadt Rom* das Recht auf die Vergabe des Kaisertitels zugesprochen hatte, war für Manfred eine Argumentationslinie vorgezeichnet: Er versuchte, ohne deutsche Königswahl (er war König des sizilisch-süditalienischen Reiches) zum Kaiser aufzusteigen und plädierte dafür, daß die Römer ihren Anspruch auf die Vergabe dieser Würde anerkennen sollten. Nachdem sich die entsprechenden Kreise in Rom wohl aus Angst vor einem Bruch mit dem Papst ablehnend verhalten hatten, erklärte sich Manfred kraft seiner Zugehörigkeit zum staufischen Haus zur Selbstkrönung berechtigt.
Wenn man das Verhältnis von Königtum und Kaisertum, Königreich und Kaiserwürde von Karl dem Großen bis Manfred Revue passieren läßt, ist Manfred der Schlußpunkt einer mehr als vierhundertjährigen Entwicklung: War im 10. und 11. Jahrhundert das Kaisertum ohne die konkrete Machtgrundlage des ostfränkischen Reiches undenkbar, so löste Manfred die Kaiseridee radikal von ihrer historischen Grundlage und führte sie andererseits an die »Grenzen der Realität«, wie der Historiker Heinz Löwe formuliert.
Nachfolgenden Kaisergeschlechtern sollte es nicht mehr gelingen, ihrer Herrschaftsauffassung originell und zündend Ausdruck zu geben.

Literatur

Appelt, Heinrich: Die Kaiseridee Friedrich Barbarossas, Wien/Graz 1967

Haverkamp, Alfred: Herrschaftsformen der Frühstaufer in Reichsitalien, Stuttgart 1970

Koch, Gottfried: Sacrum imperium. In: Zeitschrift für Geschichtswissenschaft 16, Berlin (O) 1968

Rassow, Peter: Honor imperii. Die neue Politik Friedrich Barbarossas 1152–1159, Darmstadt 1961

Allgemeine Literaturhinweise

Die folgende Literaturübersicht kann und will keineswegs die gesamte Literatur zum staufischen Zeitalter erfassen. Gerade in den letzten Jahren sind, angeregt durch die Staufer-Ausstellung, verschiedene kleinere Spezialuntersuchungen von häufig lokalem Interesse erschienen, die auch den Laien ansprechen. Hier sind nur die wichtigsten grundlegenden Werke zur Geschichte der Staufer und einige leichter erreichbare populäre Darstellungen aufgeführt. Sie alle bringen zahlreiche weitere Literaturhinweise auf wissenschaftliche Abhandlungen u. ä., die es dem interessierten Leser jederzeit ermöglichen, sich genauer mit Einzelproblemen, Quellen usw. zu beschäftigen.

Abel, Wilhelm: Agrarkrisen und Agrarkonjunktur, Hamburg 1978

Bertsch, Karl und Franz: Geschichte unserer Kulturpflanzen, Stuttgart 1949

Bosl, Karl: Frühformen der Gesellschaft im mittelalterlichen Europa, München 1964

Bosl, Karl: Die Reichsministerialität der Salier und Staufer, 2 Bde., Stuttgart 1950/51

Cipolla, Carlo M./Borchardt, Knut: Bevölkerungsgeschichte Europas, München 1971

Droege, Georg: Landrecht und Lehnrecht im hohen Mittelalter, Bonn 1969

Elm, Kaspar (Hrsg.): Die Zisterzienser. Ordensleben zwischen Ideal und Wirklichkeit (Schriften des Rhein. Museumsamtes Nr. 10), Bonn 1980. – Gut illustrierter Ausstellungskatalog mit zahlreichen kürzeren Beiträgen zu interessanten Bereichen des Klosterlebens

Engels, Odilo: Die Staufer, Stuttgart 1977. – Eine zunächst nicht ganz einfache, dafür aber sehr informative Lektüre

Fleckenstein, Josef (Hrsg.): Herrschaft und Stand, Göttingen 1979

Fuhrmann, Horst: Deutsche Geschichte im hohen Mittelalter, Göttingen 1978. – Wichtige zusammenfassende Darstellung bis Heinrich VI., mit den wesentlichen kommentierten wissenschaftlichen Literaturhinweisen. Anschaulich geschrieben und gut lesbar!

Haller, Johannes: Das Papsttum, Bd. 3: Die Vollendung, Reinbek 1965 = rde 225/26. Papstgeschichte bis 1216. – Hallers deutschnationaler Standpunkt mindert nicht die Kraft seiner Sprache

Haller, Johannes: Das Papsttum, Bd. 4: Die Krönung, Reinbek 1965 = rde 227/28. Papstgeschichte bis 1268. – Ein breit angelegtes älteres Werk, das zwar nicht in allen Einschätzungen mehr gilt, dafür aber sehr anschaulich geschrieben ist

Hampe, Karl: Das Hochmittelalter, Karlsruhe 1963

Hausherr, Reiner (Hrsg.): Die Zeit der Staufer. Geschichte, Kunst, Kultur, 5 Bde., Stuttgart 1977/80. – Der umfassende Katalog der Staufer-Ausstellung in Stuttgart 1977 ist ein wichtiges Hand- und Bilderbuch zur Geschichte und Kultur der Stauferzeit, der neben zahllosen Bildern und Karten eine Reihe ausgezeichneter kurzer Einzelbeiträge zu interessanten Themen enthält

Heer, Friedrich: Mittelalter 1100–1350, Zürich 1961

Le Goff, Jacques: Das Hochmittelalter, Frankfurt 1965 = Fischer WG Bd. 11. – Eine äußerst plastische Darstellung aller Lebensbereiche der Epoche.

Lehmann, Johannes: Die Staufer, München 1978

Leuschner, Joachim: Deutschland im späten Mittelalter, Göttingen 1975. – Die Fortsetzung zu der Darstellung Fuhrmanns, im ersten Teil mit der Geschichte Friedrichs II.

Lütge, Friedrich: Geschichte der deutschen Agrarverfassung vom frühen Mittelalter bis zum 19. Jahrhundert, Stuttgart 1967

Mitteis, Heinrich: Der Staat des hohen Mittelalters, Köln 1974. – Unübertroffen klar

Mühlberger, Josef: Die Staufer, Göppingen 1977

Mühlberger, Josef: Lebensweg und Schicksal der staufischen Frauen, Esslingen 1977

Orthband, Eberhard: Die Staufer, Hanau 1977

Schmid, Karl/Wollasch, Joachim: Societas et Fraternitas, Berlin 1976. – Befaßt sich eindringlich mit der klösterlichen Armenfürsorge

Schwarzmaier, Hansmartin: Die Heimat der Staufer, Sigmaringen 1978. – Eine anschauliche und kenntnisreiche Arbeit

Seidlmayer, Michael: Geschichte Italiens, Stuttgart 1962. – Wichtig zum Verständnis der Ereignisse in Ober- und Mittelitalien

Töpfer, Bernhard/Engel, Evamaria: Vom staufischen Imperium zum Hausmachtkönigtum, Weimar 1976. – Auch für Laien geschrieben mit besonderer Akzentsetzung auf das Verhältnis Kaiser–Fürsten und die Entwicklung der Städte

Waas, Adolf: Der Mensch im deutschen Mittelalter, Graz 1964

Waldburg-Wolfegg, Hubert v.: Vom Nordreich der Hohenstaufen, München 1964

Waldburg-Wolfegg, Hubert v.: Vom Südreich der Hohenstaufen, München 1960

Sach- und Namensregister

Kursiv gesetzte Ziffern verweisen auf Abbildungen

ABBILDUNGSNACHWEIS

Aachener Kunstblätter, Heft 34/1967 mit Genehmigung von Dr. Peter Ludwig, Aachen (1); Alinari, Florenz – Berger (2); Anthony-Verlag, Starnberg – Ludwigs (1); Archiv für Kunst und Geschichte, Berlin (1); Archivio Fotografico del Civici Musei, Milano (1); Bayer. Verwaltung der Staatl. Schlösser, Gärten und Seen, München (1); Bayerisches Nationalmuseum, München (1); Klaus G. Beyer, Weimar (10); Bibliothèque Royale Albert Ier, Brüssel (1); Bild + News AG, Zürich (1); Bildarchiv Preußischer Kulturbesitz, Berlin (1); The British Library, London (1); Luftbild Albrecht Brugger, Stuttgart (1) – Freigeg. vom Innenministerium Baden-Württemberg Nr. 2/5820; Burgerbibliothek, Bern (1); Cekade-Luftbild/Foto: Cramers Kunstanstalt KG, Dortmund (1); Deutsche Fotothek Dresden, Dresden – Kaubisch (1) – Möbius (1); Deutsches Museum, München (1); Foto ENIT, Rom (1); Friedrich-Schiller-Universität, Jena (1); Germanisches Nationalmuseum, Nürnberg (1); IBA, Oberengstringen (1); Gerhard Klammet, Ohlstadt (1); leanderpress, Düsseldorf – Lessing/Magnum (2); Landesbildstelle Württemberg, Stuttgart (3); LEXIKOTHEK Verlag GmbH, Gütersloh (1); Bildarchiv Foto Marburg, Marburg (9); Federico A. Mella, Mailand (1); The Metropolitan Museum of Art, New York (1); Hinrich Meyer, Bremen (1); Museum für Kunst und Kulturgeschichte der Stadt Dortmund, Schloß Cappenberg (1); Nationalmuseet, Kopenhagen (1); Niedersächs. Staatsarchiv, Wolfenbüttel – Schneegans (1); Niederschlesisches Bildarchiv im J. G. Herder-Institut, Marburg (2); Österreichische Nationalbibliothek, Wien (3); The Pierpont Morgan Library, New York (1); Alfonds Rettich, Konstanz (1); Rheinisches Bildarchiv, Köln (2); Archivio Rizzoli, Mailand (1); roebild, Frankfurt (2) – Busch (4); Helga Schmidt-Glassner, Stuttgart (4); Toni Schneiders, Lindau (1); Wilkin Spitta, Zeitlarn (2); Staatl. Museen zu Berlin (Ost) – Münzkabinett (2); Staatsbibliothek, Bamberg (1); Stadtarchiv Worms (2); Städt. Museum Braunschweig – Hoppe (1); Dr. Wolf Strache, Stuttgart (1); Universitätsbibliothek Heidelberg (3); University Library, Cambridge (1); Hermann Wehmeyer, Hildesheim (1); Ludwig Windstosser, Stuttgart (7); Wittelsbacher Ausgleichsfond, München (1); Württ. Landesmuseum, Stuttgart (3).